실전 캔들 매매법

THIS IS CANDLE!

실전 캔들 매매법

초판 1쇄 발행 2012년 12월 5일
초판 3쇄 발행 2025년 3월 31일

지은이   캔들마스터
펴낸곳   ㈜이레미디어
전 화   031-908-8516(편집부), 031-919-8511(주문 및 관리)
팩 스   0303-0515-8907
주 소   경기도 파주시 문예로 21, 2층
홈페이지 www.iremedia.co.kr
이메일   mango@mangou.co.kr
등 록   제396-2004-35호

편집 정은아, 이병철, 정서린 | 디자인 NMJ DESIGN | 마케팅 김하경
재무총괄 이종미 | 경영지원 김지선

ISBN 978-89-91998-74-2 13320

- 가격은 뒤표지에 있습니다.
- 잘못된 책은 구입하신 서점에서 교환해드립니다.
- 이 책은 투자 참고용이며, 투자 손실에 대해서는 법적 책임을 지지 않습니다.

이 도서의 국립중앙도서관 출판예정도서목록(CIP)은 서지정보유통지원시스템 홈페이지(http://seoji.nl.go.kr)와 국가자료종합목록시스템(http://www.nl.go.kr/kolisnet)에서 이용하실 수 있습니다. (CIP제어번호: 2012005066)

이 책의 내용은 저자가 제안하는 투자기법으로 출판사의 의도와는 다를 수 있습니다. 또한 이 책은 투자자들에게 새로운 투자법을 제안하는데 목적이 있는 것으로 무조건적으로 수익을 보장하는 것은 아닙니다.

실전 캔들 매매법

캔들마스터 지음

THIS IS CANDLE!

이레미디어

저자의 글

"시작이 있는 것은 반드시 그 끝이 있다."

_법정 스님

시중에는 트레이딩 기술에 관련된 서적이 넘쳐난다. 하지만 대부분은 일반적인 기초 지식과 기술적·기본적 분석 방법을 이리저리 짜깁기하여 단순 이론 위주의 소개에 그치고 있다. 이는 내용은 많으나 취할 수 있는 알맹이는 없는 형편으로, 옛 속담에 서당개 3년이면 풍월을 읊는다 했건만 시장에서 아무리 많은 서적을 참고하여 면벽삼년(面壁三年)의 공부를 한다 해도 쉽게 성공할 수 없는 이유이기도 하다.

책을 집필하면서 시중에 나온 전문서적을 조사해보긴 했으나, 사실 그 모든 책을 읽어보지는 않았으며 완전히 독파한 책이라곤 한 권에 불과하다. 따라서 이 책에 소개된 내용 중 기존의 이론에서 참고한 것은 단 한 줄도 없다. (기존 주식용 캔들 패턴에서 몇몇 이름을 빌려온 것만 제외하면) 거의 모든 내용이 시중에 소개된 적이 없는 새롭고 혁신적인 것들이며 오롯이 나의 경험의 산물이다. 그렇기에 '실전 캔들 매매법'이자 '캔들 New 바이블'이라 주장하는 것이다.

이제 지난 몇 년간의 경험과 노력으로 캔들 매매법을 하나의 독창적인 이론이자 실전 매매법으로 완성하게 되었다. 비록 매매법의 특성상 지면으로 설명할 수 없는 부분이 많지만 매매법의 기초를 완성한 2010년 11월 이후 많은 학생을 가르치면서 발전시키고 보완한 내용을 책에 담고자 노력하였다. 차근차근 공부해나가다 보면 기존의 캔들 이론과는 비교할 수 없는 체계적인 깊이와 방대함에 놀라게 될 것이다.

이 책을 통해 얼마나 많은 트레이더가 시장의 현실을 직시하여 성공 스토리를 쓸 수 있을지 확신할 수는 없지만, 이 책 〈실전 캔들 매매법〉을 통해 성공하는 트레이더가 많아졌으면 하는 소망이다. 하지만 그에 앞서 최소한 그동안 시장과 차트에 대해 잘못 알고 있었던, 잘못된 방법으로 시장에 접근했던 트레이더에게 작은 영감과 깨달음을 주기를 기대한다. 그래서 시장에 경외심을 느끼고 겸허해지며 결국 안전과 정도(正道)를 추구하는 기본 소양을 갖춘 트레이더가 많아지기를 소망한다.

끝으로 네이버 카페 '캔들마스터의 TIC 캔들 매매법'의 회원들과 책의 발간에 도움을 준 모든 분께 감사드린다. 이제 놀라온 캔들의 세계로 여러분을 초대한다.

캔들마스터

"문제는 목적지에 얼마나 빨리 가느냐가 아니라
그 목적지가 어디냐는 것이다."

_메이벨 뉴컴버

| TIC 캔들 매매법이란? |

TIC는 'This Is Candle!'의 약어로서 이전의 캔들 이론과는 차원이 다른 진정한 실전 캔들 매매법을 의미한다. 본문에서는 편의상 'TIC'를 생략하여 '캔들 매매법'으로 통칭하도록 한다.

이 책에서 소개하는 캔들 매매법은 크게 나눠 캔들 패턴, 하이로우, 전환파동의 3가지 요소로 구성된다. 이중 핵심이라 할 수 있는 캔들 패턴은 1700년대 쌀거래로 일본 경제계를 흔들었던 혼마 무네히사에 의해 그 원형이 창안된 이후 주식시장에서 통용되고 있던 캔들 패턴을 모티브로 연구하여 완성된 것이다.

캔들 차트는 전 세계의 실시간 거래 시스템에서 보편적으로 사용되고 있는 기술적 분석 및 표기 방법 중 하나이다. 하지만 본 책에서 소개하는 캔들 패턴은 편의상 일부 패턴의 형태와 이름을 빌려왔을 뿐, 기존 주식시장이나 외환시장에서 소개된 캔들 패턴과는 거의 모든 부분에서 개념과 정의를 달리한다. 단언하자면 시중에서 말하는 '캔들 매매법'과는 유사성이 단 1%도 없다. 따라서 일반적인 캔들에 익숙한 사용자나 자칭 '캔들로 매매한다'는 트레이더에게도 이 책의 내용은 매우 생소할 수밖에 없다.

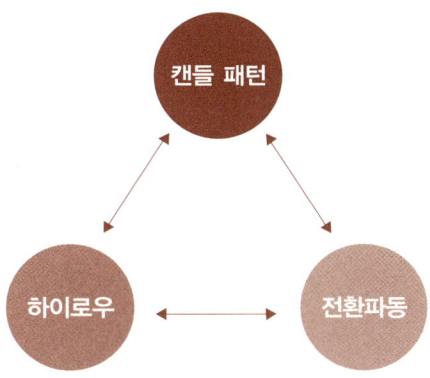

〈그림 1〉 캔들 매매법의 3대 요소

캔들 매매법의 정의

- 하이로우+전환파동+캔들 패턴의 3요소를 종합·분석하여 확률 높은 유리한 구간을 찾아내는 기법이다.
- 힘의 균형이 무너지는 순간을 잡는 타이밍의 기법이다.
- 어떠한 상황(추세)에서도 관점의 전환이 용이하고 자유자재로 대처 가능한 전천후 기법이다.
- 안전을 최우선으로 하는 정석(定石) 기법이다.
- 심리적 문제를 자연스럽게 치유해주는 힐링(Healing) 기법이다.

캔들 매매법과 일반적인 매매법의 차이점

- 캔들(출현 위치+형태+크기+파동)의 연결(Grouping & Sequencing)만으로 시세의 힘을 읽는다.
- 지지저항, 추세선을 포함한 그 어떠한 보조지표도 참고하거나 활용하지 않는다.
- 경제지표와 뉴스 같은 기본적 분석 방법을 참고하지 않는다.
- 그 어떤 기법보다 섬세하고 빠른 진입이 가능하다(캔들 신호는 다른 모든 것에 앞선다).
- 추세를 예측하지 않는다(확률 높은 유리한 자리를 선점한 후 흐름에 따라 중·장기 보유하는 방식이다).
- 데이트레이딩(Day-trading)과 스윙(Swing)거래를 가리지 않는다(최소 15분 이상 차트를 기준으로 한다).
- 피라미딩(Pyramiding), 마틴게일(Martingale)과 같은 고위험(High Risk) 방식을 배제한다.
- 캔들 차트로 움직이는 모든 시장에 적용된다(특히 하이로우와 전환파동은 동일한 적용이 가능하다).

캔들 매매법의 단점

- 공부 분량이 많다(그만큼 어떠한 상황에서도 직접 흐름을 읽고 유리한 구간을 골라낼 수 있다).
- 헷갈리는 패턴이 많다(일정 수준에 다다르면 패턴 뒤에 숨은 개념, 즉 힘의 균형을 읽게 된다).

기존의 캔들 이론을 정리한 대부분의 책들은 캔들을 그저 가능성 있는 하나의 분석 방법이나 보조도구 정도로만 소개해왔다. 하지만 이 책은 최초로 차트를 읽는 '주체'이자 '유일한 도구'로서 캔들을 정의하였다. 또한 주식시장에 맞춰져 있던 이론적인 캔들을 외환(FOREX)을 비롯하여 캔들 차트로 움직이는 거의 모든 시장에 맞도록 정리한 실전 매매법이다. 캔들을 보조하는 하이로우와 전환파동 또한 기존에 없었던 새로운 개념으로, 아무리 경험 많은 트레이더라고 할지라도 단기간에 이해하기 힘들 정도로 혁신적이고 방대한 내용을 담고 있다.

따라서 매매법의 강력함에도 불구하고 캔들 매매법을 이해하고 적용하기 위해서는 많은 시간과 노력이 필요하다. 이 책에서 기술한 단어 하나하나에 시장(차트)의 본질과 속성에 관한 복선과 암시가 깔려 있으며, 각각의 이론과 공식이 상호 연결되어 있기 때문에 한두 번의 곁눈질로는 캔들 매매법의 1/100을 엿보는 것조차 쉽지 않다. 이는 공부를 처음 시작하는 사람에게 단점과 시련으로 작용하겠지만, 궁극에는 장점과 실력으로 승화될 것이다. 그리고 시장의 다양한 속성을 간파하고 그 어떠한 상황에서도 대처 가능한 능력을 기르게 될 것이다.

캔들 매매법의 핵심은 단순히 캔들의 형태를 보는 것이 아니다. 형태로만 따진다면 동일한 패턴이라도 어떤 때는 성공하고 어떤 때는 실패할 수밖에 없다. 비록 소개하는 대부분의 캔들 패턴이 높은 확률적 우위를 가지지만 캔들 매매법은 그렇게 단순한 것이 아니다. 다양한 캔들 패턴을 정리하고 공식화한 이유는 하나의 기준, 즉 목적 달성을 위해 사전에 약속된 기준을 세우기 위해서이다. 그 목적은 바로 '크고 작은 흐름 속에서 유리한 구간(추세 전환 가능성이 큰 구간=추세가 확실해지는 구간=힘의 균형이 무너지는 구간)을 구별하고 확률 높은 안전한 진입 포인트를 찾아내는 것' 그리고 '예상과 달리 반대로 갔을 때 정해진 기준대로 관점을 전환하거나 재정비하는 것'이다.

캔들 패턴은 이런 목적 달성을 위한 하나의 도구이자 단계일 뿐이다. 꾸준히 공부해나가다 보면 궁극에는 캔들의 형태는 그리 중요하지 않음을, 결국은 캔들을 통해(캔들의 연결을 통해) 시세의 힘과 균형을 읽음으로써 '유리한 구간을 찾아내고 변화된 상황에 따라 자유롭게 관점을 전환하는 기술'임을 알게 될 것이다. 형태를 넘어서면 힘이 보이고, 힘을 넘어서면 파동이 보이고, 파동을 넘어서면 크고 작은 흐름, 즉 힘의 균형이 보인다. 하지만 그런 수준에 도달하기 위해서는 이 책에서 소개하는 캔들 패턴의 형태를 먼저 공부하고 나아가 그 형태 속에 숨은 개념을 이해할 필요가 있다. 단지 암기하는 것이 아니라 소화해서 자신의 것으로 만들고 재구성하는 과정이 필요하다.

| 관점의 전환이 필요하다 |

당연한 이야기지만 (이 당연한 사실조차 깨닫지 못하는 사람이 많지만) 시장에는 정답이 없다. 차트 분석은 수학이나 과학이 아니라 추리 소설에 가깝다. 따라서 과학적으로 접근하려는 모든 노력은 무의미하며 시간 낭비이다. 시장의 본질과 보이지 않는 속성을 파악한 다음 확률적 우위의 마인드와 매매 원칙에 기반을 두고 개인의 감각과 대응력을 극대화해야만 게임에서 이길 수 있다.

그러면 시장의 본질은 무엇일까? 나는 '시장의 본질은 제로섬 게임이며, 세력이 개미의 주머니를 털어가는 곳'이라고 본다. 세력이 실제로 존재하는지, 세력의 주체가 누구인지, 시장이 어떤 거대한 음모에 의해 움직이는지 자세히 알지도 못하고 관심도 없다. 다만 개미에게 착시 현상과 보편적 오류를 유도하는 인위적 차트의 움직임이 곳곳에서 매일같이 벌어지고 있음을 잘 안다.

절대 다수의 개미는 달리 방법이 없으므로 고전적이고 일반적인 기술적 분석 방법에 매달리게 된다. 하지만 보조지표를 아무리 깊이 파고들고 세분화한다고 해도 차트를 바라보는 시각은 모두 비슷할 수밖에 없다. 예를 들어 단기 추세가 상향이고 중요 지지선에서 지지받는 형국이었다가 갑자기 급등하면 누구나 방향을 상향으로밖에 생각할 수 없는 것이다.

거의 모든 트레이더가 이렇게 한 방향만을 확신한다면 도대체 누가 돈을 잃겠는가? 또한 전 세계 90% 이상의 개미들이 현실에서 어떻게 손실을 볼 수 있겠는가? 각종 경제 뉴스와 소위 전문가를 통해 흘러나오는 펀더멘털 정보 또한 마찬가지이다. 누구나 지각할 수 있는 추세이고 예측 가능한 이슈라고 생각할 때 차트는 갑자기 요동치며 혼란을 안겨준다. 이때 대다수의 트레이더는 작은 페인팅(Feinting)이나 휩소(Whipsaw) 파동 하나에도 속절없이 떨어져 나가게 된다.

왜 당신의 분석이, 또는 전문가의 분석이 옳을 것이라고 자신하는가? 당신과 전문가들이 오늘 적용하고 판단한 각종 보조지표나 경제 이슈가 혹시 함정일 수도 있다는 생각을 해본 적은 없는가? 그런 분석과 정보는 누구나 만들어낼 수 있는 집단적 착각과 착시를 불러일으키는 오래된 오픈마켓(Open Market)이자, 세력의 커다란 놀이터에서 탄생된 것이 아닐까? 당신이 만약 세력이라면 누구나 알고 있는 시장에 대한 평범한 지식으로 수익을 낼 수 있다고 생각하는가? 일반적 관점과 지식으로 무장한 개미의 돈을 손쉽게 빼앗아 올 수 있다고 생각하는가?

나는 어떤 시장을 막론하고 각종 보조지표를 포함한 고전적인 기술적·기본적 분석 방법에 매달리는 개미나 추세의 착시 현상에 쉽게 속는 개미를 역이용하여 이익을 챙기는 다양한 세력이 존재한다고 믿는다. 그럼 이러한 세력의 농간이 존재한다는 가정하에 우리는 어떻게 대처해야만 할까? 다른 대다수의 개미가 이미 알고 있고, 세력 또한 알고 있기 때문에 오히려 역이용당하도록 만드는 시중의 일반적인 기술적 분석 방법에 계속 매달려야만 할까? 시시각각 쏟아져나오는 각종 펀더멘털 정보에 귀 기울여야만 할까? 물론 그 어디에도 정답은 없다. 하지만 기존 방식에 문제가 있다면, 또한 수많은 트레이더가 실패한 길이라면 최소한 다른 관점으로 시장에 접근할 필요가 있지 않을까?

만약 당신이 세력의 농간과 추세의 착시 현상으로부터 벗어나 실패한 다른 대다수 개미의 전철을 밟고 싶지 않다면 먼저 몇 가지를 버려야만 한다. 그것은 다름 아닌 추세에 대한 환상과 각종 보조지표를 활용한 일반적인 분석 방법 그리고 펀더멘털이다(물론 주식시장의 장기 투자자에게는 여전히 중요한 요소일 것이다). 그런 다음 백지 상태에서 차트를 보며 시장의 요란한 움직임에 현혹됨 없이 매매에 적합한 유리한 구간만을 골라내는 능력을 길러야 한다. 그리고 이어지는 흐름에 따라 자유롭게 관점을 전환해나가야만 한다.

나는 "기존의 모든 불리한 교과서적 지식과 고정관념을 걷어내고 기본으로 돌아가자"라고 말한다. 캔들은 기본 중의 기본이다. 그 어떤 보조지표보다 우선되는 가시적이고 즉각적인 신호이다. 모든 경제 이슈(정확히는 이슈에 대한 시장의 반응) 또한 캔들에 녹아 있으며, 심지어 뉴스 발표에 앞서 시장의 예상 반응을 미리 보여준다.

캔들은 거짓말을 하지 않는다. 이 책을 처음 접하는 사람은 믿지 못하겠지만 캔들만으로 꾸준한 수익이 가능하다. 시장의 그 어떤 혼탁한 뉴스나 세력의 연기(Play)에 휩쓸림 없이 유리한 구간만을 찾아 안전한 매매를 가능하게 한다. 매수세와 매도세의 힘의 균형을 읽고 그 균형이 무너지는 절정의 순간을 찾아 그 누구보다 빠르게 대응할 수 있다. 최소한 기존의 분석 방법에 확신이 덜할 때 캔들이 효과적인 보조신호가 될 수 있음은 자명하다.

지금부터라도 온갖 보조지표를 갖다 붙이고, 버리고, 새로 입히는 불필요한 행위를 반복하지 말자. 더 이상 시장에, 세력의 의도에 휘둘리지 말고 지금이라도 기본으로 돌아가 새로운 관점으로 시장을 바라보자. 그러면 얼마 안 가 캔들만으로 지지 않는 매매가 가능하며, 꾸준하고 안정된 수익이 가능하다는 놀라운 사실을 발견하게 될 것이다.

누구를 위한 책인가?

이 책은 시장에 막 입문하는 초보 트레이더를 위한 기초적인 이론과 일반적인 기술적 분석 방법을 소개하지 않는다. 한마디로 초보자를 위한 단순한 입문서가 아니며, 굳이 언급하자면 백전노장의 트레이더를 위한 책이다. 그 동안 다양한 기술적 방법을 연구하고 수없이 많은 시행착오를 겪었지만, 정작 수익을 내지 못하고 방황하는 시장의 모든 트레이더를 위한 책이다. 하지만 만약 당신이 시장에 막 입문하는 초보자라면 이 책의 내용을 이해하기는커녕 쉽게 접근하기조차 어려울 것임을 미리 밝혀둔다. 이 책을 읽기 전에 다른 입문서를 참고하는 것이 좋다.

시장의 기본적인 구조와 각종 기술적 분석 방법에 대한 기초적인 내용을 먼저 습득하라. 하지만 그렇다고 해서 그런 방법을 깊이 파고들라는 말은 아니다. 대다수가 실패한 함정에 똑같이 빠질 필요는 없다. 시장의 다른 많은 선배가 겪었듯, 또 겪고 있듯이 누구나 알고 있는 기술적 분석 방법으로는 안전하고 꾸준한 수익은 요원하며, 시간과 노력이 반드시 결과와 비례하지 않는다는 것을 머지않아 알게 될 것이다. 따라서 매매 기술에 관한 기초적인 정보와 일반적인 이론은 참고하되 깊이 있는 연구는 불필요하다.

한편으로 그런 일반적 분석 방법에 대한 혼란스런 지식이 없다면 캔들 매매법을 보다 빠르게 습득할 수 있을 것이다. 그럼에도 시장과 다양한 분석 방법에 대한 기초적인 지식 없이 이 책을 접하다 보면 얼마 못가 지칠 가능성이 크다. 그만큼 책의 내용이 어렵다. 아니, 보다 정확하게 말하면 시장 자체가 어렵다. 그러므로 시장을 얕보거나 빠르고 쉬운 길만을 가려는 이에게 이 책은 어울리지 않는다. 그런 사람이라면 처음부터 시작하지 않는 것이 낫다. 냉혹한 시장은 그런 트레이더를 귀신같이 포착하고 가장 먼저 주머니를 털어가는 법이다.

매매는 오로지 확률의 게임이며, 캔들은 승률이 높은 도구일 뿐이지 마법의 지팡이(Magic Stick)가 아니다. 꾸준히 공부하여 이해하는 사람에게는 마법의 지팡이이자 매트릭스의 숨은 암호를 풀 수 있는 도구가 될 것이다. 하지만 그렇지 않은 사람에게는 한낱 그림 막대기에 불과할 것이다.

나는 이 세상에 단순한 기법, 단순한 보조지표 하나만으로 꾸준히 수익을 내는 비법은 존재하지 않는다고 믿는다. 거래시장과 시간이 다르며, 개인별 자금력과 성향, 목표 수준이 모두 다르기 때문에 현실에 부합할 수 있는 보편적 기법이나 시스템 또한 존재가 불가능하다고 믿는다. 왜냐하면 시장의 속성, 차트의 움직임이 그리 단순하지 않기 때문이다. 따라서 수백, 수천 가지의 상황이 연출되는 변화무쌍한 시장을 단순한 틀로 재단하고 가두려는 모든 시도는 무의미하다.

캔들 매매법은 배우기 어렵고 복잡하다. 하지만 시장 자체가 복잡한 만큼 모든 복잡한 것을 먼저 알아야 단순한 해결책이 나올 수 있는 법이다. 따라서 먼저 땀 흘려 공부하고 이해하라. 그런 다음 자신에게 맞는 것만을 취하라.

취업 준비생이 취업 시험이나 취업을 위한 자격증 시험, 어학 시험에서 좋은 점수를 얻기 위해 얼마나 열심히 공부하는지, 얼마나 많은 노력을 하는지 상상해보라. 그런 노력 끝에 취업에 성공하더라도 보통은 적은 연봉에 만족해야 한다. 단순한 취업 준비도 이러한데 국가 고시생의 노력은 우리의 상상을 초월한다. 하물며 매매는 '돈'을 직접적으로 다루는 일이며, 나의 행복은 물론 온 가족의 행복이 달려 있음에도 불구하고 열심히 공부하는 사람이 드문 것은 아이러니하다. 90% 이상의 개미가 손실을 보는 어렵고도 어려운 시장임에도 불구하고 노력의 대부분은 보조지표의 조합이나, 있지도 않은 단순한 비법 찾기에 혈안이 되어 있다. 한마디로 집단 이성마비 상태의 골드러시와 다름이 없다.

더 늦기 전에 환상을 깨고 현실을 인정하자. 시장에 정답을 요구해서는 안 된다. 시장 그 어디에도 정답이나 비법 따위는 없다. 마찬가지로 캔들 매매법 또한 정답이나 비법이 아니다. 오로지 높은 확률적 우위의 기법이며, 반대로 가면 가는 대로 자유롭게 관점을 전환하는 기법이라는 것을 명심하라.

대신 캔들 매매법은 복잡하고 어렵지만 공부하면 성취할 수 있는 현실적이고 실전적인 매매법이다. 공부하면 할수록 오묘함과 섬세함을 몸소 체험하게 될 것이다. 단기간에 많은 수익을 내는 기법만이 훌륭한 기법이라고 한다면 캔들 매매법은 훌륭한 기법이라고 말할 수 없다. 단지 시장의 본질을 꿰뚫고 정도(正道)와 안전을 추구하는 최선의 매매법일 뿐이다. 그리고 이런 매매법만이 당신을 오랫동안 시장에서 살아남게 해줄 것이다.

그동안 캔들 매매법을 공부하고 적용한 많은 트레이더가 이를 증명하고 있다. 투입한 시간과 노력이 결국 성공이라는 달콤한 열매로 다가올 것이다. 따라서 어떠한 경우에도 포기하지 말고 꿋꿋이 한 걸음씩 전진하기 바란다. 또한 그 누구를 막론하고 최소 3~5번 이상의 정독(精讀)을 통해서만 캔들 매매법의 기본 개념을 이해하고 적용할 수 있으므로 조급함은 잠시 접어두고 차분한 마음으로 공부하길 바란다.

차례

저자의 글 • 4
들어가는 글 • 6
공부에 앞서 • 13

1장 하이로우(High-Low) 파동

1. 추세란 무엇일까? • 23
2. 하이로우(High-Low) 파동이란 무엇일까? • 25
   하이로우와 지지저항선의 비교 • 30
   하이로우와 추세선 및 채널선의 비교 • 32
   하이로우 기준선 • 35
3. 하이로우 파동 Top 10 • 38
   상승 파동 • 40
      상승 파동 1. N형 • 40   상승 파동 2. 상승 깃발형 • 42
      상승 파동 3. 상승 W형 • 45   상승 파동 4. 상승 와블형 • 47
      상승 파동 5. 더블-톱형 • 50
   하락 파동 • 53
      하락 파동 1. 작은 캐스캐이드형 • 53   하락 파동 2. 작은 꼬리형 • 56
      하락 파동 3. 큰 캐스캐이드형 • 59   하락 파동 4. 하락 와블형 • 62
      하락 파동 5. 더블-바텀형 • 64

2장 전환파동(Reversal Wave)

4. 전환파동이란 무엇일까? • 71
5. 전환파동을 활용하는 3가지 방법 • 75

6. 전환파동 Top 10 •78
    상승 전환파동 •79
        상승 전환파동 1 •79   상승 전환파동 2 •83
        상승 전환파동 3 •87   상승 전환파동 4 •91
        상승 전환파동 5 •95
    하락 전환파동 •99
        하락 전환파동 1 •99   하락 전환파동 2 •103
        하락 전환파동 3 •107   하락 전환파동 4 •111
        하락 전환파동 5 •114

7. 하이로우와 전환파동으로 본 유리한 구간과 불리한 구간 •118

3장 캔들 패턴 Top 37

8. 캔들의 기본 구조 •127
9. 주식, 선물옵션시장과 외환(FX 마진)시장에서의 캔들의 차이점 •130
10. 캔들 패턴 Top 37 •132
        상승 인력거형 •135   하락 인력거형 •140
        상승 다람쥐형 •145   하락 다람쥐형 •149
        샛별형 •153   저녁별형 •157
        상승 자매형 •161   하락 자매형 •165
        상승 맞대기형 •169   하락 맞대기형 •172
        양봉 망치형 •175   음봉 망치형 •179
        양봉 역망치형 •184   상승 피스톤형 •187
        하락 피스톤형 •192   유성형 •195
        잠자리형 도지 •200   교수형 •204
        상승 스프링형 •208   하락 스프링형 •212

상승 돌격형 •216
상승 브레이크형 •224
역브레이크형 •231
하락 샅바형 •240
하락 장악형 •248
상승 펀치형 •255
상승 편대형 •259
상승 반격형 •265
하락 음봉 •271

하락 돌격형 •221
하락 브레이크형 •228
상승 샅바형 •235
상승 장악형 •244
상승 푸쉬형 •252
하락 펀치형 •257
하락 편대형 •262
상승 양봉 •268

4장 5가지 진입 포인트

11. 길잡이 캔들 •279
12. 캔들 지지저항 •286
13. 음 자리 양 / 양 자리 음 •293
    음 자리 양 •295
    양 자리 음 •298
14. 궁진포 : 궁극의 진입 포인트 •301
    궁진포 출현 위치 •303
15. 무주공산 •307

5장 실전 활용

16. 시간 차트별 비교 •315
17. 캔들 연상 •318
    캔들 연상 시나리오 예제 •321
18. 보합 구간 감지 •325
    보합 구간 감지하는 방법 •327
19. 꼬리별 특성 •334
20. 주식, 선물옵션 거래에서의 활용 •337

21. 캔들과 보조지표 •345
    캔들과 오실레이터(디버전스) •348
22. 캔들과 펀더멘털 •350
23. 실전 매매에 앞서 •353
    과거 차트 복기 •355
    모의거래 •358
    매매 스타일 •359
    매매 절대 원칙 •361

6장 심리보다는 기법이 중요하다

숨이 차면 쉬어가라 •371
모든 것을 내려놓아라 •373
취미로 즐겨라 •373
성공하는 트레이더를 위한 자기암시 •374

캔들 용어 사전 •376

1장
하이로우(High-Low) 파동

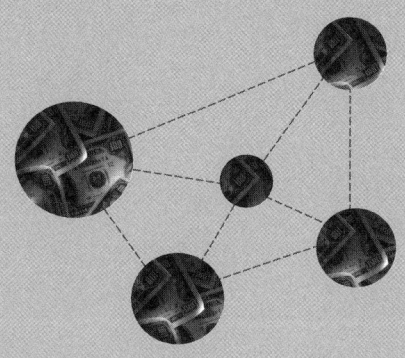

"당신이 꿈을 꾸지 않으면 결국 누군가의 꿈을 위해 일하게 될 것이다."
-토니 가스킨스

하   이   로   우
(H i g h - L o w)
파   동

1 추세란 무엇일까?

가격 움직임은 크게 추세와 비추세 구간으로 나눌 수 있으며, 추세는 또한 상승세와 하락세로 나뉜다. 어떤 시간 차트를 기준으로 삼느냐에 따라 현 추세의 정의는 달라질 수 있지만, 상당 부분 모호성이 존재한다. 예를 들어 일간 차트에서는 현저한 상승 추세라 할지라도 1시간 차트에서는 완연한 하락세를 보이는 경우 중·장기 추세는 상승, 단기 추세는 하락으로 가정할 수 있다. 이는 스윙 트레이더(Swing Trader, 중기 투자자)에게는 여전히 상승 추세, 즉 매수 관점을 유지하게 해주겠지만 데이 트레이더(Day Trader)에게는 매도 관점을 요구하게 된다. 어떤 유형의 트레이더이냐에 따라 가격의 움직임을 해석하고 대응하는 방식이 달라지는 것이다.

  추세를 해석하고 인식하려는 우리의 모든 노력은 모두 최상의 매매 타이밍을 찾기 위해서이다. 설령 추세추종 매매의 전형적인 트레이더라고 할지라도 상승 추세가 확인되었다 하여 아무 곳에서나 매수할 수도 없는 노릇이다. 추세가 아무리 강할지라도 가격이 수직으로 상승하거나 하락하는 경우는 거의 없기 때문이다. 중간에 이익실현 세력이나 손절매(Stop-loss) 물량이 가격 움직임을 정지시키거나 후퇴시키곤 한다. 이때 가격이 수직으로 급락하거나 급등하지 않고 중지되는 경우를 '조정', 즉 '되돌림' 또는 '눌림목'이라고 한다. 추세추종 매매라 할지라도 이러한 조정 구간에서 매매 포인트를 잡아야만 효과적이고 안전하다는 것은 새삼 강조할 것도 없다.

하지만 캔들 매매법은 추세 자체를 중요시하지 않으며 오로지 유리한 구간인가 아닌가, 이유 있는 진입인가 아닌가에만 집중한다. 그리고 이후 차트가 예상대로 움직일 때에야 비로소 중·장기 추세추종에 나서는 방식으로, 기존의 추세추종 매매와는 그 궤를 달리한다.

추세에 대한 일반적인 기준
- 추세는 통상 상승과 하락 그리고 비추세(보합)의 3가지로 나뉠 수 있다.
- 추세는 장기, 중기, 단기 추세로 나뉠 수 있으나 적용 기준은 모호하다.
- 단기 추세로 갈수록 신뢰성은 떨어진다.
- 추세로 인식되기 위해서는 2~3개 이상의 고점이나 저점이 연결되어야 한다.
- 오래 지속될수록, 또 연결점이 많을수록 신뢰성이 높아진다.
- 추세선은 시·종가 기준 또는 고·저가 기준으로 그을 수 있으며, 대부분 모호성이 존재한다.
- 상승 추세선이 아래로 돌파당하면 상승세의 마감일 가능성이 크다.
- 하락 추세선이 위로 돌파당하면 하락세의 마감일 가능성이 크다.

상승 추세

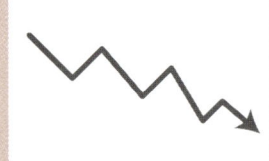
하락 추세

비추세

2 하이로우(High-Low) 파동이란 무엇일까?

하이로우 파동은 고점(High)과 저점(Low)을 추세의 시작과 변곡의 가장 중요한 기준점으로 삼고 그 전 고점과 전 저점 부근에서의 움직임(전환파동과 캔들 패턴)에 따라 추세의 방향과 전환을 확률적으로 예측하는 것이다.

  시장의 가격 움직임은 언뜻 변화무쌍해 보이지만 상승과 하락 그리고 비추세 구간을 인지할 수 있는 가시적 형태가 있다. 또 우리가 이를 기술적 분석 방법으로 활용하듯 일정한 규칙과 사이클을 보여주는 구간이 분명 존재한다. 물론 그 어디에도 규격화된 정형성은 없지만, 상승에는 상승하는 법이 있고 하락에는 하락하는 법이 있듯이 차트는 역사를 되풀이하곤 한다. 하이로우 파동은 전 고점과 전 저점을 이러한 가격 움직임의 일정 규칙을 보여주는 중요한 기준으로 삼고 해석을 시도하는 새로운 개념이라고 할 수 있다.

  하이로우 파동의 기본 원리는 매우 간단하다. 아무리 현저한 추세라고 할지라도 일반적인 추세의 정의와 해석에는 모호성과 불확실성이 상당 부분 존재하며 실제 대응 시 많은 어려움을 수반하게 된다. 추세의 강약이 어느 정도인지, 언제 추세가 전환될지 예측하기 어렵기 때문에 적절한 매매 타이밍을 찾기가 쉽지 않은 것이다. 시장은 강한 추세라고 할지라도 한 방향으로만 움직이지 않는다. 개인 트레이더에게 혼란을 안겨주기 위해, 그래서 더 많은 손실을 유도하기 위해 시장은 상승/하락을 반복하거나 상승/하락 전환되는 척 한다. 이때 개인 트레이더가 손절매 기준으로 가장 많이 활용하는 것이 무얼까? 바로 추세선과 지지저항선이다.

먼저 지지저항의 기본 개념을 살펴보자. 상승 추세가 지속되기 위해서는 저점을 지속적으로 올려야 하며 특정 저점 아래로 내려가서는 곤란하다. 상승 추세에서 현저한 전 저점, 즉 어떤 지지선을 하향 돌파하게 되면 이전의 상승세가 끝났거나 최소한 비추세로 바뀌는 신호로 인식할 가능성이 크다. 따라서 대다수의 트레이더는 중요한 지지선(현저한 전 저점)이 무너지게 되면 기존의 매수 관점을 포기하거나 매도 관점으로 전환을 시도하게 될 것이다. 손절매 또한 전 저점 바로 아래에 두는 것이 일반적이다.

하지만 대다수의 트레이더가 하락 추세로의 전환이라고 예상하고 있을 때 시장은 다시 방향을 바꾸기 일쑤이다. 이것이 바로 손절 헌팅(Stop-hunting)과 혼란 안겨주기(Giving A Chaos)의 대표적인 예이다. 우리가 미처 자각하지 못했던 기존의 일반적인 관점과 기술적 분석이 역이용당하는 현장이자, 혼돈의 중심이 되는 기준점이며 분수령이 바로 전 고점과 전 저점인 것이다. 굳이 이러한 해석이 아니더라도 전 고점과 전 저점은 매수세와 매도세의 치열한 눈치보기와 힘겨루기가 벌어질 수밖에 없는 구간임은 분명하다.

하이로우 파동은 우리가 알고 있던 이러한 일반적인 지지저항의 개념에서 벗어나, 역으로 해석하고 대응하는 새로운 방식이다. 예를 들어 일단의 상승세에서 중요 지지선, 곧 전 저점을 하향 돌파하더라도 매도 관점으로 전환하는 것이 아니라 거꾸로 매수에 유리한 구간으로 보고 진입 타이밍을 노리는 것이다. 물론 이런 관점은 고점에서의 유효한 전환파동과 반전 패턴의 존재 유무에 따라 달라지는 것이지, 무조건적인 반대 매매를 의미하는 것은 아니다. 하지만 모든 복잡한 분석 과정을 배제하더라도 일반적인 지지저항 돌파 매매보다 확률적으로 높은 성공률을 보여준다. 만약 반대로 움직일 경우에도 이후 연결된 캔들 패턴을 통해 관점을 즉각 전환하거나 추가 관망을 통해 흐름을 살피면 그만이다.

물론 하이로우 파동은 무조건적으로 전 고점과 전 저점만을 참고하여 거래에 적용하는 방식이 아니다. 전 고점과 전 저점을 중요한 기준으로 삼되 전환파동 또한 중요한 요소가 되며, 전 고점과 전 저점 부근에서 파동이 어떻게 진행되어왔는지를 참고하여 추세의 강약과 전환 가능성을 확률적으로 예측하고 대응해나가는 기술이다. 그리고 무엇보다 실제 진입에 활용되는 캔들 패턴을 위해 유리한 구간을 찾아내는 보조 기술이라 할 수 있다.

하이로우 파동으로 추세 자체를 예측하는 것이 아니라 추세의 지속이나 반전 가능성이 있는 유리한 구간을 찾아냄으로써 캔들 패턴의 유효성과 신뢰성을 높여주는 기술인 것이다. 캔들 매매법은 결국 하이로우를 기준으로 현저한 파동의 선상에서 유효한 캔들 패턴으로 (또는 유효한 캔들 패턴의 선상에서 파동으로) 대응하는 매매법이라고 할 수 있다.

비록 하이로우 파동을 실전에 적용하기에는 많은 제약이 따르고 꾸준한 노력이 필요하지만, 확률적 우위 측면에서 트레이더에게 유리한 구간을 선별할 수 있는 안목을 길러주는 최상의 도구임은 분명하다. 사실 추세를 예측하는 시도 자체가 위험하고 불필요하지만 하이로우 파동을 공부해나가다 보면 추세가 왜 전 고점과 전 저점 부근에서 특정한 움직임을 보이는지, 그 속성과 습성을 이해하고 유리한 구간까지 느긋하게 기다리는 여유를 배우게 될 것이다.

하지만 있지도 않은 추세에 대한 정답을 찾아 이 책에서 소개하는 10가지 하이로우 파동 형태를 외우고 실제 거래에 적용하려고 해서는 안 된다. 형태에 따른 공식이 아니라 일종의 개념으로 이해하는 노력이 필요하며, 오로지 캔들 패턴을 보조하여 유리한 구간, 즉 손실 볼 확률이 적은 구간을 찾아내는 보조도구로서만 활용해야 한다. 물론 유리한 구간을 찾아 하나씩 적용해나가다 보면 어느날 추세의 흐름을 높은 확률로 예측해나가는 자신을 발견하게 될 것이다. 하지만 그럼에도 불구하고 캔들 매매법은 추세를 미리 예측하고 공격적으로 대응하는 기술이 아니라, 예측하지 않고 유리한 구간에서 방어적으로 대응하는 기술이라는 것을 깨달을 필요가 있다.

하이로우 파동의 대표적인 개념

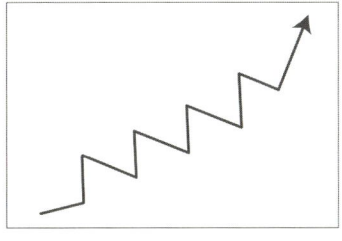 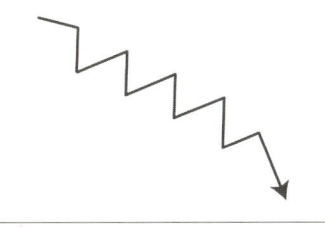

- 작은 파동은 강한 추세다(다른 모든 하이로우 파동과 캔들 신호에 앞선다).
- 섣부른 반대 매매는 불가하며 큰 파동이 생길 때까지 수익 구간을 길게 가져갈 수 있다.
- 작은 파동은 주로 작은 캔들군으로 구성된다.

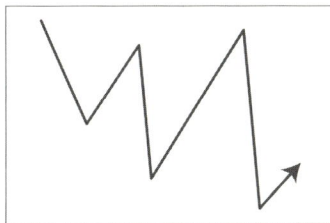 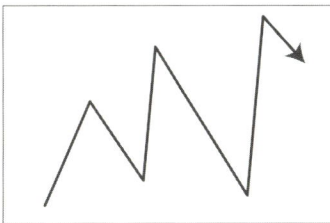

- 큰 파동은 약한 추세다(흔들수록 추세는 약화된다).
- 좁은(급한) 진폭의 파동은 특정 추세로 볼 수 없다.
- 큰 파동은 주로 큰 캔들군으로 구성된다.

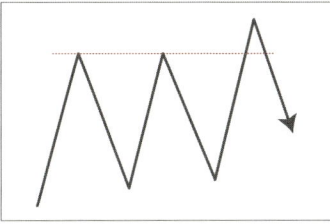 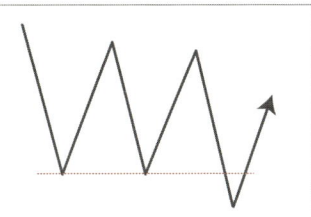

- 해당 추세의 이중 천장, 이중 바닥은 돌파될 가능성이 크다.
- 돌파 후에는 추세 반전의 가능성이 크다.

하이로우와 지지저항선의 비교

〈그림 1-1〉 파운드/엔 1시간 차트

일반적인 트레이더가 거래에 있어 가장 많이 참고하는 도구 중 하나지만 지지저항선은 보는 관점에 따라 다양한 작도가 가능한 주관적이고 불명확한 선이라는 데에 그 한계가 있다. 또한 누구나 인지할 수 있는 중요 지지저항선일수록 개인 트레이더를 속이는 휩소(Whipsaw, 거짓 속임수 신호) 움직임이 빈발한 경우가 많다.

〈그림 1-1〉은 일반적인 관점에서 본 지지저항선을 대략적으로 표시한 예이다.

일반적인 지지저항선에 비해 전 고점과 전 저점은 훨씬 간결하고 명료하

〈그림 1-2〉 파운드/엔 1시간 차트

다. 〈그림 1-2〉에서처럼 캔들 매매법에서는 진폭이 크고 넓으며, 의미 있는 파동의 전 고점, 직전 고점 및 전 저점, 직전 저점만을 유효 대상으로 본다. 따라서 보다 객관적인 작도가 가능하며, 이는 결국 지지저항선에 비해 일관성 있는 매매 기준과 원칙을 세우는 데 있어 훨씬 유리하다는 의미가 된다.

하이로우와 추세선 및 채널선의 비교

〈그림 1-3〉 유로/달러 1시간 차트

〈그림 1-3〉에서 시각적으로 확인할 수 있는 해당 구간의 최저점 2곳을 연결한 현저한 추세선 및 채널선인 B가 형성되기 전 단기 추세선인 A로만 분석하고 대응할 경우 추세선을 하향 돌파한 ①과 다시 추세선 내로 재진입한 ② 구간에서 대다수의 트레이더는 많은 혼란을 겪고 우왕좌왕하게 된다.

기본적으로 추세선을 매매에 활용하더라도 ① 구간으로 B의 상승 추세선이 완성되고 직후 단기 하락 추세선인 C를 상향 돌파함을 확인한 후 하락 조정을 기다려 ③ 또는 ④와 같은 눌림목 구간에서 매수 대응하는 것이 정석이라 할 수 있다(③ 또는 ④ 지점이 유리한 이유는 만약 해당 지점에서 지지받지 못하고 하향 돌파하더라도 손절을 최소화할 수 있기 때문이다). 하지만 많은 트레이더가 이러한 성공 확률이 높고 손절을 최소화할 수 있는 유리한 구간까지 기다리지 못하고 실시간 차트의 유혹

〈그림 1-4〉 유로/달러 1시간 차트

에 빠져 ①과 ②에서 성급하게 진입함으로써 손실을 입을 확률이 크다.

B는 현저한 추세선 및 채널선을 형성하고 교과서적인 움직임을 보여주고 있다. 하지만 어느날 A와 마찬가지로 추세선을 이탈하는 구간에서 추세를 좇는 수많은 트레이더를 혼란에 빠뜨리는 움직임을 전개하게 된다.

결국 예상과 달리 반대로 갔을 때의 명확한 대응 시나리오가 있어야 하지만, 추세선 및 채널선을 이탈하는 ①, ②와 같은 구간에서 성급히 진입하여 손실이 누적될 경우 그 어떤 시나리오도 무용지물이 될 수밖에 없다. 또한 그런 잦은 속임수를 피하기 위해 손실 한도를 설정하지 않고 오버나잇(Overnight)을 시도할 경우 단 한 번의 잘못된 판단이 큰 손실로 이어지는 악순환이 반복된다.

추세선 및 채널선이 지지저항선에 비해 효용가치가 높지만 〈그림 1-4〉와 같이 하이로우를 적용한 캔들 매매법이 훨씬 심플한 관점과 대응 방식을 제공한다. 여전히 상승 우세라 할 수 있는 구간에서 ①과 같이 전 저점을 급히 돌파하는 경우 ② 구간에서 유효한 캔들 신호를 찾아 매수 대응이 유리하다. 이후 하이로우 상승 파동 4 (P. 47 참고)의 진행이 예상되므로 전 고점을 급히 돌파한 ③ 구간에서 유효한 캔들 신호가 있을 시 매도 대응이 가능하다. 하지만 전 고점을 꼬리로만 돌파하고 작은 캔들군으로 이어지고 있으므로 단기 하락 조정 후 추가 상승할 가능성이 큰 것으로 간주한다.

이와 같이 하이로우와 캔들 매매법은 추세를 맞추거나 추세를 이용하려는 시도보다는 오로지 성공 확률이 높은 유리한 구간까지 기다려 진입한 후 흐름을 살펴 중·장기 대응하는 안전한 방식에 집중한다. 단순히 추세선 및 채널선을 맹신하고 버티게 되면 반대로 가거나 혼조세가 이어질 경우 크나큰 손실을 피할 수 없다. 하지만 캔들 매매법에서는 추세 자체를 신봉하거나 중요시하지 않으므로 위험 부담을 감수할 이유가 없어진다.

하이로우 기준선

〈그림 1-5〉 유로/달러 4시간 차트

하이로우 기준선은 기본적으로 가장 최근의 전 고점과 전 저점을 우선으로 하되 현 시세와 이들의 공간 사이에 위치한 직전 고점과 직전 저점 또한 단기 시세의 흐름을 읽는 데 활용될 수 있다. 캔들 매매법에서는 하나의 독립된 현저한 크기의 파동을 완성하는 고점과 저점만이 유효하다. 단구간 내에서 여러 개의 고점이나 저점이 겹칠 경우 최고점과 최저점, 또는 의미 있는 현저한 파동의 고점이나 저점만을 유효 대상으로 본다.

〈그림 1-5〉는 현저한 전 고점과 전 저점을 큰 이견 없이 보여주는 대표적인 예이다. 15분, 30분과 같은 하위 차트보다는 〈그림 1-5〉와 같이 1시간 또는 4시간 차트가 유효한 기준선을 찾고 흐름을 읽는 데 보다 용이하다.

〈그림 1-6〉 파운드/달러 1시간 차트

　〈그림 1-6〉의 A와 같이 전 저점에 너무 가까운 저점일 경우 의미 없는 직전 저점으로 해석한다. A를 하향 돌파한 지점에서 상승 신호가 출현한다고 한들 전 저점을 바로 앞두고 있으므로 무의미한 경우가 많기 때문이다.

　현저한 전 고점이 아닌 직전 고점은 중요한 기준보다는 해당 구간의 단기 흐름 해석에만 활용해야 한다. 예를 들어 〈그림 1-6〉에서 직전 고점을 상향 돌파하더라도 상승 우세로 인식하거나 반대 매매의 대상으로 봐서는 안 된다는 의미이다.

　직전 고점의 경우 현저한 파동이 아닌 단순 조정 파동의 고점이므로 신뢰할 수 없다. 하지만 전 고점 1까지의 거리가 멀고 중간에 어떠한 고점도 없기 때문에 (새로운 파동의 고점이 생길 때까지) 단기적인 방향을 가늠하고 캔들 신호의 유효성을 살피는 기초적인 기준으로 활용할 수 있다.

〈그림 1-7〉 달러/엔 15분 차트

　〈그림 1-7〉에서 전 저점 1과 전 저점 2 사이의 A와 B는 유효한 저점으로 볼 수 없다. 또한 C보다 전 저점 1이 유효한 이유는 다음과 같은 점 때문이다.

　첫째, 현 시세에 보다 가까운 지점이라는 점
　둘째, ①과 같이 비교적 큰 파동 구간의 저점이라는 점
　셋째, 아래꼬리가 현저히 긴 캔들로 구성되어 지지 가능성이 크다는 점

　D는 직전 저점과 전 저점 1 사이의 거리가 멀지 않고 현저한 파동으로 볼 수 없으므로 유효하지 않다. E 또한 진폭이 작고 좁은 파동 구간으로 유효성이 떨어진다.

3 하이로우 파동 TOP 10

10가지 하이로우 파동은 기본적으로 추세를 분석하고 예측하는 기술이 아니라 매매에 적합한 유리한 구간을 찾아내는 기술이다. 하지만 유리한 구간, 즉 성공 확률이 높거나 추세가 전환될 중요한 분기점이라고 할지라도 추세 지속과 변곡의 가능성이 상존한다. 그렇기 때문에 대부분의 경우 캔들 패턴을 통해 세부적인 힘의 균형을 파악하여 보다 안전하게 진입하고 대응할 필요가 있다.

따라서 하이로우 파동만으로 중·장기 추세를 예측하고 거래하려는 시도는 불가하다는 것을 다시 한 번 밝혀둔다. 상승 파동 1과 하락 파동 1을 제외하고는 캔들 패턴의 신호가 항상 하이로우 파동에 앞선다.

충분한 공부와 실전 경험을 쌓아나가다 보면 때때로 하이로우 파동만으로 큰 추세를 파악하고 중·장기 대응이 가능한 좋은 진입 포인트를 찾아낼 수 있을 것이다. 하지만 어느 정도 수준에 오르기 전까지 하이로우 파동은 전환 파동과 함께 캔들 패턴의 활용을 극대화하기 위한 사전 분석 단계이자 유리한 구간을 찾아내는 보조 분석도구일 뿐임을 명심해야 한다.

또한 하이로우 파동은 형태적 요소보다는 개념적 이해를 필요로 하므로 실제 거래에서 적용하기 쉽지 않다. 또한 전형적인 형태 역시 출현 빈도가 낮다. 이는 개념적 이해가 될 때까지 형태만으로 추세를 예단하고 매매에 임해서는 안 된다는 의미이다.

〈표 1〉 하이로우 파동의 종류

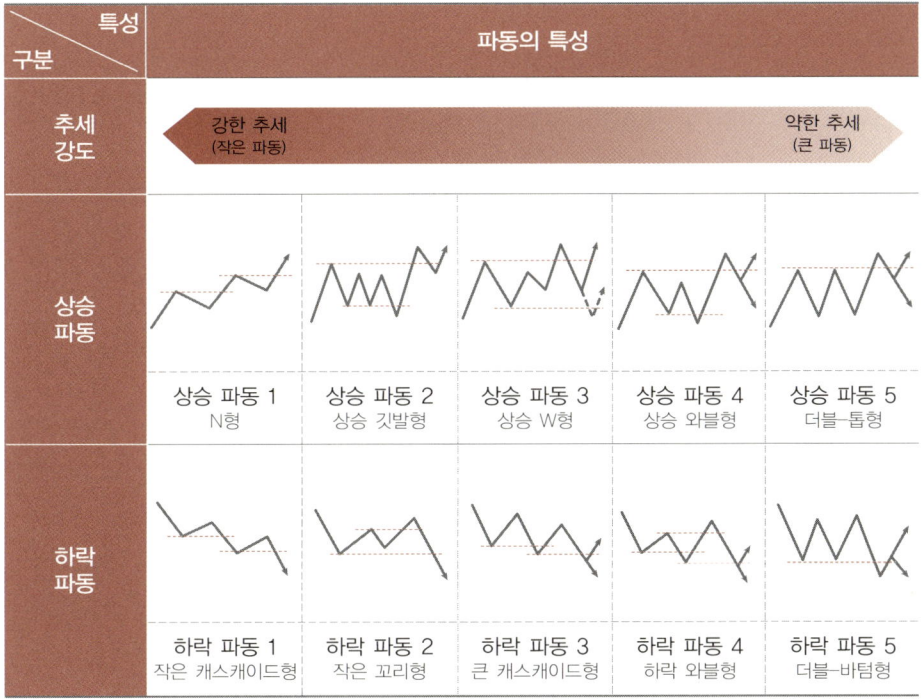

상승 파동

① 상승 파동 1. N형

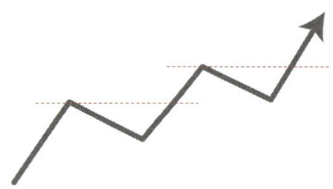

주로 작은 캔들군으로 이루어진 작은 파동으로 직전 고점을 지속적으로 돌파하며 저점을 높이는 경우 매우 강한 추세로 볼 수 있다. 이런 경우 확률적으로 큰 파동이 형성될 때까지 상승을 지속할 가능성이 크므로 추세에 역행하는 섣부른 반대 매매는 위험하다.

N형 파동은 일반적인 관점으로 누구나 인지할 수 있고, 거의 모든 보조지표의 시그널이 맞아 떨어지는 시중에서 이야기하는 추세추종 매매가 가능한 대표적인 경우이다. 하지만 출현 빈도가 높은 것은 아니다. FX 마진이나 통

〈그림 1-8〉 유로/달러 1시간 차트

화선물보다는 현물이나 지수선물 종목에서 자주 목격된다.

　작은 파동, 강한 추세 구간에서는 급등락하여 큰 파동이 생길 때까지 순방향 대응이 절대적으로 유리하며, 수익 구간 또한 길게 가져갈 수 있다는 장점이 있다. 반대로 캔들 패턴에 의한 단편적인 반전 신호보다 파동이 우선시되므로 매도는 반드시 큰 파동의 형성 후 전 고점이나 직전 고점 부근의 현저한 패턴 신호로만 대응할 필요가 있다.

　〈그림 1-8〉에서 굵은 선과 같이 직전 고점을 지속적으로 갱신하며 저점을 높여가는 경우 작은 파동, 강한 추세로 볼 수 있다. N형 파동, 즉 작은 파동의 가장 큰 특징은 진폭이 작고 대부분 작은 캔들군으로 연결된다는 점이다.

　작은 파동은 상승 중 전 저점을 하향 돌파하며 크게 흔들기 시작하거나 혹

〈그림 1-9〉 호주달러/달러 15분 차트

은 급등세가 나타나면 하락 조정 내지 하락 반전의 가능성이 커진다. 하지만 ①, ③과 같이 장대 양봉으로 구성된 일단의 급등세 직후임에도 불구하고 작은 캔들로 이어지는 경우 그만큼 상승세가 강하다는 의미이다. 또한 ②와 같이 일단의 하락 조정 구간에서조차 작은 캔들로 횡보하는 경우에도 상승 지속의 가능성이 매우 큰 것으로 본다. N형 파동은 초기에 진입하지 못하면 중도에서 매매가 쉽지 않고 기본적으로 직전 저점 부근에서 유효한 상승 신호가 있을 경우에만 매수 대응이 가능한 파동이다.

〈그림 1-9〉에서 일단의 급등세 후 직전 고점을 돌파한 후에도 ①과 같이 특별한 파동 없이 작은 캔들로 횡보하는 경우 작은 파동의 본격적인 시작점으로 볼 수 있다. 따라서 ② 구간과 같이 고점에서 특별한 반전 신호나 하락 전환파동의 움직임이 없을 경우 하락 조정 시 유효 패턴을 찾아 매수하거나 현저한 직전 저점이 생길 때까지 기다릴 필요가 있다.

② 상승 파동 2. 상승 깃발형

N형 파동과 부분적으로 유사하며, 상승세에서 일단의 급등이나 현저한 상승세 후에도 작은 캔들로 횡보하는 경우 추가적인 상승을 이어갈 가능성이 큰 것으로 본다. 정형화된 형태보다는 개념적인 이해를 필요로 하며, 직전 고점을 1~2회 내에서 돌파하고 깃발이 펄럭이는 형태일 경우 유효한 상승 깃발형으로 볼 수 있다.

전형적인 상승 깃발형 또는 유사 형태라면 상승 우세 구간으로 설정, 직전 저점 부근에서 유효한 상승 신호를 찾아 매수 대응이 가능하다. 하지만 직전

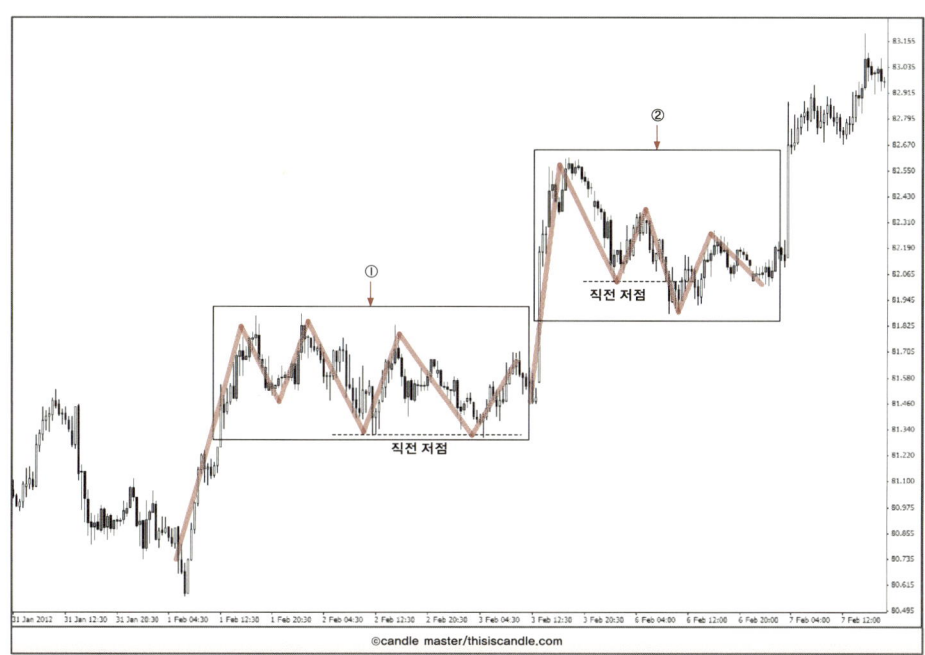

〈그림 1-10〉 호주달러/엔 30분 차트

저점 돌파 전이고 초기 구간이라면 (캔들 패턴에 의한 매도 신호가 있을 경우) 오히려 직전 저점 아래를 목표로 단기 매도가 우선시된다.

〈그림 1-10〉에서 보면 긴 보합 구간을 거쳐 상승을 시도하는 과정에서 ①과 같은 전형적인 형태의 상승 깃발형이 출현하였다. 직전 저점 부근에서 유효한 상승 신호를 찾아 매수 대응이 가능하며, 고점 돌파 후 섣부른 반대 매매는 불가하다.

②와 같이 직전 고점을 장대 양봉으로 돌파했음에도 직후 즉각적인 조정 움직임 없이 작은 캔들로 이어지는 경우 설령 하락 조정이 뒤따라오더라도 상승 우세라는 기본 관점을 유지할 필요가 있다. 따라서 직전 저점이 형성되기를 기다려 유효한 상승 신호로 대응하도록 한다.

〈그림 1-11〉 골드 15분 차트

〈그림 1-11〉에서처럼 일단의 급등세 후 직전 고가를 두 차례 돌파한 다음에도 여전히 ①과 같이 작은 캔들로 횡보하는 경우 추가적인 상승 가능성이 큰 것으로 본다.

②의 경우 결과적으로 상승 깃발형의 형태로 진행되었지만 실제 거래에서 매수 포인트를 찾기는 쉽지 않을 수 있다. 하지만 급등세 직후에도 작은 캔들군으로 횡보하는 경우 직전 고점을 1~2차례 돌파하더라도 여전히 상승 가능성이 크다라는 기본 관점을 유지할 필요가 있다.

③ 상승 파동 3. 상승 W형

상승 우세 구간에서 전 고점이나 직전 고점을 앞두고 일단의 파동으로 힘을 비축하는 경우 고점을 돌파하더라도 상승을 지속할 가능성이 큰 것으로 본다. 따라서 고점 돌파 직후 섣부른 반대 매매는 곤란하며, 복수의 하락 신호의 조합일 경우에만 단기 매도가 가능하다. 그에 앞서 전 고점 돌파 전 그리고 고점 돌파 후 하락 조정 시 상승 신호를 찾아 매수 대응이 우선시된다.

〈그림 1-12〉에서 전 고점을 앞두고 ①과 같이 일단의 파동이나 캔들군으로 힘을 비축한 후 전 고점을 돌파하게 되면 추가 상승할 가능성이 큰 것으로

〈그림 1-12〉 유로/엔 15분 차트

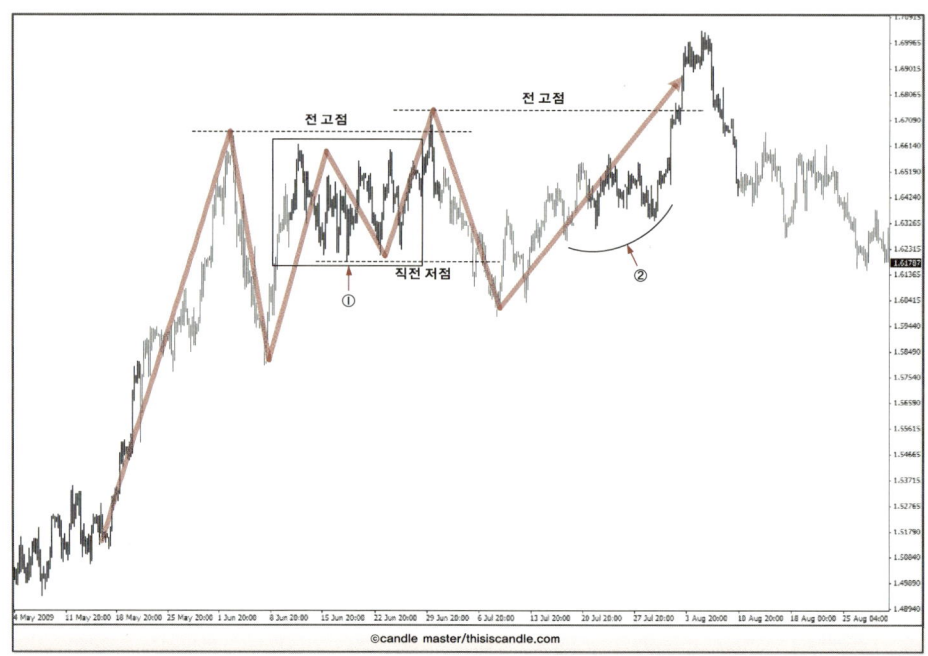

〈그림 1-13〉 파운드/달러 4시간 차트

본다. 이에 따라 하락 조정 구간에서 유효한 상승 신호를 찾아 중·장기 대응이 유리하다(〈그림 1-12〉의 경우 하락세 후 본격적인 상승 전환을 시도하는 구간이었다). 특히 직전 고점을 돌파하는 과정에서 ②와 같이 작은 캔들군으로 이어지게 되면 이는 매도세의 반발이 거의 없다는 암시로서 상승세가 한층 탄력을 받을 가능성이 크다.

〈그림 1-13〉에서는 〈그림 1-12〉의 경우와 달리 전 고점을 앞두고 ①과 같이 파동이 수차례 반복되고 혼탁해질 경우 상승 지속보다는 깊은 하락 조정 또는 하락 전환의 가능성이 커진다. 따라서 전 고점 돌파 후 유효한 하락 신호를 찾아 매도 대응이 유리하다.

② 구간 또한 상승의 힘을 비축하는 단순 명료한 파동 구간으로 보기 어려

우므로 전 고점 돌파 후 하락 신호를 찾아 매도 대응하는 것이 유리하다. 비록 큰 파동은 아니지만 ①, ②와 같이 비교적 혼탁한 파동 구간은 추세의 혼선을 야기하며, 이러한 상황을 정리하고 상승세를 지속시키기 위해서는 반드시 전 고점 돌파 직후 작은 캔들군, 작은 파동의 연결이 필요해진다. 일반적으로 (하이로우 상승 파동 3-5 예상 구간에서) 전 고점 돌파 직후 큰 크기의 캔들군으로 하락하거나 대부분 큰 캔들군으로 구성된 파동이 이어질 경우 하락 조정이 깊어지거나 하락 전환될 가능성이 크다.

④ 상승 파동 4. 상승 와블형

상승 파동 3과 유사한 개념이지만 비교적 큰 파동으로 전 저점 돌파 후 다시 전 고점을 돌파하게 되면 상승 파동 3에 비해 하락 전환될 가능성이 큰 것으로 본다. 즉 큰 파동으로 흔들면 흔들수록 추세는 약화된다. 이는 세력의 스톱-헌팅(Stop-hunting, Stop-loss order를 이용하여 차익 기회를 얻는 전략)으로, 일반적으로 트레이더들에게 추세를 예측하기 어렵게 만듦으로써 이익을 극대화하려는 세력의 의도가 반영된 결과로 볼 수 있다. 하지만 여전히 유효한 하락 신호에서만 대응할 필요가 있으며, 그에 앞서 전 저점 돌파 시 상승 신호를 찾아 매수 대응이 우선시된다.

〈그림 1-14〉는 전형적인 상승 와블형으로 현저한 파동 및 큰 캔들군으로 비교적 급히 전 고점을 돌파했기 때문에 하락 전환의 가능성이 크다.

〈그림 1-15〉의 고점에서 이중 천장에 가까운 형태를 완성 후 ①과 같이 직

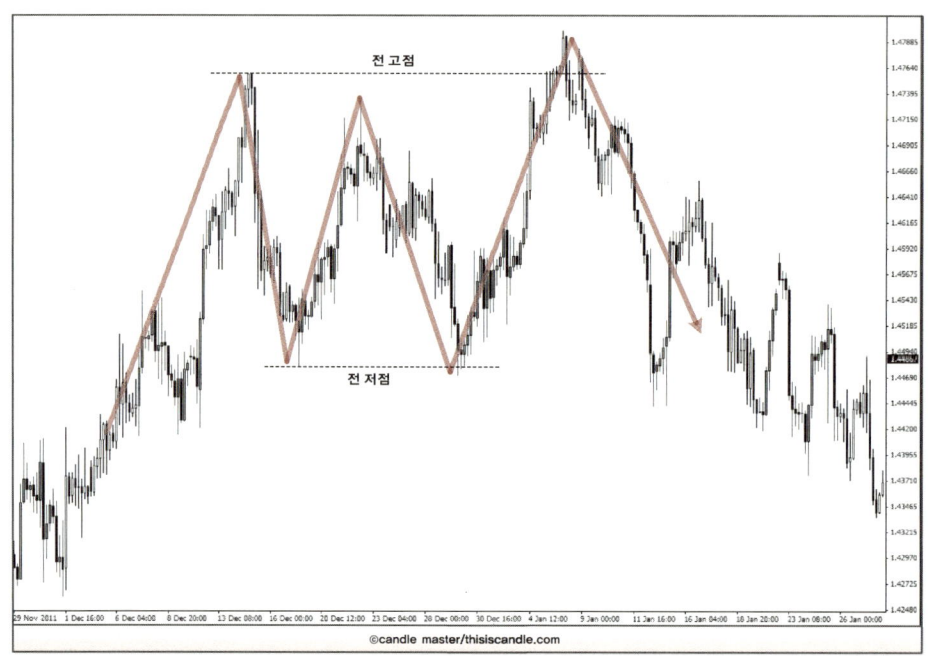

〈그림 1-14〉 파운드/프랑 4시간 차트

전 저점을 비교적 깊이 하락하였다. 이전의 급등세에 비추어 납득할 만한 하락 조정세였지만 실제 거래에서 매수 포인트를 찾기는 쉽지 않을 것이다. 하지만 전형적인 상승 와블형에 비해 너무 깊이 하락한 점과 고점에서 이중 천장에 가까운 형태를 구성한 점에 비추어 전 고점 돌파 후 하락 전환 또는 최소한 ②와 같이 깊은 하락 조정이 뒤따라올 가능성이 큰 것으로 본다.

〈그림 1-16〉에서처럼 ① 구간에서 깊이 상승한 후에도 즉각적인 하락 움직임 없이 출현한 비교적 작은 크기의 상승 와블형은 하락 전환보다는 일단의 하락 조정 후 추가적인 상승을 이어갈 가능성이 크다. 특히 ② 구간과 같이 전 고점을 깊이 돌파한 후 단시간 내 하락하지 못하고 작은 캔들군으로 횡보할 경우(이는 하이로우 상승 파동 2의 개념과 동일하다) 상승세가 여전히 강하다는 암시이다.

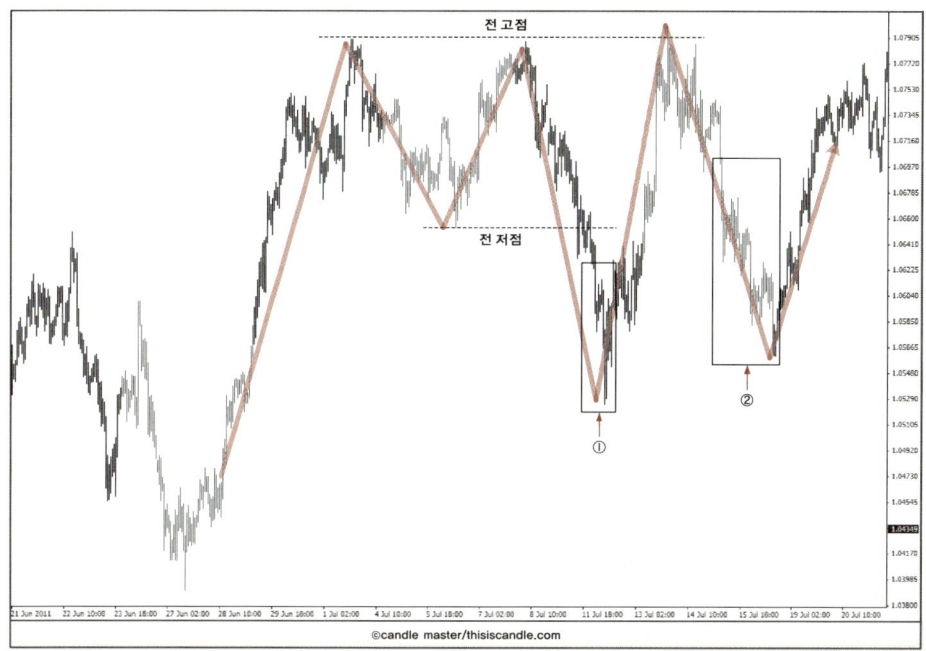

〈그림 1-15〉 호주달러/달러 1시간 차트

〈그림 1-16〉 파운드/달러 30분 차트

⑤ 상승 파동 5. 더블-톱형

현저한 상승세에서 매우 작은 오차로 이중 천장을 형성하는 경우 결국 전 고점을 돌파할 가능성이 큰 것으로 본다. 하지만 형성 직후 과도한 하락 조정이 뒤따라오는 경우가 많으므로 매수 대응은 현저한 전 저점이나 직전 저점 아래에서 패턴 신호로만 대응해야 안전하다.

이후 이중 천장의 특성상 전 고점 돌파 후에는 하락 전환될 가능성이 크다. 이는 대다수의 트레이더가 이중 천장을 중요한 저항선이자 추세 전환점으로 인식하는 점을 역이용하여 스톱-헌팅(Stop-hunting)을 노리는 세력의 의도와 관계가 있다. 따라서 이중 천장 돌파 후에는 유효한 하락 신호를 찾아 장기 대응이 유리하다.

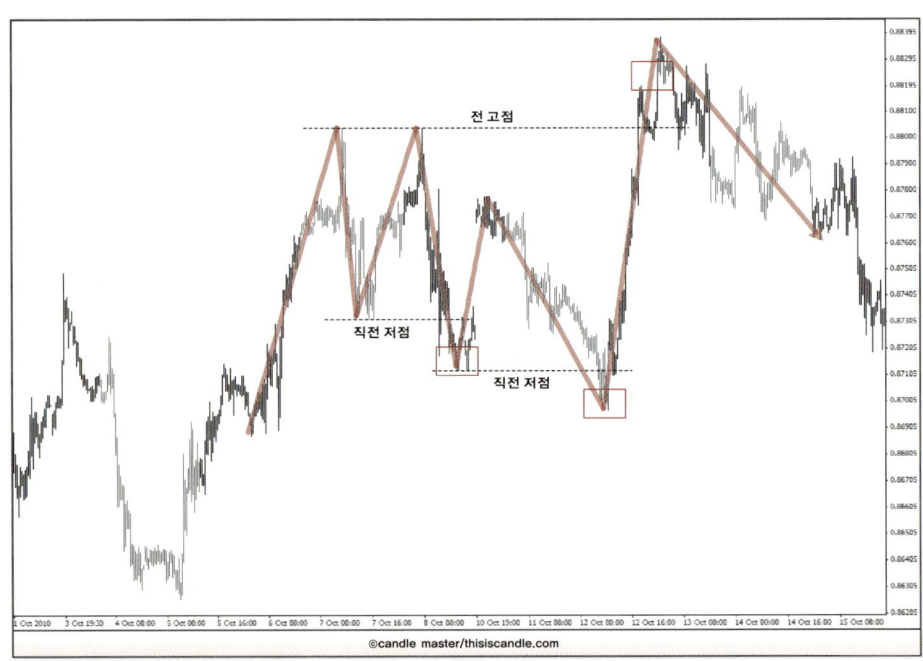

〈그림 1-17〉 유로/파운드 30분 차트

현저한 하락세의 상승 조정 구간에서 이중 천장이 형성될 경우 상향 돌파 가능성은 상승세에 비해 낮다. 하지만 여전히 확률적으로 우세하므로, 전 저점이나 직전 저점 아래에서 매수 대응이 유리하다. 단 상승세의 이중 천장과 달리 전 고점 돌파 후에도 상승을 지속할 가능성이 크므로 주의해야 한다.

〈그림 1-17〉은 비교적 급하고 큰 파동으로 이중 천장을 형성한 후 직전 저점을 두 차례 돌파했다. 하지만 결국 전 고점 돌파 후 하락 전환되는 예를 보여주고 있다.

〈그림 1-18〉 또한 매우 큰 파동으로 이중 천장 형성 후 하락 전환되는 전형적인 예이다.

〈그림 1-18〉 달러/캐나다달러 1시간 차트

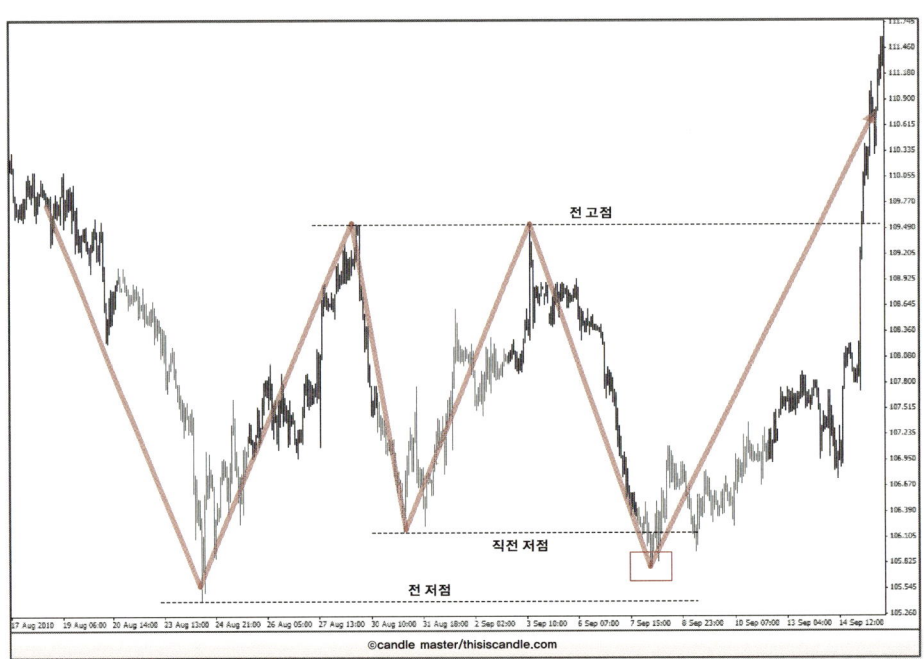

〈그림 1-19〉 유로/엔 1시간 차트

〈그림 1-19〉에서처럼 현저한 하락세에서 형성된 이중 천장 또한 돌파 가능성이 크다. 하지만 반드시 현저한 직전 저점이나 전 저점 아래에서 유효한 상승 신호에만 대응해야 안전하다. 또한 하락세의 이중 천장은 상승세의 이중 천장과 달리 전 고점 돌파 후 상승을 지속할 가능성이 크므로 주의해야 한다.

하락 파동

① 하락 파동 1. 작은 캐스캐이드형

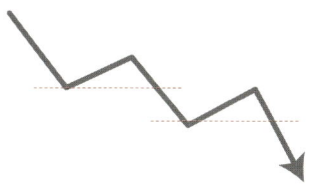

하락 파동 1. 작은 캐스캐이드형은 상승 파동 1의 N형과 반대되는 개념이다. 그러나 N형과 마찬가지로 작은 파동, 강한 추세로서 추세에 역행하는 섣부른 반대 매매는 불가하며, 큰 파동 형성 후 전 저점 부근에서 현저한 상승 신호가 있을 때에만 매수 대응이 가능하다. 기본적으로 직전 고점 부근에서 유효한 하락 신호를 찾아 매도 후 장기 대응이 우선시된다.

추세의 마감은 일반적으로 크고 급한 파동의 연속이나 현저한 급락세 직후 시도될 가능성이 크다. 하지만 급락세 후에도 작은 캔들군으로 이어지는 경우 하락세가 여전히 강하다는 암시이다.

N형 파동은 갑작스레 강한 하락세로 전환되는 경우가 드문데 반해, 작은 캐스캐이드형은 별다른 상승 전환파동이나 패턴 신호 없이 작은 파동, 강한 상승세로 전개되는 경우가 간혹 있다. 하지만 이런 경우에도 섣부른 추격 매수나 매도는 불가하며 현저한 파동이 형성될 때까지 기다릴 필요가 있다.

〈그림 1-20〉처럼 하락 우세 구간에서 ①과 같이 작은 캔들군이 급한 기울기로 이어지는 경우 급락이 뒤따라오는 경우가 흔하다. 단기 급락 후에도 ②, ③과 같이 작은 캔들 및 파동으로 횡보하는 경우 강한 하락세를 예상하고 매도 타이밍을 노리는 것이 유리하다.

〈그림 1-21〉에서 작은 파동, 강한 추세로 진행되는 과정에서 비록 좁은 구

〈그림 1-20〉 달러/프랑 1시간 차트

〈그림 1-21〉 다우지수 1시간 차트

54 실전 캔들 매매법

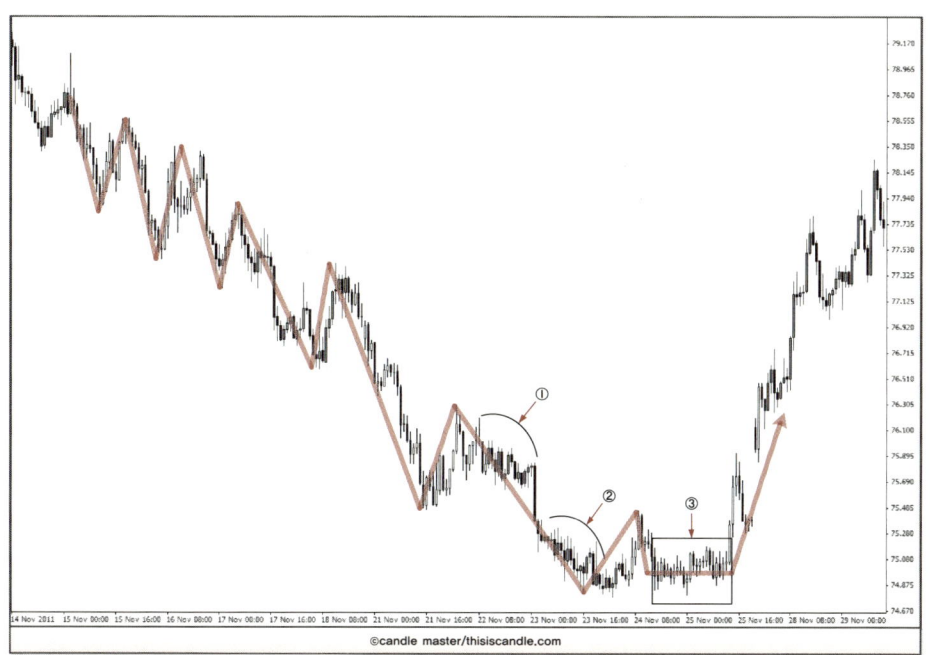

〈그림 1-22〉 호주달러/엔 1시간 차트

간이지만 ①과 같이 급한 파동 구간이 나타날 경우 이는 매수세의 본격적인 유입을 예고한다고 볼 수 있다. 따라서 직후 ②와 같은 급락세는 상승 전환 또는 일단의 상승 조정을 이끌어낼 가능성이 크다(비록 현저한 상승 신호가 없더라도 급락세 직후 큰 캔들군의 출현을 통해 이를 감지할 수 있다).

〈그림 1-20〉의 경우와 마찬가지로 〈그림 1-22〉의 ①과 같이 작은 캔들군이 급한 기울기로 이어지는 경우 급락이 뒤따라올 가능성이 크다. 하지만 단기 하락 후 ①과 동일한 개념의 ② 구간이 출현하고 이후 급락 구간 대신 ③과 같이 수평에 가까운 짧은 횡보 구간이 나타나게 되면 균형의 반전, 즉 상승세로의 전환이 예상된다.

② 하락 파동 2. 작은 꼬리형

작은 꼬리형은 형태보다는 개념적인 이해를 필요로 하는 다소 추상적인 파동으로 출현 빈도 또한 낮은 편이다. 하락 파동 1의 연장선상에서 작은 파동으로 진행 중 직전 고점을 돌파하게 되면 매도 대응이 유리하다. 마찬가지로 일단의 급락세 후에도 작은 캔들군으로 이어지면 여전히 강한 하락을 암시하므로 직전 고점 돌파 시 매도 관점이 우선시된다.

〈그림 1-23〉을 보면 강한 하락세에서 하나의 작은 파동으로 직전 고점을 돌파하였다. 이후 직전 고점을 갱신하였지만 ①과 같이 빨리 상승하지 못하고 작

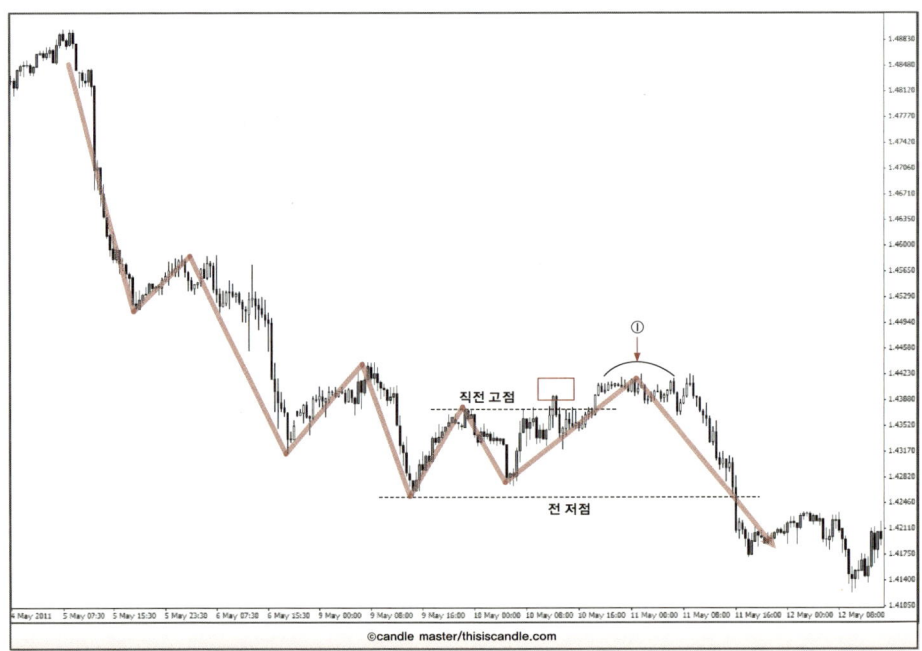

〈그림 1-23〉 유로/달러 30분 차트

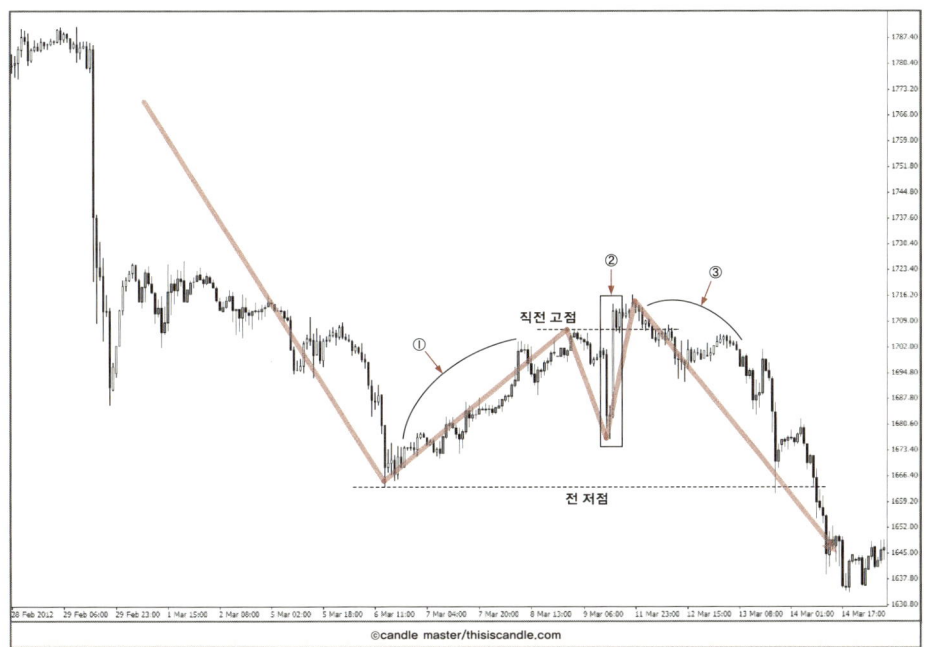

〈그림 1-24〉 골드 1시간 차트

은 크기의 캔들군으로 이어지게 되면 하락을 재개할 가능성이 매우 크다(이런 위치에서 일단의 추가 상승을 도모하기 위해서는 반드시 큰 캔들군의 움직임이 필요하다).

강한 하락세에서는 상승 전환파동과 같이 현저한 파동으로 상승하거나, 현저한 크기의 캔들군으로 상승해야만 추세 전환 가능성이 큰 것으로 본다. 하지만 〈그림 1-24〉의 ①과 같이 작은 캔들군으로 상승할 경우(이때의 작은 캔들군은 상승 우세 구간과 달리 힘이 없는 매수세이다) 일단의 하락 조정 후 재상승을 도모하거나 하락을 재개할 가능성이 크다.

이후 ②와 같이 비정상적인 급한 상승은 오히려 부작용을 유발한다. 그리고 직후 ③과 같이 작은 캔들군으로 이어지게 되면(이때의 작은 캔들군은 상승 타이밍을 놓치고 있다는 의미이다) 하락을 재개할 가능성이 매우 커진다. 따라서 ② 직후 유효한

〈그림 1-25〉 유로/엔 1시간 차트

하락 신호를 확인하고 대응하거나 또는 하이로우 하락 파동 2를 미리 예상하여 조기 진입하는 것이 가능하다(이때 단시간 내 하락하여 ②에 이어 급한 파동을 형성하는 것보다는 ③과 같은 작은 캔들군의 움직임이 보다 깊은 하락세를 이끌어낸다).

〈그림 1-25〉에서는 강한 하락세에서 어느 정도 진폭이 큰 파동이 형성되었지만 여전히 추세를 전환시킬 만한 큰 파동 구간으로 보기는 어렵다. 따라서 전 고점 돌파 시 하락 신호를 찾아 매도 대응하는 것이 유리하다.

하지만 (비록 현저한 상승 신호는 없었지만) 이전에 상승 전환파동 1(P. 79 참고)의 움직임이 있었고 ①과 같은 위치에서의 긴 아래꼬리 캔들은 힘을 비축하는 의미일 수 있으므로, 전 고점 돌파 직후 대응하는 것보다는 하나의 작은 파동으로 고점을 갱신할 때(하이로우 하락 파동 2의 개념에 하락 전환파동 2의 개념을 덧붙여) 매도 대응하는 것이 보다 안전하다.

비록 이전 하락세에 비추어 큰 파동 구간으로 보기는 어렵지만 ②와 같이 현저한 크기의 캔들군으로 급히 하락할 경우 전 저점 돌파 후 상승 조정 또는 상승 전환될 가능성이 크다. 따라서 저점 아래에서 유효한 상승 신호를 찾도록 한다.

③ 하락 파동 3. 큰 캐스캐이드형

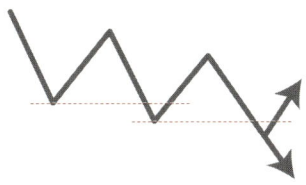

작은 캔들군 및 파동으로 구성된 작은 캐스캐이드형과 달리 큰 캐스캐이드형은 현저한 크기의 캔들군으로 비교적 큰 파동을 구성하는 것이 특징이다. 이런 경우 저점 돌파할 때마다 상승 조정이 뒤따라올 가능성이 크다. 특히 진폭이 크고 급할수록 강한 상승

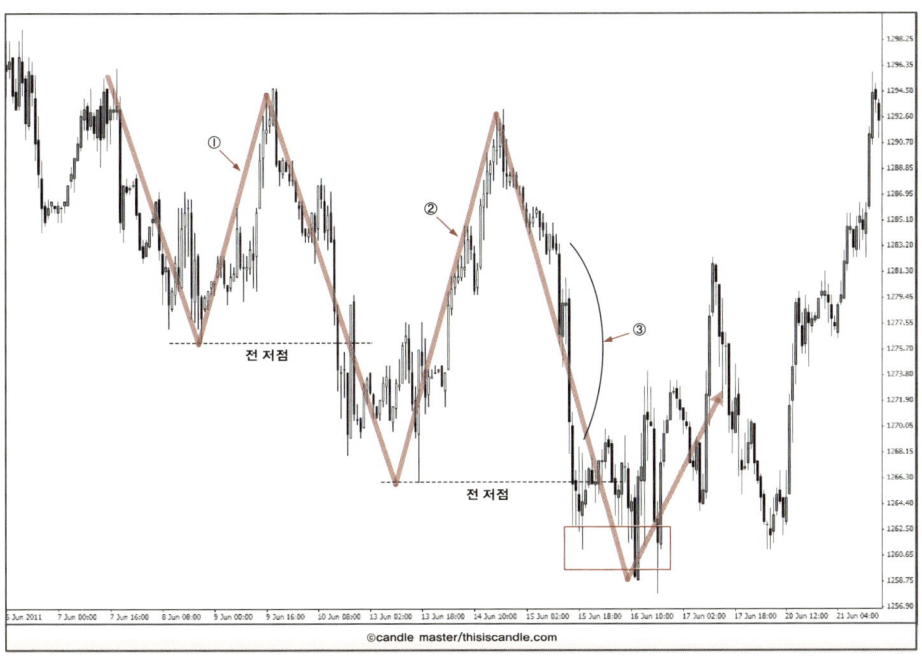

〈그림 1-26〉 S&P500지수 1시간 차트

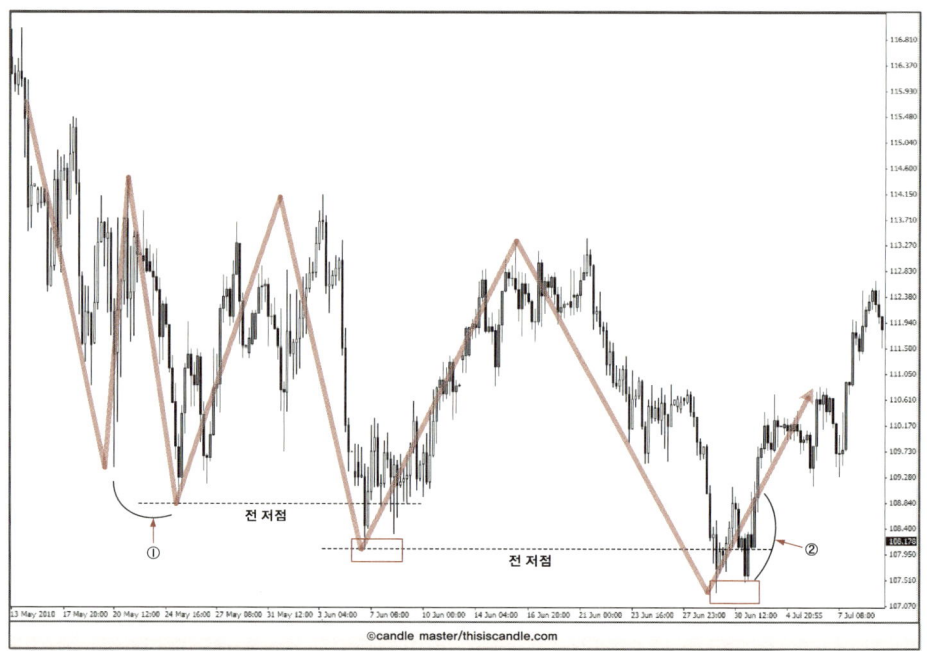

〈그림 1-27〉 유로/엔 4시간 차트

조정이나 상승 전환의 확률이 높아진다.

〈그림 1-26〉에서 ①에 비해 ② 구간 파동의 진폭이 크므로 전 저점 돌파 후 매수 관점이 유리하다. 더불어 ③과 같이 고점에서부터 급히 하락할 경우 상승 가능성이 보다 커진다(물론 그림과 같이 저점을 1~2차례 추가 돌파할 가능성 또한 존재하므로 유효한 상승 신호를 확인하도록 한다). 또한 전체적으로 파동을 구성한 캔들이 대부분 현저한 크기임을 유심히 눈여겨볼 필요가 있다.

〈그림 1-27〉에서는 ① 구간과 같이 현저한 크기의 급한 파동은 매수세의 유입에 따른 일시적인 혼조세를 암시하며 뒤이어 상승 전환 또는 강한 상승 조정이 뒤따라올 가능성이 크다. 따라서 저점 아래에서 상승 신호를 찾아

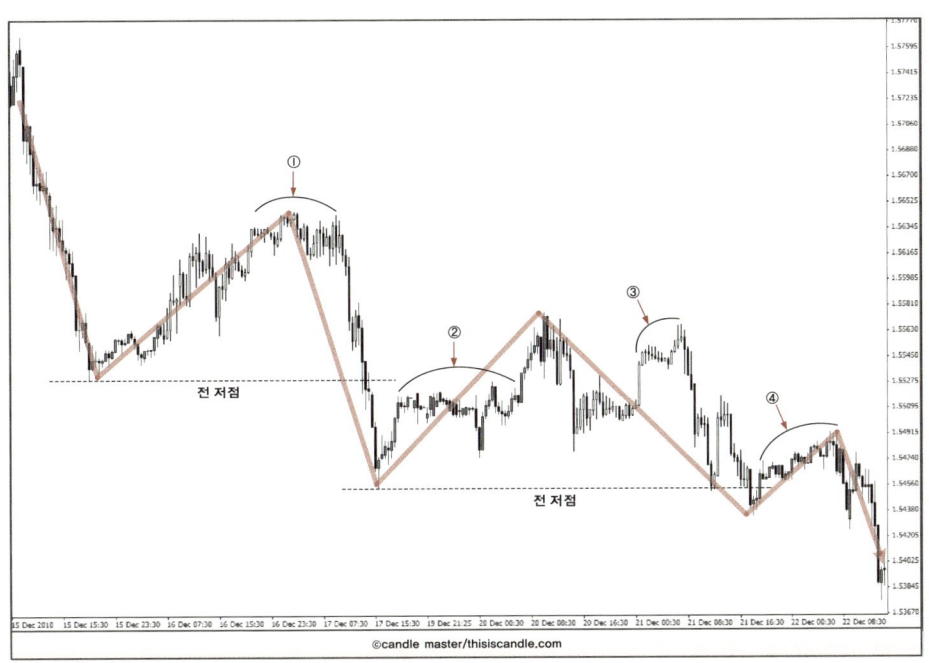

〈그림 1-28〉 파운드/달러 30분 차트

중·장기 매수 대응이 유리하다. ① 이후 추세 전환 가능성이 점점 커지는 상황에서 큰 파동으로 저점 돌파 후 ②와 같이 현저한 크기의 캔들군으로 구성된 즉각적인 상승 움직임은 상승 전환 확률을 보다 높여준다.

〈그림 1-26〉과 〈그림 1-27〉의 경우와 달리 〈그림 1-28〉은 파동의 진폭이 크지 않고 넓이 또한 완만하다. 특히 ①에서 ④와 같이 상승을 시도해야 할 타이밍에서 작은 캔들군으로 이어지면 매수세가 여전히 약하다는 암시이다. 이런 경우 비록 형태는 큰 캐스캐이드형과 유사하지만 개념적으로는 작은 캐스캐이드형에 가깝다. 따라서 전 저점 아래에서의 매수 대응은 매우 조심스러우며, ④와 같이 유효한 상승 신호일지라도 직후 상승하지 못하고 작은 캔들군으로 이어지게 되면 단기 수익 청산하거나 매도 관점으로 전환할 필요가 있다.

④ 하락 파동 4. 하락 와블형

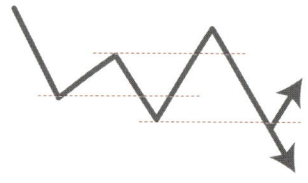

상승 파동 4의 상승 와블형과 반대되는 개념으로 비교적 큰 파동으로 전 저점과 전 고점을 단기간 내에 교차 돌파하면 상승 전환될 가능성이 큰 것으로 본다.

〈그림 1-29〉는 고점 돌파와 저점 돌파가 현저한 캔들군으로 단시간 내에 이루어진 하락 와블형의 전형적인 예이다.

〈그림 1-29〉에 비해 〈그림 1-30〉은 ① 구간의 파동이 좀 더 완만하지만 힘을 비축하는 별다른 과정 없이 전 저점을 급히 돌파했다. 그러므로 하락 와

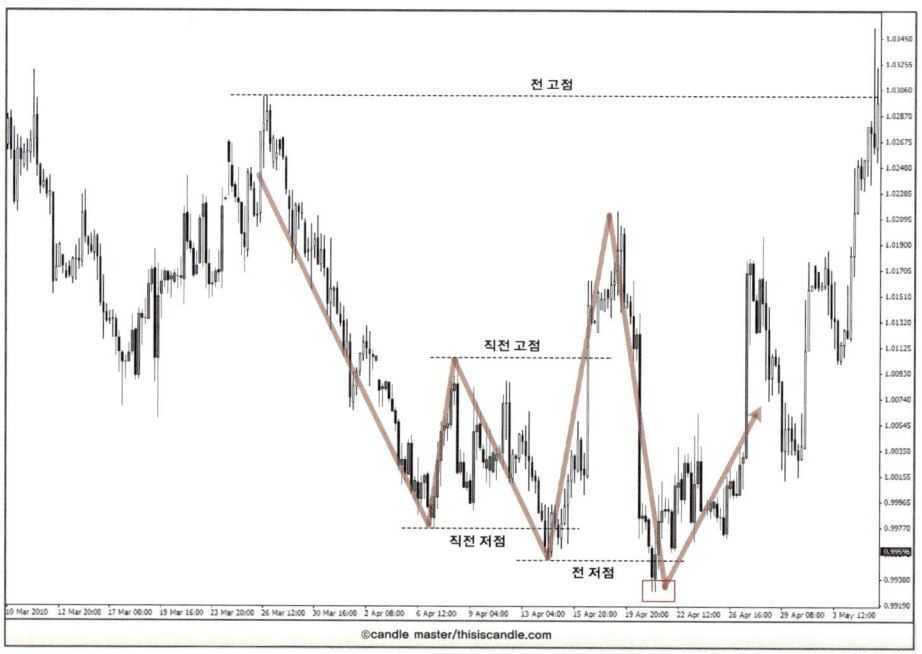

〈그림 1-29〉 달러/캐나다달러 4시간 차트

〈그림 1-30〉 유로/엔 1시간 차트

블형을 예상하고 조기 진입하거나 유효한 상승 신호를 찾아 중·장기 대응이 가능하다. 만약 유효한 상승 신호가 없거나 진입 포인트를 놓쳤을 경우 뒤늦은 추격 매수는 불가하다. 특히 양봉에서의 진입은 더욱 불가하며 음봉, 즉 충분한 조정 시에만 대응하는 것이 기본 원칙이다.

〈그림 1-31〉은 작은 파동과 일단의 급락세 후 하락 와블형으로 전개되었다. 따라서 저점을 급히 돌파한 ① 지점에서 매수 대응이 가능하다. 이후 재하락하는 과정에서 전 저점을 앞두고 ② 구간과 같이 힘을 비축하는 움직임으로 인해 하이로우 파동을 예상하여 조기 진입하는 것은 곤란하다. 이런 경우 보수적으로 상승 전환파동 2(P.83 참고)의 개념을 대입하거나 현저한 패턴 신호에서만 대응하는 것이 안전하다.

〈그림 1-31〉 파운드/프랑 4시간 차트

　이후 ①과 ③이 이중 바닥에 가깝게 형성되었으므로 재하락 후 상승 전환될 가능성이 큰 것으로 본다. 하지만 저점 돌파 후에도 즉각적인 상승 움직임 없이 ④와 같이 비교적 급한 기울기로 하락하는 경우 수차례의 추가적인 저점 돌파 가능성을 배제할 수 없다. 그럼에도 작은 캔들군으로 이어지지 않는 이상 이전 하락 와블형과 이중 바닥의 영향력으로 인해 상승 전환 또는 최소한 강한 상승 조정이 뒤따라올 가능성이 여전히 큰 것으로 본다.

⑤ 하락 파동 5. 더블-바텀형

상승 파동 5의 더블-톱형과 반대되는 개념이다. 일반적인 기준에서의 이중 바닥과 달리 오차 범위가 매우 낮아야만 이중 바닥으

로 인정될 수 있다. 기본적으로 현저한 하락세에서 이중 바닥을 형성하게 되면 저점 돌파 후 상승 전환될 가능성이 큰 것으로 본다. 하지만 더블-톱형과 마찬가지로 이중 바닥 형성 후 과도한 상승 조정이 뒤따라오는 경우가 흔하므로 성급한 매도 대응은 곤란하다.

파동의 진폭이 너무 작은 경우에는 유효성이 떨어지기 때문에 이중 바닥을 돌파했다고 하더라도 패턴 신호로만 대응할 필요가 있다. 하지만 돌파 후에도 여전히 작은 캔들, 작은 파동으로 이어지는 경우 매도 관점으로의 전환이 요구된다. 또한 더블-톱형과 달리 현저한 상승세의 이중 바닥은 하향 돌파해야 할 이유가 없으므로 주의한다.

〈그림 1-32〉와 같이 현저한 하락세에서 이중 바닥을 형성하게 되면 일단

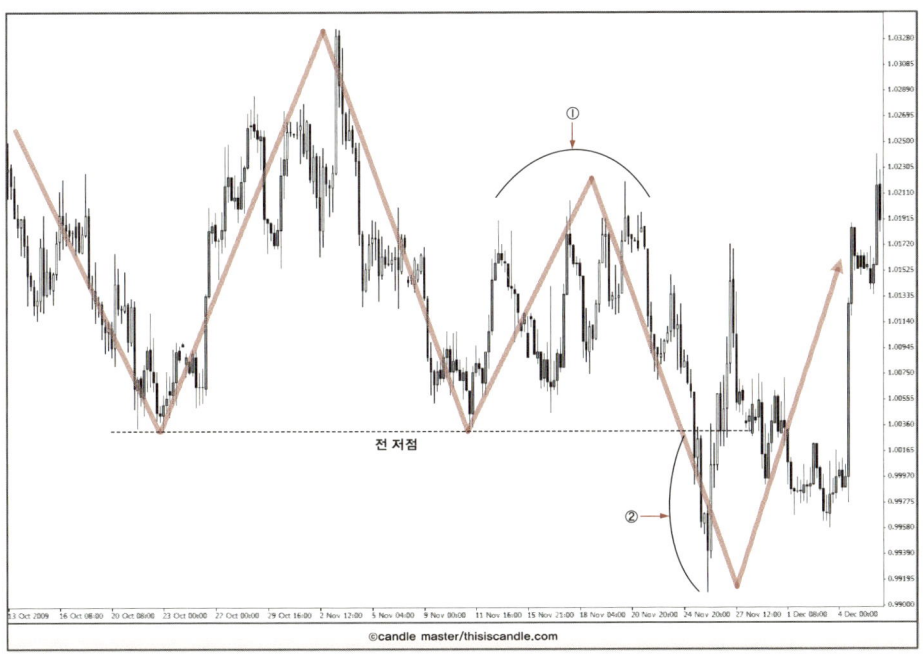

〈그림 1-32〉 달러/프랑 4시간 차트

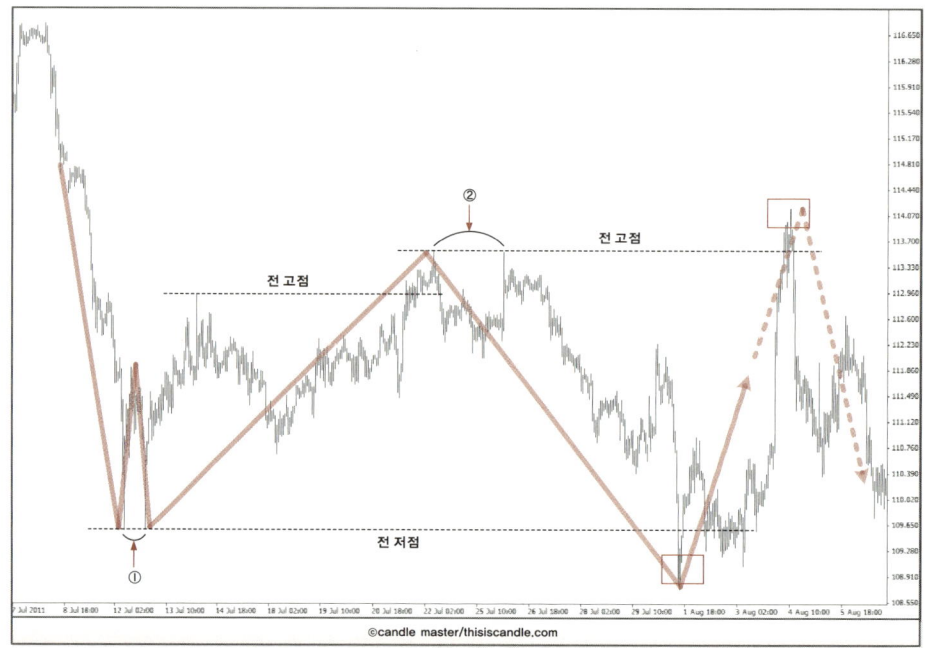

〈그림 1-33〉 유로/엔 1시간 차트

의 상승 조정 후 이중 바닥을 돌파할 가능성이 크다. 하지만 ①과 같이 비교적 짧은 기간 내 이중 바닥을 돌파하는 경우에는 ②와 같이 전 저점 아래로 깊이 하락할 가능성 또한 배제할 수 없다. ②에서 비교적 깊이 하락하는 바람에 이후 곧바로 상승하지 못하고 하락 조정 구간이 뒤따라왔음을 확인할 수 있다(따라서 만약 ② 구간에서 패턴 신호 확인 없이 조기 진입하여 손실을 보았다면 과도한 하락 조정, 즉 상승 전환파동 1이나 4-5 구간을 기다려 중·장기 대응할 필요가 있다).

〈그림 1-33〉은 비록 진폭이 크지는 않지만 매우 좁은 파동, 즉 급한 파동으로 ①에서 이중 바닥을 형성하였다. 이 경우 직전 고점이나 전 고점 위에서 유효한 하락 신호가 있을 때 적극적인 매도 대응이 요구된다. 전 고점을 돌파한 위치의 ②에서 이중 천장이 형성되었다. 이는 추후 일단의 하락 조정

〈그림 1-34〉 독일DAX지수 1시간 차트

을 거쳐 ②의 돌파 가능성이 크다는 것을 암시한다. 따라서 ①의 이중 바닥과 연계하여 전 저점 아래에서 ②의 전 고점 위를 목표로 하는 매수 대응이 유리하다.

〈그림 1-34〉에서 볼 수 있듯이 상승세의 이중 바닥은 반드시 하향 돌파되어야 한다는 기준은 없다. 따라서 이때 하향 돌파를 미리 예상하고 고점에서 매도 대응하는 것은 불필요하다. 대신 이중 바닥을 돌파하게 되면 패턴 신호를 찾아 중·장기 매수 대응이 가능하다.

①에서 형성된 이중 바닥을 고점에서부터 급히 돌파했으므로 상승 전환 가능성이 매우 컸다(중요한 기준선이자 심리적 마지노선인 이중 바닥을 돌파하는 급락세를 통해 일반적인 트레이더에게 극한의 공포심을 심어준 후 제 갈 길을 가는 대표적인 예이기도 하다).

2장
전환(Reversal Wave) 파동

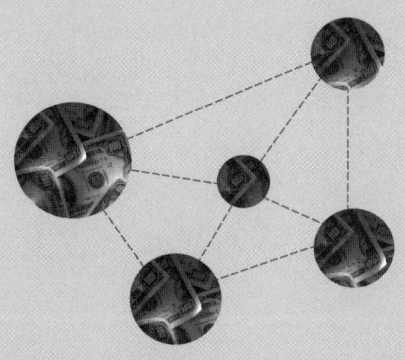

非利不動(비리부동): 유리하지 않으면 움직이지 않는다.
—손자병법

전   환
(Reversal Wave)
파   동

 # 전환파동이란 무엇일까?

우리가 흔히 말하는 추세는 파동의 연속이라 할 수 있다. 하지만 파동은 변화무쌍하여 공식화나 수치화하는 것이 사실상 불가능하다. 가장 널리 알려진 엘리어트 파동이 때로 큰 추세 구간에서 전형적인 형태로 들어맞는 경우가 있지만, 현실적으로는 극히 제한적인 해석과 함께 적용에 많은 무리수가 따르게 된다. 이번 장에서 소개하는 전환파동은 추세를 구성하는 일반적인 파동이 아닌 하이로우, 즉 전 고점과 전 저점 부근에서 발생하는 파동과 그 유효한 파동의 연장선상에서 파생된 부차적인 파동만을 정리하고 공식화한 것이다.

앞 장에서 하이로우의 개념을 설명한 바 있지만 일반적인 트레이더는 중요 저항선을 돌파하게 되면 상승 추세로 인식하고 매수 대응할 가능성이 높아진다. 하지만 하이로우 관점에서는 역으로 매도 타이밍을 노리는 경우가 많다. 문제는 매도에 유리한 구간이라고 할지라도 곧바로 하락하기보다는 다시 한번 작은 파동으로 고점을 돌파한 후 하락하는 경우가 더 흔하기 때문에 보다 안전한 포인트를 찾아 들어갈 필요가 있다. 이때 보다 섬세한 진입과 유연한 관점의 전환을 위해 전환파동의 필요성이 대두되는 것이다.

개념을 좀 더 잘 이해하도록 예를 들어보자. 강한 상승세에서 중요 저항선을 돌파한 후 재차 고점을 돌파하게 되면 일반적인 트레이더는 상승세를 더욱 확신하고 추격 매수할 가능성이 크다. 그리고 끝까지 버티던 스톱-로스(Stop-loss) 물량까지 정리됨으로써 하단에서 매수 물량을 쏟아부었던 세력의 1차적인 의도는 성공하게 되고 다시 2차적인 계획으로 모든 수익 물량을 처분한 후 하락세를 유도하는 경우가 흔하다. 이러한 과정에서 전형적인 전환파동과 함께 패턴 신호가 형성되는 것이다.

반대로 중요 저항선을 무너뜨린 후 그 직전 고점까지 돌파했음에도 불구하고 별다른 하락 신호 없이 하락하거나 작은 캔들, 작은 파동으로 횡보하는 경우 여전히 매수세가 강하다는 암시이다. 하지만 이런 경우에도 성급히 매수에 나섰던 일반적인 트레이더는 일단의 하락 움직임에도 쉽게 속거나, 긴 횡보에 지쳐 미리 빠져나올 가능성이 크다. 일반적인 보조지표나 기술적 분석방법으로는 중요 구간에서 발생하는 각종 파동의 의미와 변곡점을 효과적으로 파악하는 것이 사실상 매우 어렵다.

반면 이번 장에서 소개하는 전환파동은 확률적 측면에서 유리한 구간과 변곡점을 찾아내는 데 있어 보다 강력한 기준을 제공할 것이다. 하이로우 파동의 끝자락을 보다 세분화함으로써 섬세함을 높임과 동시에 캔들 패턴 또한 유효한 파동의 선상에 있거나 또는 파동에 의한 한 방향으로 우세 구간에 있을 때 신뢰성이 높아진다. 그러므로 이러한 전환파동의 기본 원리를 이해함으로써 캔들 패턴의 활용을 극대화할 수 있는 것이다.

하이로우 파동에 의한 매매 방식이 공격적이라면 전환파동은 하이로우 파동을 보다 섬세하고 방어적으로 만들어주는 동시에 캔들 패턴의 신뢰성을 높여주는 매개체 역할을 한다. 그리고 하이로우 파동 및 캔들 패턴과 복합적으로 연계될 때 그 위력을 발휘하게 된다. 또한 하이로우 파동과 캔들 패턴만으로는 부족한, 추세의 방향에 관한 자유로운 관점의 전환이 용이하도록 도와준다. 기본적으로 상승해야 할 타이밍에서 상승하지 못하면 혼조세가 따라오거나 하락세가 깊어질 수밖에 없으므로, 전환파동을 통해 이 '타이밍'에 관한 가설을 세우고 확률적으로 대응할 수 있게 되는 것이다. 이때 전환파동만으로 불충분한 부분은 길잡이 캔들과 같은 중요 캔들로 상호 보완해나갈 수 있다. 전환파동은 또한 무주공산과 같이 힘의 균형이 무너지는 시점과 보합 구간의 시작점을 찾는 데에도 유용하게 활용된다.

캔들 패턴 단독으로도 추세에 상관없는 확률 높은 매매가 가능하다. 하지만 전환파동을 적용하게 되면 진입 횟수는 줄되 성공률은 높일 수 있다. 또한 유리한 구간과 불리한 구간을 구별하고 유리한 구간까지 기다릴 줄 아는 여유와 함께 수익 목표 지점까지 버틸 수 있는 자신감 또한 얻게 될 것이다. 더불어 프로 트레이더의 중요한 자질 중 하나인 자유로운 관점의 전환 능력 또한 기를 수 있도록 도와줄 것이다.

〈표 2〉 전환파동 종류

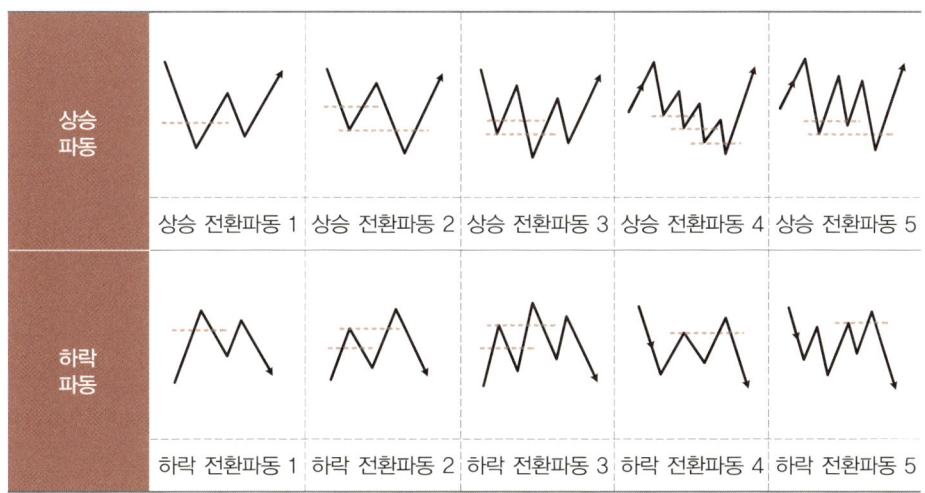

전환파동의 기본 관점

- 전환파동은 하이로우의 연장 파동이다(대부분 해당 구간의 최저점/최고점일 때에만 유효).
- 예상 파동의 선상에서 캔들 신호로 대응한다(전환파동만으로 대응은 극히 제한적).
- 깔끔하고 단순한 형태여야 하며 1시간 이상 차트를 기준으로 한다(상승 전환파동 2-4, 하락 전환파동 2는 경우에 따라 예외 적용 가능).
- 기본적으로 현저한 크기(높낮이)의 파동이어야 한다(상승 전환파동 2, 하락 전환파동 1-3은 예외 적용 가능).
- 상승 전환파동 1-3, 하락 전환파동 1-3은 마지막 구간에서 반드시 강한 상승/하락 움직임이 확인되어야만 한다(이후 전한파동 1-3이 확인되면 전환파동 4-5를 기다려 대응).
- 유효한 전환파동으로 확인되면 이후 흐름은 상승/하락 우세 구간으로 설정할 수 있다.
- 전환파동 이후 상승/하락 타이밍을 놓치며 작은 캔들군으로 이어지거나 전환파동을 허무는 경우 추가 상승/하락하거나 반대로 강하게 움직일 가능성이 크다.
- 전환파동 1은 전환파동 2-3으로, 전환파동 2는 전환파동 3으로 곧잘 전이된다.

5. 전환파동을 활용하는 3가지 방법

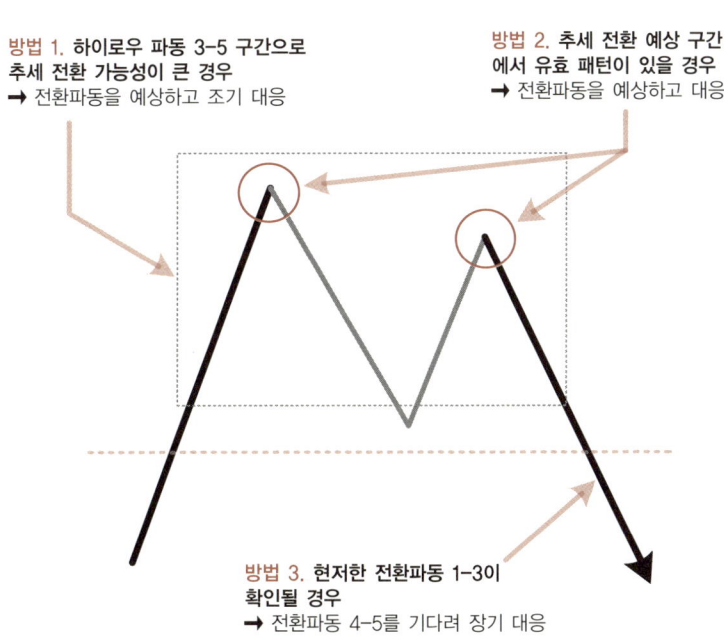

〈전환파동을 활용하는 3가지 방법〉

방법 1. 하이로우 파동 3-5 구간으로 추세 전환 가능성이 큰 경우

- 하이로우 파동 3-5 예상 구간이라 할지라도 완성된 캔들을 기준으로 대응해야 한다(예 전 고점을 몸통으로 돌파한 완성봉 확인 후 그 완성봉의 고가 돌파 시 매도 진입).
- 전환파동의 진행을 예상하고 조기 진입하는 경우 직후 현저한 크기의 캔들군에 의한 상승/하락 움직임이 확인되어야만 한다(단시간 내 상승/하락하지 못하고 작은 캔들군으로 시간을 끌 경우 해당 관점의 포기 또는 단기 대응만 가능).
- 이전 흐름상 하이로우 파동 3-5 예상 구간으로 확신할 수 없는 경우 유효한 캔들 신호로만 대응한다.

방법 2. 추세 전환 예상 구간에서 유효 패턴이 있을 경우

- 직전 고점/저점에서 유효한 패턴 신호 및 직후 그 패턴 신호의 유효성을 증명하는 일단의 상승/하락 움직임이 확인될 경우 조정 시 재차 유효한 패턴 신호를 찾아 대응한다.
- 진입 후 짧은 시간 내 강한 상승/하락 움직임이 확인되어야 하며, 예상과 달리 작은 캔들군으로 횡보할 경우 전환파동이 무효화될 가능성이 크므로 관점을 전환할 필요가 있다.

방법 3. 현저한 전환파동 1-3이 확인될 경우

- 마지막 구간에서 강한 상승/하락 움직임에 의해 전환파동 1-3의 완성이 확인될 경우 전환파동 4-5를 기다려 중·장기 대응한다.

파동의 조합

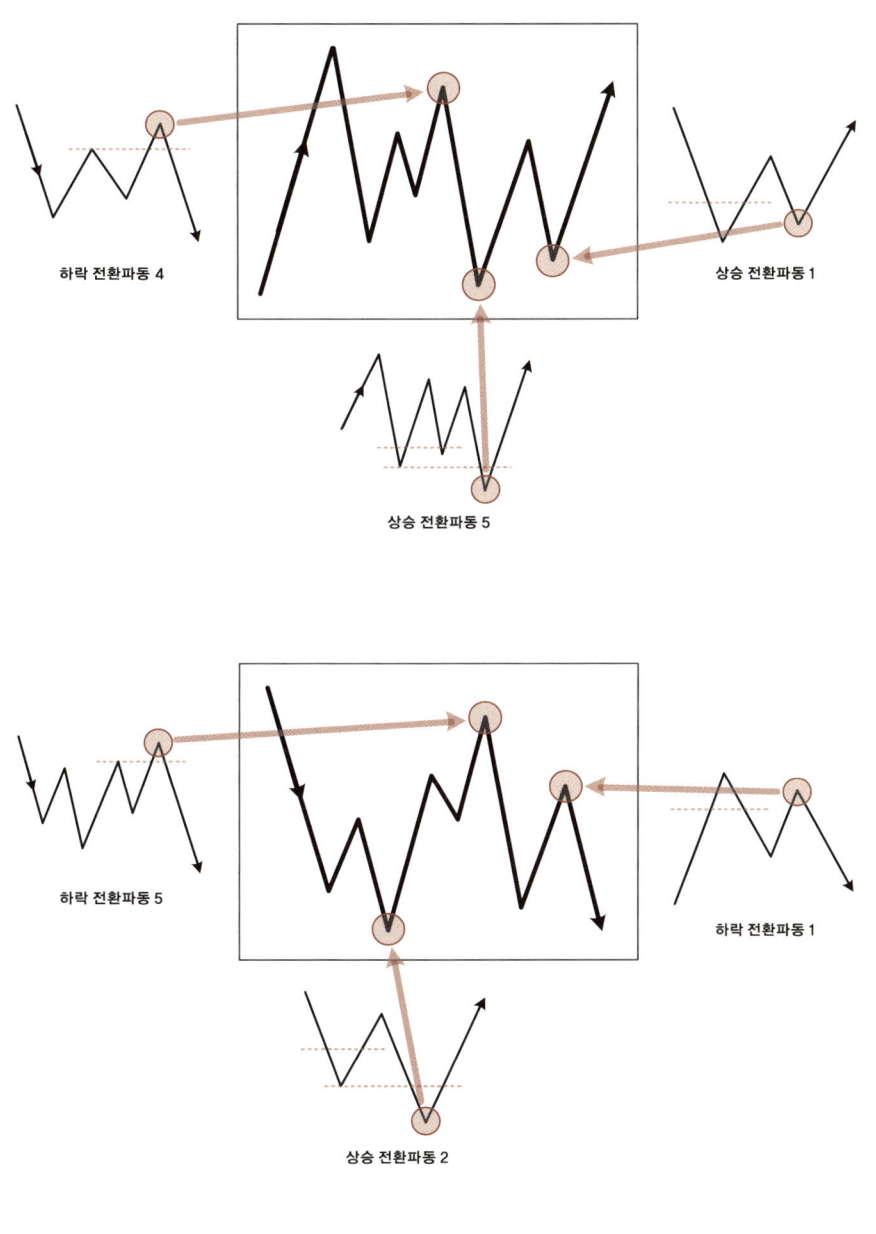

2장 · 전환(Reversal Wave) 파동

6 전환파동 Top 10

전환파동은 시세의 균형이자 타이밍의 바로미터로서 이전 파동의 완성/미완성 여부에 따라 다음 파동이 영향을 받는 경우가 많다. 전환파동은 아무 곳에서나 출현하거나 분석할 수 있는 것이 아니다.

　다음의 경우에만 연장선상에서 분석하고 대응할 수 있다.

　첫째, 하이로우, 즉 해당 구간의 전 고점과 전 저점 부근에서 유효한 파동
　　　 형태일 때
　둘째, 이전에 유효한 전환파동이 있을 때
　셋째, 해당 방향의 우세 구간일 때

　또한 작은 캔들군/큰 캔들군과 밀접한 상관관계가 있지만 지면상으로 설명하는 데 한계가 있으므로 각 예제를 통해 기본 개념을 살펴보도록 하자.

상승 전환파동

① 상승 전환파동 1

상승 전환파동 1은 상승 우세 구간이나 추세 전환 가능 구간에서 전 저점 돌파 후 형성되는 가장 기본적인 파동으로 상승세에서는 추세의 눌림목, 하락세에서는 추세의 변곡점을 보다 세밀하게 찾아내는 역할을 한다. 하지만 현저한 파동 구간, 즉 하이로우 상승 파동 3-5, 하락 파동 3-5 구간이라고 할지라도 진행 당시에는 전환파동으로 완성될지 아닐지를 알 수 없다. 따라서 유효한 하이로우 파동 구간으로서 상승 전환 가능성이 크고 현저한 파동으로 진행되는 제한적인 경우를 제외하고는 캔들 신호와 함께 해석하여 대응할 필요가 있다. 또한 진입 이후의 흐름, 즉 상승 전환파동의 완성 여부가 중요하다.

만약 예상대로 현저한 상승 전환파동으로 완성되면 수익 목표가를 길게 가져가는 것이 가능하다. 하지만 빠른 시간 내 상승하지 못하고 작은 캔들군으로 시간을 끌 경우 또 다른 흐름을 야기하게 된다. 이는 곧 상승 전환파동 2-3으로 확장되거나, 단기 보합 구간이 뒤따라오거나 아니면 반대로 하락세가 매우 깊어질 수 있다는 의미이다.

〈표 3〉 진입 가능한 유형

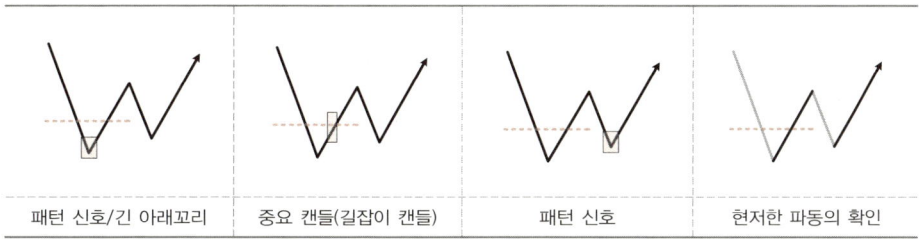

| 패턴 신호/긴 아래꼬리 | 중요 캔들(길잡이 캔들) | 패턴 신호 | 현저한 파동의 확인 |

*첫 번째 상승 구간에서 현저한 파동이 확인되었다 하더라도 캔들에 의한 상승 신호로 대응할 필요가 있다.

결국 올라야 할 타이밍에서 오르지 못하면 일단 내리는 것이 파동의 기본 원리다. 따라서 항상 다음 움직임에 따라 유연한 관점의 전환이 필요하며, 어떤 식으로 진행되든지 간에 최대한 유리한 포인트를 선점해야만 최악의 경우에도 손실을 피하거나 최소화할 수 있다.

〈그림 2-1〉에서 현저한 상승세의 고점에서 ①과 같이 특별한 하락 전환파동이나 하락 신호가 없을 경우 완연한 하락세로의 전환으로 보기 어렵다. 따라서 전 저점을 하향 돌파할 때까지 기다리거나 현저한 파동을 기다려 중·장기 매수 대응함이 유리하다(물론 그에 앞서 하락 신호 출현 시 또는 현저한 상승 신호 출현 전까지 단기 매도 관점이 우선시된다).

전 저점을 돌파한 ②에서는 특별한 상승 신호가 없다. 하지만 ③과 같이 현

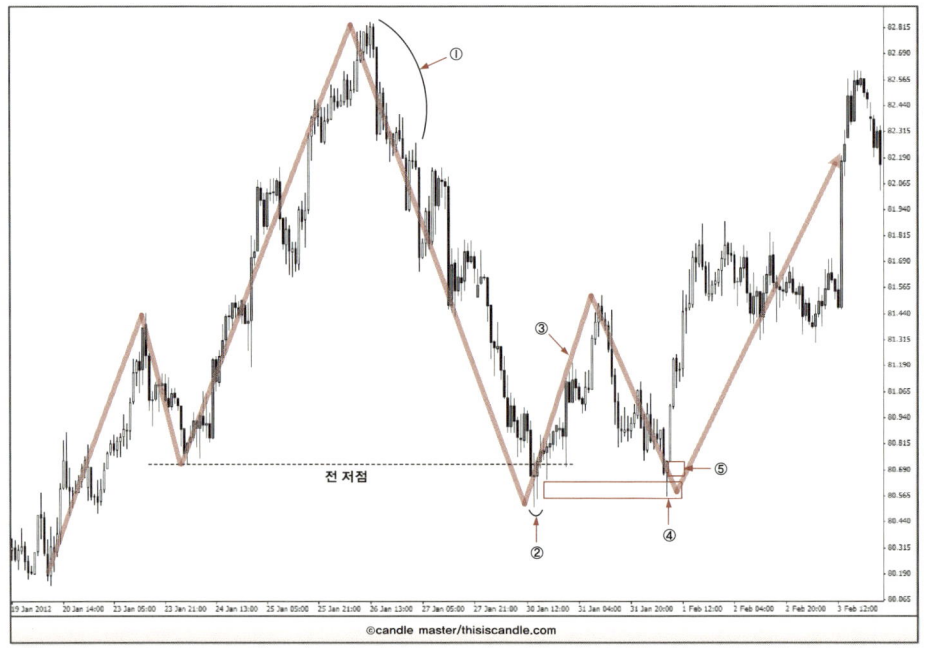

〈그림 2-1〉 호주달러/엔 1시간 차트

저한 파동으로 이어졌을 경우 재하락 시 ②에서 형성된 긴 아래꼬리 캔들 부근에서 지지받을 가능성이 큰 것으로 본다(이때 긴 아래꼬리 캔들군 자체는 유효한 상승 신호가 아니지만 ③에 의해 그 유효성이 후에 증명되었다). 따라서 상승 전환파동 1의 진행을 미리 예상하고 ④에서 조기 진입하거나 ⑤와 같이 상승 신호를 확인한 후에 안전한 대응이 가능하다. 만약 ④, ⑤의 위치에서 즉각 상승하지 못하고 시간을 끌게 되면 1~2차례 더 저점을 하향 돌파할 가능성이 크다.

그림과 같이 ④, ⑤ 직후 강한 상승 움직임으로 상승 전환파동 1을 완성하게 되면 이는 상승 우세 구간의 본격적인 시작을 의미한다. 그러므로 강력한 반대 신호가 출현할 때까지 포지션을 지속적으로 보유하는 게 유리하다.

〈그림 2-2〉에서 하락세의 일직선상에서 ① 상승 자매형(P.161 참고)이 출현했

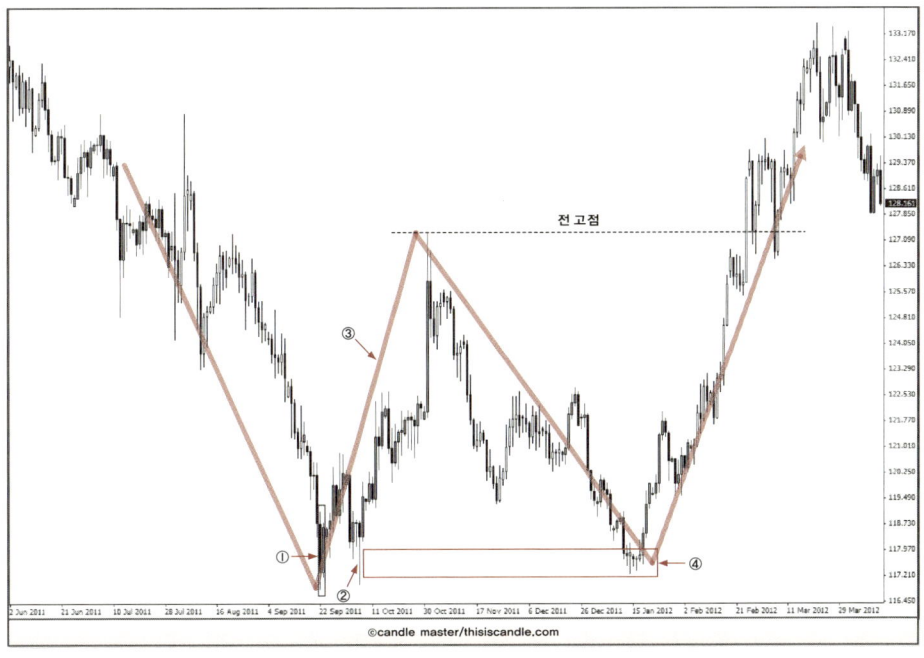

〈그림 2-2〉 파운드/엔 일간 차트

지만 유효하지 않은 위치이다. 이후 ② 긴 아래꼬리 캔들과 ③의 현저한 파동으로 인해 ①의 유효성이 어느 정도 증명됨과 동시에 상승 전환파동 1로의 진행 확률이 높아졌으므로 ④의 위치에서 조기 진입이 가능하다(이때 ④의 위치는 '상승을 위한 마지막 타이밍'으로 정의될 수 있다).

그림과 같이 ④ 직후 현저한 상승 움직임이 확인될 경우 이후는 상승 우세 구간으로 설정하고 추가적인 상승 신호와 파동을 확인해나가도록 한다.

〈그림 2-3〉을 보면 일단의 급락세 후 출현한 ① 샛별형(P.153 참고)은 상승 신호로서의 신뢰성이 떨어진다. 이후 ② 긴 아래꼬리 캔들군과 함께 ③의 파동이 형성되었다. 따라서 단시간 내 하락하게 되면 ④의 위치에서 조기 진입이 가능하다. 하지만 ⑤의 예상 궤적과 같이 상승하지 못하고 상승 타이밍을 놓

〈그림 2-3〉 골드 1시간 차트

치게 되면 전 저점을 하향 돌파할 가능성이 점점 커진다(따라서 ⑥ 구간에서 하락 신호를 찾아 매도 대응이 가능하다).

전체적인 형태 또한 〈그림 2-2〉에 비해 파동의 크기가 비교적 작고 상승 타이밍에서 작은 캔들군으로 시간을 끌고 있음을 알 수 있다. 그럼에도 불구하고 전체적인 파동의 폭이 비교적 넓은데다 ①에서 ④로 이어진 매수세의 영향력을 간과할 수는 없다. 따라서 전 저점 아래에서 ⑦과 같이 현저한 상승 신호가 확인될 경우 적극적인 매수 대응이 요구된다. 만약 ⑦의 상승 신호를 무력화시키고 하락하게 되면 하락세가 그만큼 강하다는 의미이므로 즉각적인 매도 관점으로의 전환이 필요하다.

② 상승 전환파동 2

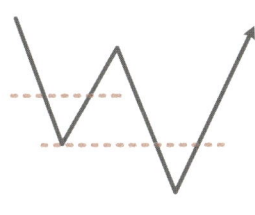

상승 전환파동 2는 상승 전환파동 1에 비해 상승 전환 가능성이 보다 크다. 전 저점 돌파 후에도 저점을 재차 돌파하게 되면 스톱-로스(Stop-loss) 물량을 더 많이 소진함으로써 그만큼 반등 확률이 높아지는 것이다.

파동의 의미 자체가 강력함에 따라 상승 전환파동 1과 달리 굳이 현저한

〈표 4〉 진입 가능한 유형

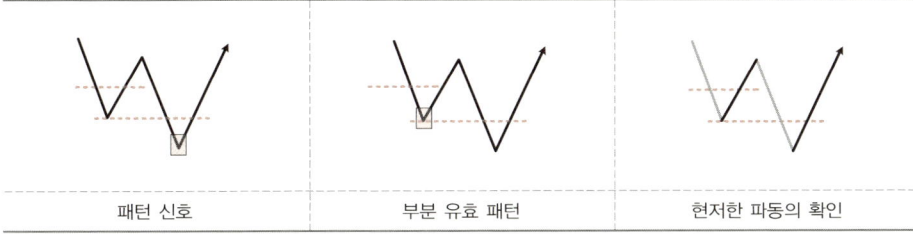

| 패턴 신호 | 부분 유효 패턴 | 현저한 파동의 확인 |

*부분 유효 패턴은 상승 우세 패턴을 의미한다.

크기의 파동이 아니어도 유효한 경우가 많다. 하지만 하이로우 하락 파동 1-2와 같이 작은 파동의 선상일 경우에는 해석의 대상이 아니다. 상승세의 전 고점에 너무 가까운 경우에도 신뢰성이 떨어지므로, 반대로 움직일 경우 즉각적인 관점의 전환이 필요하다.

〈그림 2-4〉에서 직전 저점 위에서부터 너무 급히 하락했으므로 전 저점 돌파 후 상승 전환 또는 조정의 가능성이 큰 것으로 본다. 따라서 저점 돌파 직후 완성된 ① 양봉 망치형에서 매수 대응이 가능하다. 이전의 하락세에 비추어 빠른 시간 내에 상승하지 못할 경우 직전 저점을 돌파할 가능성이 크다.
하지만 ①의 영향력을 벗어나기 또한 쉽지 않으므로 직전 저점을 돌파한 캔들을 확인한 후 그 캔들의 저가를 돌파한 ②에서 조기 진입하거나 ③과 같

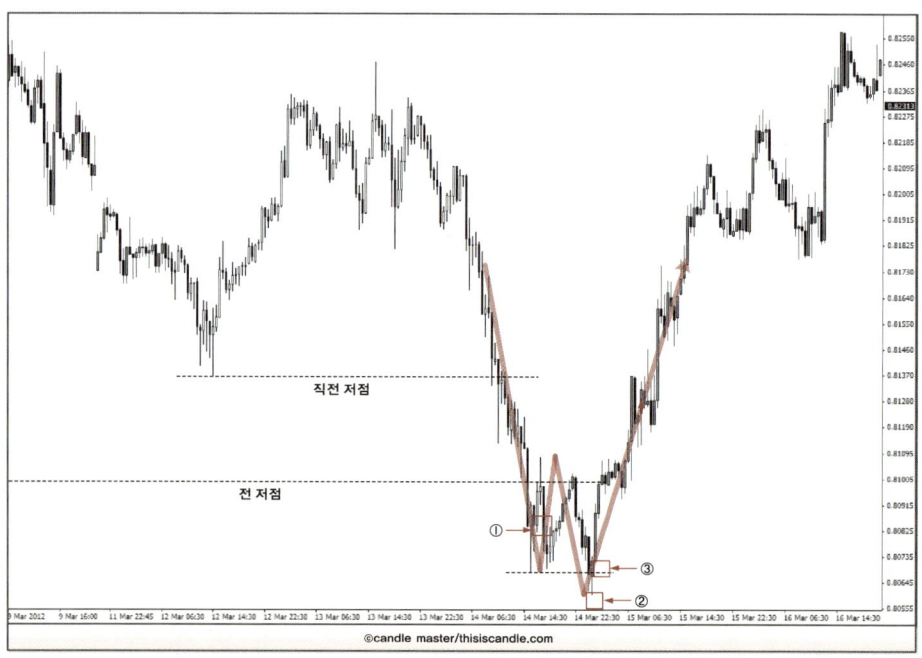

〈그림 2-4〉 뉴질랜드달러/달러 30분 차트

이 상승 신호 확인 후 안전한 대응이 가능하다. 만약 ②, ③ 후에도 추가 하락한다면 (일단의 상승 조정 후) 하락세가 깊어지거나 해당 구간에서 단기 보합할 가능성이 크므로 매도 관점으로 전환하거나 추가적인 관망이 요구된다.

〈그림 2-5〉는 현저한 상승세에서 ①과 같이 하락 전환파동 3이 형성됨에 따라 이후 관점은 충분한 조정 시 하락 전환파동 4-5의 진행을 예상하고 중·장기 매도 대응이 유리하다.

하지만 그에 앞서 전 저점 돌파 후 ② 샛별형이 출현하고(이때 샛별형은 저점을 꼬리로만 살짝 돌파했기 때문에 신뢰성이 떨어진다), 다시 하나의 작은 파동으로 저점 돌파 직후 양봉 망치형이 완성되었으므로 ④에서 매수 대응이 가능하다(③에서 조기 진입도 가능하지만 ①의 영향력과 함께 ② 직후의 파동이 너무 작으므로 성공 확률이 높다고는 볼 수 없다. 따라서 ④와 같이

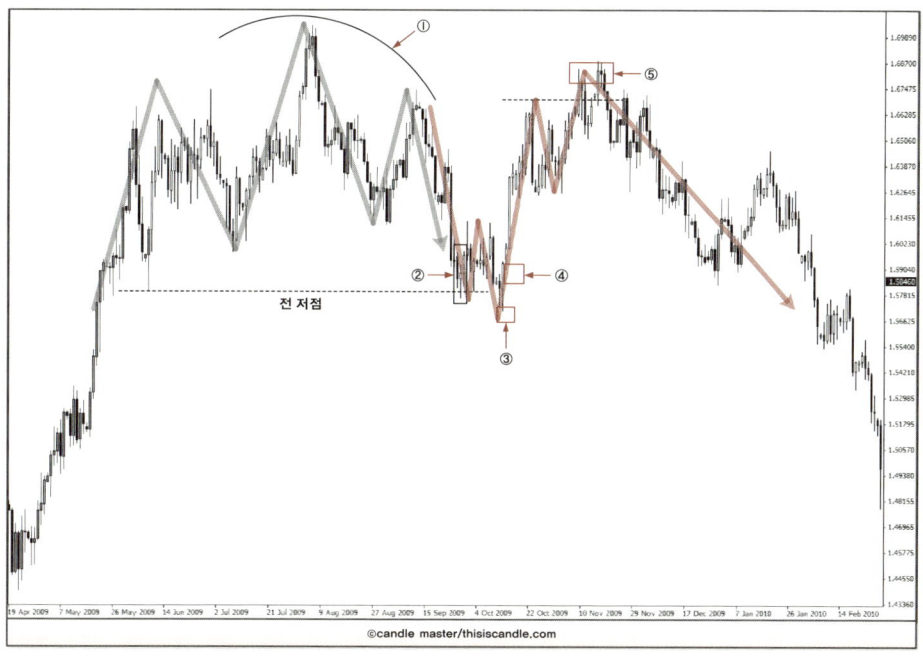

〈그림 2-5〉 파운드/달러 일간 차트

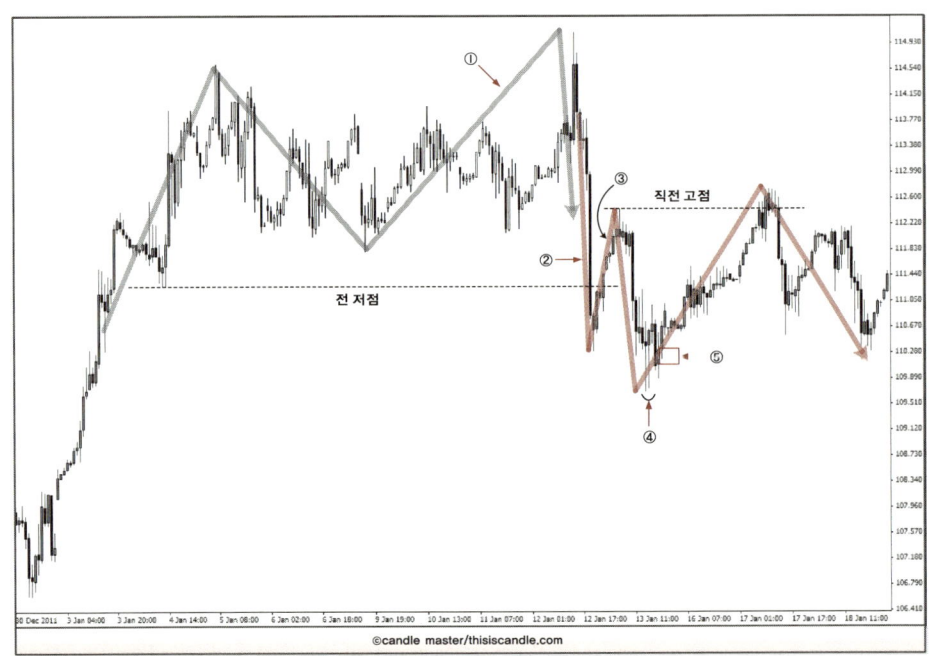

〈그림 2-6〉 크루드오일 1시간 차트

현저한 상승 신호에서만 대응할 필요가 있다). 이때 목표가는 길게 보기 어려우므로 직전 고점 위 또는 ⑤와 같이 하락 전환파동 5의 진행이 예상되는 구간에서 청산 후 매도로 전환하는 것이 적절하다.

〈그림 2-6〉에서는 현저한 상승세의 고점에서 일단의 혼탁한 파동 후 ①과 같이 하락 전환파동 2와 유사한 개념으로 진행되었으므로 이후 관점은 하락 전환파동 4-5의 진행을 기다려 중·장기 매도 대응을 노려볼 수 있다. 하지만 그에 앞서 전 저점 아래에서는 단기 매수 또한 가능하므로 한 가지 방향만 고집하거나 얽매이지 않도록 한다.

②에서 급히 하락했지만 직후 ③의 현저한 파동, 즉 매수세의 유입에 의한 파동이 확인되었으므로 상승 전환파동 2의 진행을 예상하고 직전 저점을 돌

파한 캔들을 확인한 후 그 캔들의 저가 갱신 시 조기 진입이 가능하다(단 ④와 같이 다음 캔들에서 저가를 즉시 갱신하지 못하고 일단의 캔들로 조정 후 다시 저가를 돌파하는 경우 매수 대응은 불가하다). 보다 안전하게는 ④의 긴 아래꼬리 캔들군 직후 어느 정도 상승 움직임이 감지되는 ⑤에서의 매수 대응이 유리하다. 이때 ①의 존재로 인해 수익 목표가는 직전 고점 위, 즉 매도 전환 시점까지가 될 수 있다.

③ 상승 전환파동 3

상승 전환파동 3은 형태적인 면에서는 일반적으로 널리 알려진 역삼불형(역헤드앤숄더) 패턴과 비슷하지만 개념과 대응 방식은 전혀 다르다. 일단 형태적으로 자유로우며 상승세와 하락세를 구분하지 않고 목표가 산출과 같은 공식 또한 적용하지 않는다.

상승 전환파동 2와 마찬가지로 상승 전환파동 1에 비해 상승 전환 가능성이 보다 크지만 파동의 진행이 깔끔하고 단순해야만 유효한 것으로 본다. 상승세의 하락 조정 구간일 경우 비교적 작은 파동 크기로 완성되어도 상관없다. 하지만 하락세의 최저점에서는 다음과 같이 보다 까다로운 조건을 필요로 하므로 주의한다.

첫째, 현저한 파동 크기여야 한다.
둘째, 비교적 단시간 내 완성된 파동이어야 한다.
셋째, 어떤 경우를 막론하고 두 번째 및 세 번째 상승 구간에서 강한 상승 움직임이 확인되어야만 한다.

〈표 5〉 진입 가능한 유형

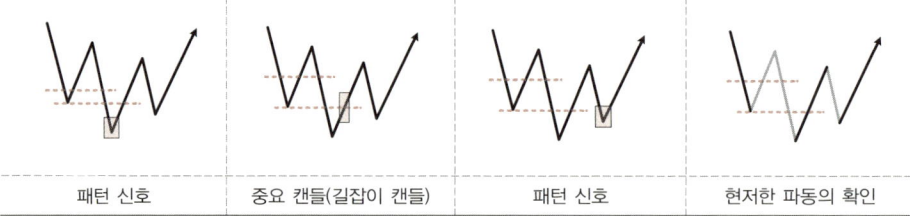

| 패턴 신호 | 중요 캔들(길잡이 캔들) | 패턴 신호 | 현저한 파동의 확인 |

*이전의 큰 흐름이 하락세일 경우 현저한 크기의 파동일 때에만 유효하다.

　〈그림 2-7〉에서 상승 우세 구간의 직전 저점 아래에서 형성된 ① 양봉 망치형(P.175 참고)에서 매수 대응이 가능하다. 하지만 일단의 작은 캔들군 직후 형성되었기 때문에 양봉 망치형의 저가를 돌파할 가능성 또한 배제할 수 없다. 이후 상승 전환파동 4의 진행을 예상하고 ②의 위치에서 조기 진입이 가능하다(직후 ③ 상승 피스톤형이 완성되었지만 해당 위치에서의 양봉 망치형이 아닌 상승 피스톤형은 신뢰성이 떨

〈그림 2-7〉 유로/달러 1시간 차트

어지므로 ②에서 미리 진입하지 못했다면 ③ 직후 매수 대응은 조심스럽다).

빨리 상승하지 못하고 작은 캔들군으로 횡보하지만 직전의 양봉 망치형의 아래꼬리 부근에서 형성된 수평횡보 캔들군인 ④ 크랩형(P.380 참고)과 유사한 형태가 상승 전환파동 3의 진행 가능성을 암시한다. 따라서 유효한 상승 신호인 ⑤ 상승 펀치형(P.255 참조) 직후 매수 대응이 가능하다.

또한 〈그림 2-7〉은 상승 전환파동 4가 상승 전환파동 3으로 확장 진행된 개념으로 볼 수 있다. 이처럼 하나의 파동이 실패하거나 완성하기까지 시간이 걸릴 경우 다른 파동으로 전이되기도 한다. 그러므로 그런 상황까지 미리 예상하여 시나리오를 준비하고 유리한 구간을 선점해야 한다.

〈그림 2-8〉에서 일단의 급락세 후 ①과 같이 유효한 샛별형이 완성되었으

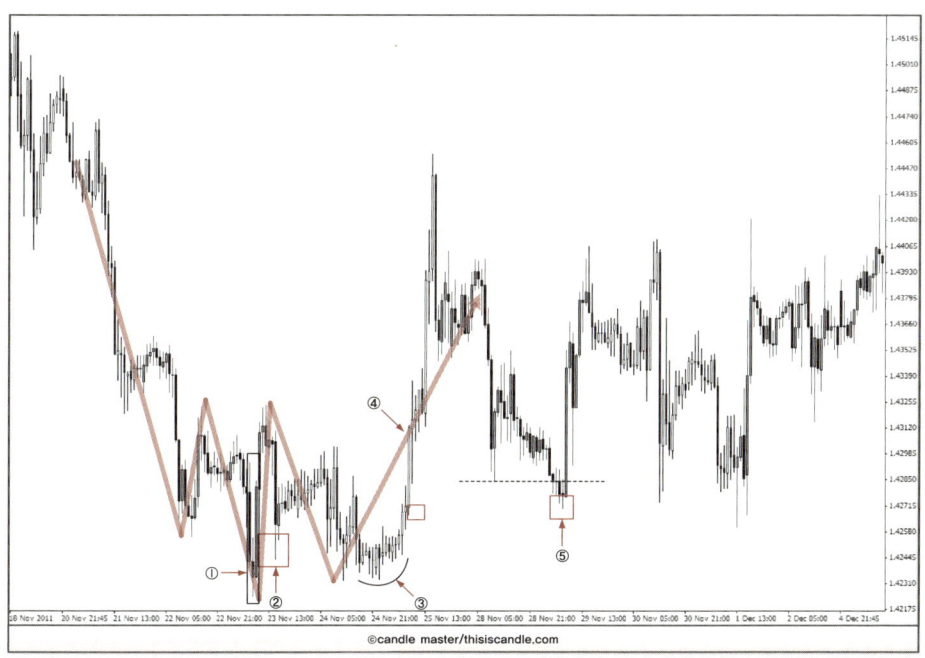

〈그림 2-8〉 파운드/프랑 1시간 차트

므로 ②의 위치에서 매수 대응이 가능하다. 하지만 그림과 같이 빨리 상승하지 못하고 작은 캔들군으로 이어질 경우 추가적인 하락을 예상하고 다음 시나리오를 준비해야 한다. 하락 가능성이 점점 커지는 흐름이었지만 상승을 위한 마지막 타이밍에서의 상승 우세 신호인 ③ 크랩형이 추세 전환 가능성을 강하게 암시하고 있다.

직후 ④와 같이 일단의 강한 상승세에 의해 상승 전환파동 3이 완성되었으므로 이후로는 상승 우세 구간으로 설정하고 ⑤와 같이 상승 전환파동 4와 유사한 구간이나 유효한 상승 신호를 찾아 대응해나가도록 한다.

〈그림 2-9〉는 ② 긴 아래꼬리 양봉의 출현 위치는 유효하나 이전에 ①과 같이 직전 저점 아래로 너무 깊이 하락한 점이나 아래꼬리가 긴데 반해 몸통

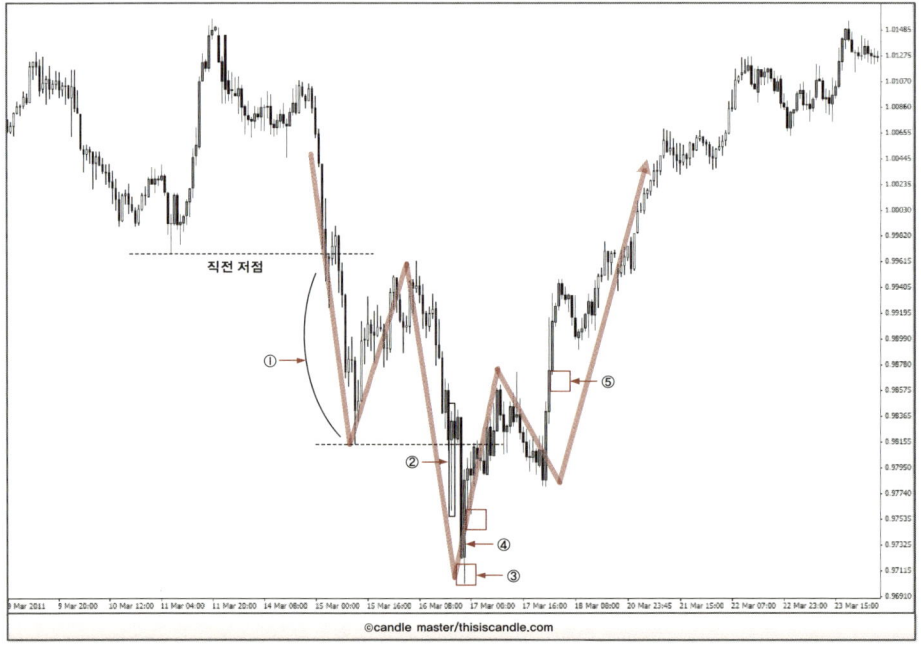

〈그림 2-9〉 호주달러/달러 1시간 차트

의 크기가 너무 작은 점은 저가를 갱신할 가능성이 있다는 것을 시사한다. 하지만 일반적인 경우 해당 위치에서의 긴 아래꼬리 양봉은 단기 하락 후 반등을 이끌어내는 특성이 있다(저가 돌파 후 반등하는 특성이 있는 잠자리형 도지의 개념과 유사). 따라서 상승 전환파동 2를 보수적으로 대입하여 (꼬리가 아닌) 몸통으로 저점을 돌파한 직후인 ③에서 조기 진입이 가능하다.

④는 아래꼬리가 짧은 단순 관통형(직전 캔들의 몸통 절반 위에서 종가가 형성된 캔들)으로 유효한 상승 신호가 아니므로 다음 캔들을 추가적으로 확인해나갈 필요가 있다. ④ 이후 하락 타이밍을 놓치며 상승 전환파동 3의 진행이 예상되는 구간에서 출현한 ⑤ 양봉 역망치형(P.184 참고)에서 매수 대응이 가능하다. 이후로는 상승 우세 구간으로 설정하고 전 고점을 돌파하거나 현저한 파동이 형성되기 전까지 섣부른 매도 대응은 자제한다.

④ 상승 전환파동 4

상승 전환파동 4는 하이로우 상승파동 2, 4와 개념 및 형태를 일부 공유한다. 일단의 현저한 상승세 후 직전 저점을 파동으로 하향 돌파할 경우 2~3번째 돌파 구간부터는 확률적으로 상승 전환 또는 조정이 뒤따라올 가능성이 큰 것으로 본다.

이때 하이로우 상승 파동 2와 달리 직전 고점을 돌파하지 않은 상태여야 하며, 전 저점이 멀리 떨어져 있거나 이전의 상승 패턴이나 긴 아래꼬리 캔들군으로 인해 지지 가능성이 있는 구간일 경우 신뢰성이 높아진다. 하지만 어떠한 경우에도 시각적으로 확인 가능한 파동만을 카운팅해야 한다.

꼬리보다는 가능한 직전 저점을 몸통으로 돌파한 캔들을 확인한 후 그 캔

〈표 6〉 진입 가능한 유형

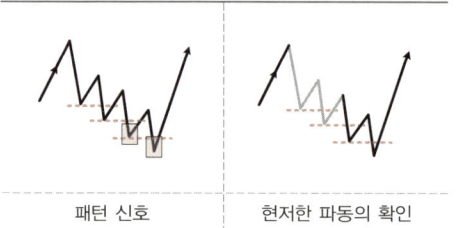

| 패턴 신호 | 현저한 파동의 확인 |

*현저한 파동은 파동 자체의 크기보다는 현저한 크기의 캔들군으로 구성되었을 때 보다 큰 의미를 가진다.

들의 저가를 갱신할 때 진입해야 안전하며, 4번째 하향 돌파 시 대응은 불가하다. 출현 빈도가 높은 것은 아니며 다른 전환파동과 달리 15분, 30분과 같은 하위 차트에서 주로 목격된다.

〈그림 2-10〉에서 현저한 상승세 후 ②와 같이 급한 하락 움직임이 없던 상

〈그림 2-10〉 파운드/달러 1시간 차트

태에서 일단의 파동으로 직전 저점을 두 번째 돌파할 경우 ③에서 매수 대응이 가능하다. ③은 또한 이전에 ①과 같이 유효성이 검증된 샛별형의 지지 가능 구간에 있어 신뢰성이 높았다. 이후 ④ 샛별형의 완성으로 모든 신호의 의미가 보다 명확해졌다.

〈그림 2-11〉은 ①에서 상승 전환파동 1을 완성하고, ② 이후 급등하여 전고점을 앞두고 있으므로 여전히 상승 우세 구간으로 가정할 수 있다. 따라서 별다른 하락 신호 없이 직전 저점을 두 번째 돌파한 중요 분기점인 ③에서 매수 대응이 가능하다. 만약 ③ 이후 즉각 상승하지 못하고 상승 타이밍을 놓치게 되면 전 저점 아래까지 추가 하락하거나 단기 혼조세가 뒤따라올 가능성이 크다.

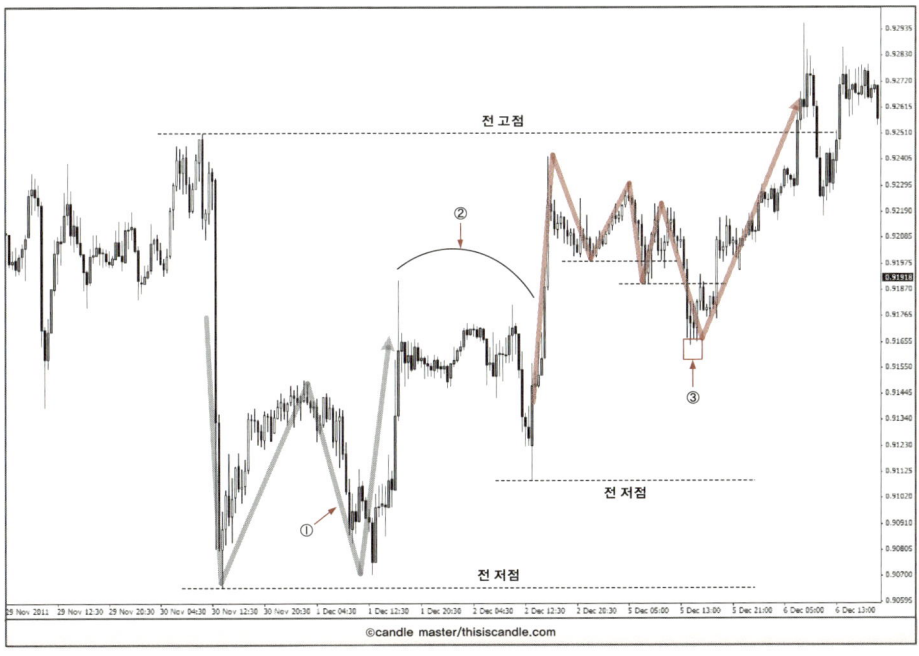

〈그림 2-11〉 달러/프랑 30분 차트

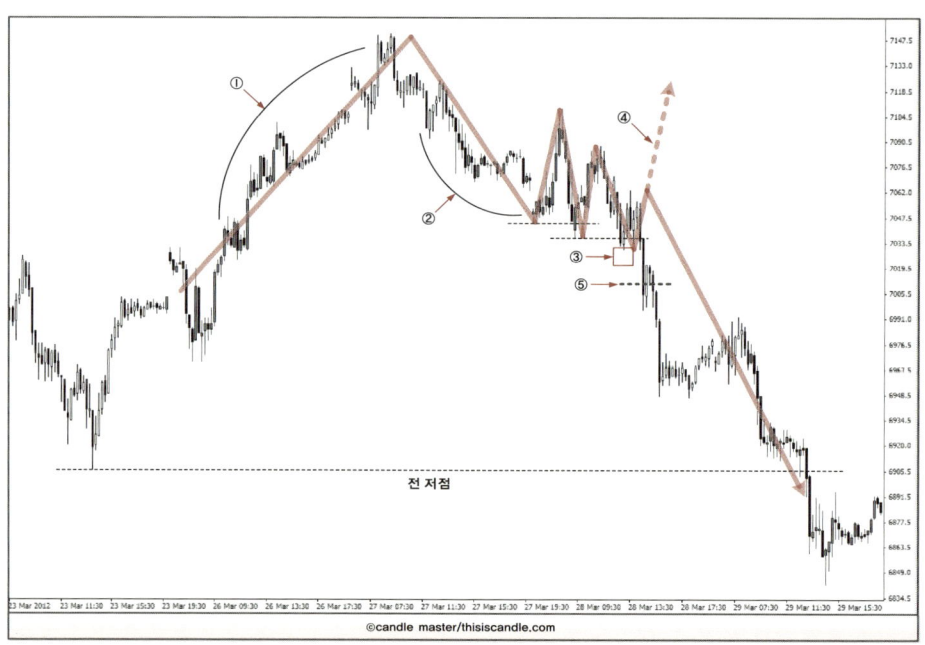

〈그림 2-12〉 독일주가지수 30분 차트

〈그림 2-12〉에서 ① 구간의 상승세는 작은 파동, 강한 상승으로 보기 어려운 다소 모호한 움직임으로 볼 수 있다. 이후 별다른 파동이나 패턴 신호 없이 하락한 ② 구간 또한 추세의 불확실성을 암시하므로 매수나 매도 어느 쪽으로도 대응이 곤란하다.

비록 고점에서 다소 멀지만 시각적으로 확인 가능한 파동으로 직전 저점을 두 번째 돌파한 ③ 구간에서 매수 대응이 가능하다. ③은 또한 매우 중요한 분기점으로서 ①에서 ②로 이어지는 구간의 불확실성을 해소하고 이전의 상승세를 지속시키기 위해서는 ④와 같은 궤적으로 빠르게 상승할 필요가 있었다.

하지만 상승 타이밍을 놓치며 하락할 경우 하락세가 깊어질 가능성이 크므로 ⑤를 분기점으로 즉각적인 매도 관점으로의 전환이 요구된다. 이후로는 현저한 파동 형성 전이나 전 저점 아래에서 유효한 상승 신호 출현 전까지 섣부른 매수 대응은 불가하다.

⑤ 상승 전환파동 5

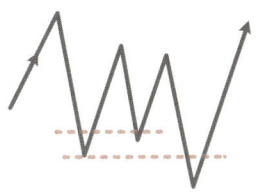

상승 전환파동 5는 하이로우 상승 파동 4와 개념을 일부 공유한다. 상승 우세 구간에서 전 저점이나 직전 저점을 'M'자 형태의 현저한 파동으로 하향 돌파하게 되면 상승 전환 또는 조정이 뒤따라 올 가능성이 큰 것으로 본다(이에 비해 하이로우 상승 파동 4는 좀 더 포괄적으로 'M' 형태와 관계없이 현저한 상승세의 전 저점이나 직전 저점을 하향 돌파 시 매수에 유리한 시점으로 보는 차이점이 있다).

좁은 구간에서 현저한 파동일 경우에만 유효하며, 하락 우세 구간에서 출현하거나 파동의 기울기가 너무 급한 경우에는 추가 관망하거나 (상승 전환파동 2를 대입하여) 보수적으로 대응할 필요가 있다.

〈표 7〉 진입 가능한 유형

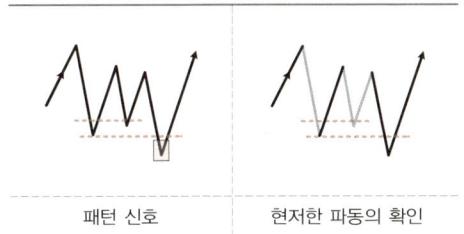

| 패턴 신호 | 현저한 파동의 확인 |

*마지막 하락 구간에서 급하고 강한 하락 움직임이 확인될 경우 신뢰성이 높아진다.

〈그림 2-13〉은 ①에서 하락 전환파동 2를 완성하고 하락했지만 ②와 같이 현저한 M형 파동으로 직전 저점을 돌파할 경우 최소한 상승 조정 가능성이 큰 것으로 보고 ③에서 매수 대응이 가능하다(이때 ③ 직후 즉각 상승하지 못하면 전 저점 돌파의 가능성이 커진다).

직후 강한 상승 움직임으로 상승 전환파동 5를 완성하게 되면 하락 전환파동 4-5 예상 구간까지 보유할 필요가 있으며 이후 ④ 지점에서 청산하거나 매도로 전환하는 것이 바람직하다(이때 ④는 중요 분기점으로서 예상 궤적과 같이 하락하지 못하고 상승, ①의 하락 전환파동 2를 허물 경우 최소 2~3차례 이상 전 고점 돌파 후 하락 전환되거나 또는 강한 상승세로 전개될 가능성이 크다).

〈그림 2-14〉의 경우 고점에서 현저한 하락 전환파동이나 하락 신호가 없으므로 여전히 상승 우세 관점을 유지할 필요가 있다(상승 우세 관점을 유지한다는 것은 매수로만 대응한다는 의미가 아니라 중·장기 대응에 있어 매수가 보다 유리하다는 의미이다). 전 저점 돌파 후 별다른 상승 신호가 없던 상황에서 상승 전환파동 1의 진행마저 무위로 돌아갔다. 하지만 연결된 흐름에서 ①과 같은 M형 파동으로 직전 저점을 돌

〈그림 2-13〉 유로/달러 일간 차트

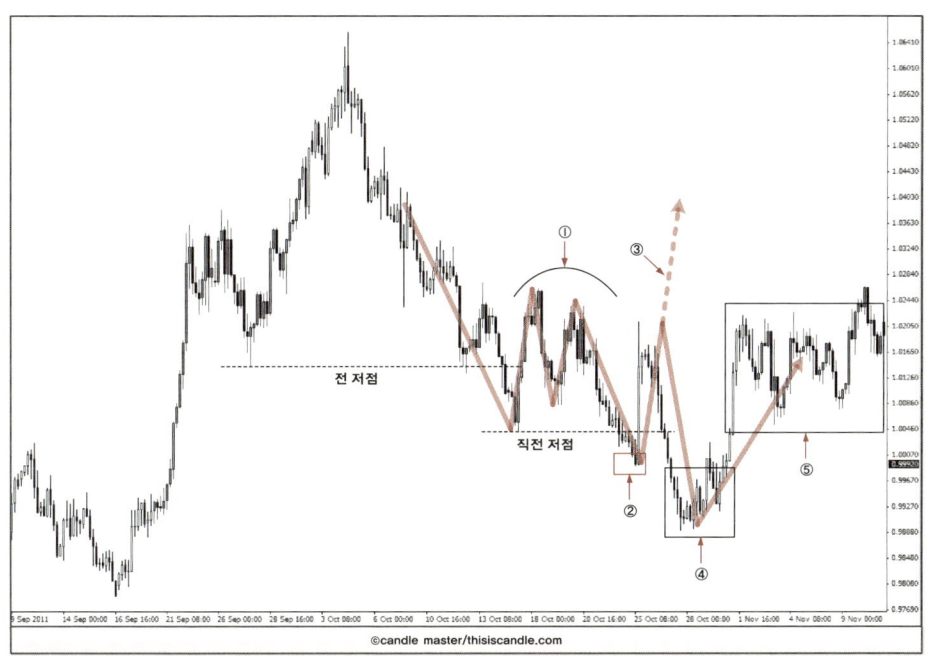

〈그림 2-14〉 달러/캐나다달러 4시간 차트

파할 경우 매수 대응이 가능하다(이때 〈그림 2-13〉의 경우와 달리 저점을 급히 돌파하지 않았기 때문에 오히려 상승 전환 확률이 낮아졌다).

이후 ③과 같은 궤적으로 상승해야 함에도 불구하고 상승 타이밍을 놓치게 되면 하락세가 깊어지거나 단기 혼조세가 뒤따라올 가능성이 크다. 따라서 ④, ⑤ 구간에서 성급한 진입보다는 추가 관망 후 패턴 신호에 따라 보수적으로 대응할 필요가 있다.

〈그림 2-15〉에서는 현저한 상승세에서 ①과 같이 M형 파동으로 직전 저점을 돌파할 경우 ②에서 매수 대응이 가능하다. 하지만 정상적으로 상승하지 못하고 급락할 경우 단기 조정 후 추가 하락하거나 혼조세가 뒤따라올 가능성이 큰 것으로 본다.

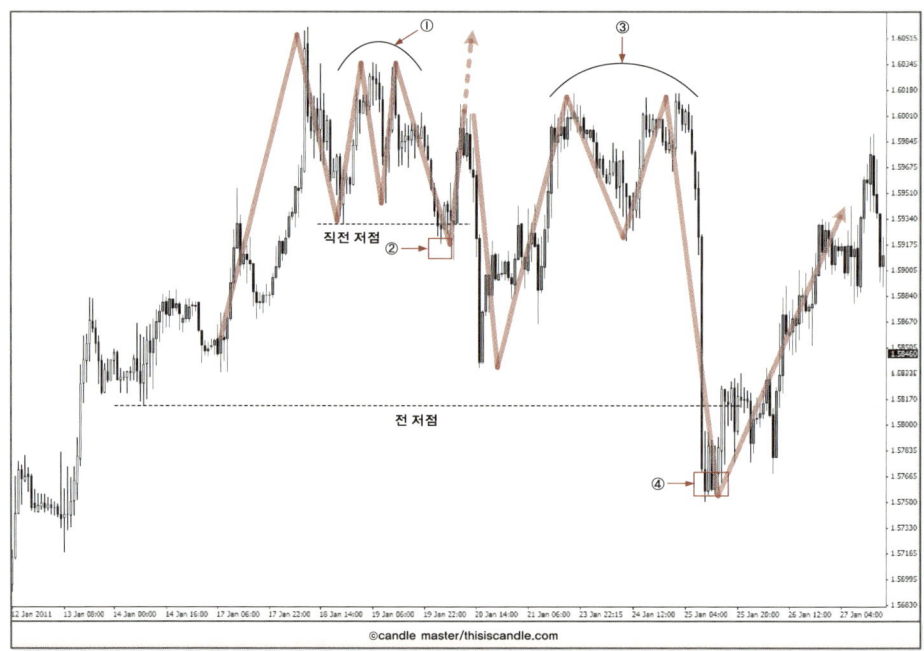

⟨그림 2-15⟩ 파운드/달러 1시간 차트

    큰 흐름상 하이로우 상승 파동 4의 매수 유리 구간임과 동시에 또 다른 M형 파동으로 볼 수 있는 ③ 이후 전 저점을 급히 돌파한 ④에서 매수 대응이 가능하다. 단 ④ 직후 즉각 상승하지 못하고 작은 캔들로 횡보할 때에는 본격적인 하락세로 전개될 가능성 또한 배제할 수 없으므로 일단 빠져나온 후 현저한 패턴 신호에서만 대응하도록 한다.

하락 전환파동

① **하락 전환파동 1**

대부분의 하락 전환파동은 상승 전환파동에 비해 해석과 대응이 제한적이다. 특히 하락 전환파동 1-3은 상승세나 하락세의 현저한 전 고점 위나 큰 파동의 최고점이 아닌 단순 하락세에서 출현할 때에는 해석과 대응이 무의미하다.

하락 전환파동 1은 명확한 하이로우 상승 파동 3-5 예상 구간이 아닌 이상 첫 번째 고점에서 현저한 하락 신호 및 직후 그 하락 신호의 유효성을 증명하는 일단의 하락 움직임이 확인되어야만 중요 분기점인 두 번째 고점에서의 매도 대응이 가능해진다. 첫 번째 고점에서의 부분적인 유효 패턴과 두 번째 고점에서의 유효한 하락 신호의 조합도 가능하지만 이 경우에도 직후 즉각적인 하락 움직임이 확인되어야만 이후 흐름을 하락 우세 구간으로 설정할 수 있다.

비록 현저한 파동으로 진행되었다 하더라도 첫 번째와 두 번째 고점에서 뚜렷한 하락 신호가 없을 경우 완연한 추세 전환으로 보기 어렵다. 따라서 이후 추가적인 강한 하락세가 확인되어야만 하락 전환파동 4-5의 연결을 통한

〈표 8〉 진입 가능한 유형

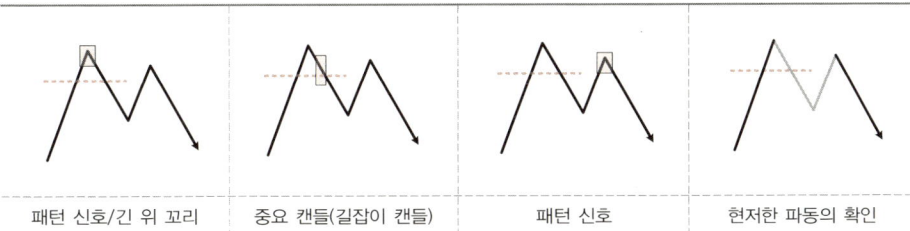

| 패턴 신호/긴 위 꼬리 | 중요 캔들(길잡이 캔들) | 패턴 신호 | 현저한 파동의 확인 |

*모든 유형 공히 마지막 하락 구간에서 큰 캔들군에 의한 강한 하락세가 확인되어야만 한다.

중·장기 대응이 가능하다. 만약 파동의 진행이나 형태가 의심스러운 상황에서 하락 전환파동 1을 무력화시키는 경우에는 매수 관점으로 즉각 전환해야 한다.

〈그림 2-16〉에서 현저한 상승세의 일직선상에서 출현한 ①은 단순 하락 장악형(직전 캔들의 종가 아래에서 종가가 형성된 캔들)으로 유효한 저녁별형(P.157 참고)이 아니다. ②와 같이 직후 확인된 하락 움직임 또한 없으므로 조정 시 매도 대응은 불가하며, 반대로 ①을 허무는 ③에서 매수 대응하는 것이 유리하다. 이후 하락하더라도 큰 관점은 여전히 상승 우세이므로 ④와 같이 전 저점을 돌파한 위치에서 상승 신호를 찾아 상승 전환파동 1-3을 미리 예상하고 중·장기 대응할 필요가 있다.

〈그림 2-16〉 골드 4시간 차트

전 고점 돌파 후 ⑤의 저녁별형 및 직후의 음봉 캔들군으로 일단의 하락 움직임이 확인되었다. 따라서 저녁별형의 진입 기준으로 ⑥에서 조기 진입하거나 그림과 같이 상승 다람쥐형(P.145 참고)을 허무는 하락 장악형, 즉 양 자리 음 (양봉이 나와야 할 자리에 음봉이 나오는 것)을 확인한 후 매도 대응이 가능하다.

〈그림 2-17〉은 직전 고점을 돌파한 위치에서 ① 저녁별형이 출현했지만 이전의 강한 상승세에 비추어 크기가 너무 작아 신뢰할 수 없다. 이런 경우 수익 구간을 짧게 가져가거나 일단의 하락세를 확인한 후 ②의 지점까지 대응을 미루는 것이 안전하다. 만약 ②에서 신속한 하락 움직임 없이 오히려 ③과 같이 ①의 저녁별형을 허물 경우 그만큼 상승세가 강하다는 암시이므로, 즉각적인 매수 관점으로의 전환이 필요하다.

〈그림 2-17〉 달러/엔 4시간 차트

이후 고점에서 ④ 하락 장악형이 출현했지만 유효한 하락 신호로는 볼 수 없다. 하지만 직후 일단의 하락 움직임이 확인된 상태에서 ④의 저항 가능 구간에서 완성된 ⑤의 하락 장악형은 하락 전환파동 1의 진행 가능성을 암시하므로 매도 대응이 가능하다(하지만 예상과 달리 진입 직후 즉각적인 하락 움직임이 없다면 이는 ④, ⑤의 출현 의미를 반감시키므로 일단 빠져나오는 것이 안전하다).

만약 진입 타이밍을 놓쳤을 경우에는 ⑥과 같이 하락 전환파동 1의 완성을 확인한 후 전 저점 아래에서 유효한 상승 신호를 찾아 단기 대응하거나 하락 전환파동 4-5를 기다려 중·장기 매도 대응하도록 한다.

〈그림 2-18〉의 경우 하락세의 전 고점을 돌파한 위치에서 ①의 유효한 저녁별형이 완성되었다. 비록 유효한 위치와 형태지만 아래에서 전 저점 돌파

〈그림 2-18〉 호주달러/달러 4시간 차트

후 상승했기 때문에 해당 위치의 저녁별형 자체만으로는 성공 가능성을 낙관할 수 없다. 하지만 직후 일단의 하락 움직임에 의해 신뢰성이 높아졌으므로 저녁별형 부근에서 조기 진입 또는 ②와 같은 저항 예상 구간에서의 (캔들에 의한) 매수세의 한계를 확인 후 안전한 대응이 가능하다.

이때 목표가는 단순히 전 저점 아래보다는 상승 전환파동과 패턴에 의한 현저한 상승 신호 확인 전까지 지속적으로 보유하는 것이 적절하다.

② 하락 전환파동 2

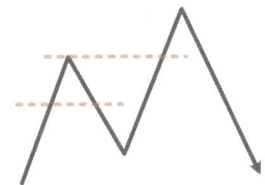

하락 전환 가능성이 큰 하이로우 상승 파동 4-5 구간임에도 불구하고 전 고점 돌파 후 별다른 하락 신호가 없을 경우 직전 고점을 돌파할 가능성이 큰 것으로 본다. 따라서 첫 번째 고점에서 뚜렷한 하락 신호나 강한 하락 움직임이 없다면 두 번째 고점을 기다려 유효한 하락 신호를 찾아 매도 대응하는 것이 보다 안전하다.

이후 예상대로 강한 하락 움직임이 확인되면 하이로우 파동의 관점대로 장기 보유가 가능해진다(설령 중간에 큰 조정이 있더라도 하이로우 파동이 전환파동을 포괄하고 우선시되므로 지속적인 보유가 바람직하다).

〈표 9〉 진입 가능한 유형

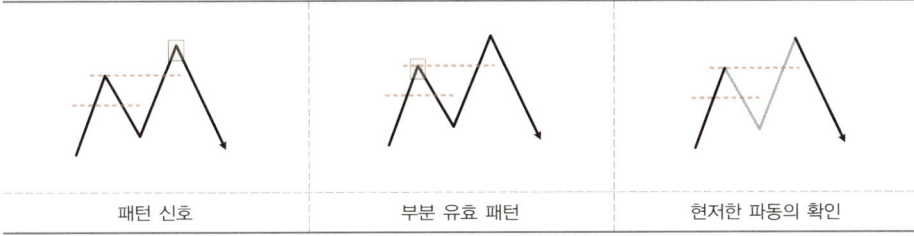

| 패턴 신호 | 부분 유효 패턴 | 현저한 파동의 확인 |

*부분 유효 패턴은 하락 우세 패턴을 의미한다.

두 번째 고점 부근에서 진입 타이밍을 놓치더라도 섣부른 추격 매도는 불가하며 하락 전환파동 4-5를 기다려 중·장기 대응하거나 현저한 파동, 즉 충분한 조정을 기다려 패턴 신호에 대응하는 것이 원칙이다.

하락 전환파동 2는 하락세에서도 적용 가능하며 하락 전환파동 5와 개념을 일부 공유한다. 현저한 하락세에서 전 저점 돌파 후 상승하게 되면(이는 상승 우세의 흐름으로 바뀌었을 가능성이 있으므로) 전 고점 위에서 섣부른 매도보다는 다시 직전 고점을 돌파할 때 대응하는 것이 보다 안전하다.

어떤 경우이든 두 번째 고점 직후 강한 하락세가 확인되어야만 이후 하락 우세 구간으로 설정할 수 있다. 만약 첫 번째나 두 번째 고점에서 유효한 하락 신호가 있었음에도 불구하고 강한 하락 움직임 없이 작은 캔들군으로 하락 신호를 허물 경우 이는 대부분 추가적인 강한 상승을 암시하므로 관점의

〈그림 2-19〉 달러/캐나다달러 4시간 차트

전환이 필요하다.

〈그림 2-19〉에서처럼 상승세의 파동이 점점 혼탁해지고 상황에서 ①과 같은 상승 피스톤형(P.187 참고) 및 하락 음봉(P.271 참고)의 출현은 매수세를 저지하는 역할을 한다.

이후 하락 움직임, 즉 일단의 하락 파동이 확인된 상태에서 급히 직전 고점을 돌파하게 되면 일종의 스톱-헌팅(Stop-hunting)일 가능성이 크므로 유효한 하락 신호인 상승 펀치형 직후 ② 양 자리 음에서 매도 대응이 가능하다. 이후 강한 하락세가 확인되었으므로 전 저점이나 직전 저점 부근에서의 움직임을 자세히 살펴 단기 매수하거나 하락 전환파동 4-5를 기다려 중·장기 매도 대응하도록 한다.

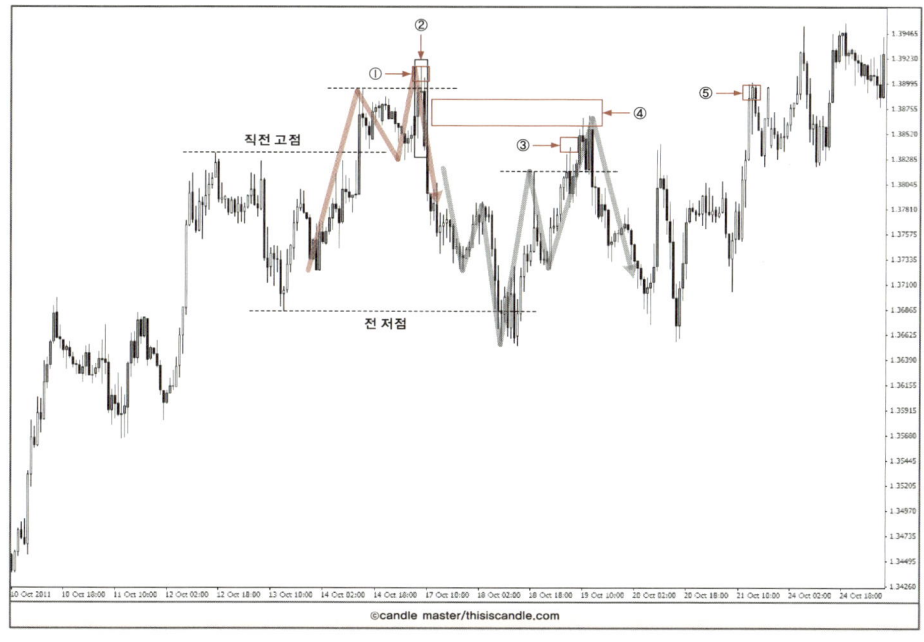

〈그림 2-20〉 유로/달러 1시간 차트

〈그림 2-20〉은 강한 상승세에서 직전 고점을 돌파한 후에도 별다른 하락 움직임이 없었다. 이런 경우 ①에서의 조기 진입은 자제되어야 한다.

② 저녁별형 후 강한 하락 움직임이 확인되었으므로 이후 관점은 하락 전환파동 4-5의 진행을 예상하여 ③ 또는 ④에서 매도 대응이 유리하다. 하지만 그림과 같이 일단의 급한 파동 이후 하락 타이밍을 놓치게 되면 이전의 하락 전환파동 2를 거의 허무는 ⑤를 기점으로 매수 관점으로 전환, 이후 하락 조정 시 직전 저점 부근에서의 상승 신호를 찾아 중·장기 매수 대응하는 것이 유리하다.

〈그림 2-21〉에서 이전 흐름은 강한 하락세였다. ①에서 상승 전환파동 1과 유사한 형태를 완성하였다(형태만 유사할 뿐 비교적 작은 캔들군으로 완만하게 형성되었으며 마지

〈그림 2-21〉 달러/프랑 1시간 차트

막 구간에서 강한 상승 움직임 또한 없었기 때문에 유효하지 않은 상승 전환파동이다. 오히려 이중 바닥에 가깝다).
하지만 이전의 큰 흐름이 작은 파동 구간이었고 뚜렷한 상승 신호 또한 없으므로(이는 여전히 하락 우세 구간임을 의미하므로) 하락 전환파동 2의 진행을 예상해볼 수 있는 ②에서 매도 대응이 가능하다.

만약 실패한다면 추가 상승하여 직전 고점을 2~3차례 더 돌파할 가능성이 크다. 그러므로 좀 더 위에서 유효한 하락 신호를 찾아 대응하거나 또는 큰 파동을 기다려 관점을 재정비할 필요가 있다.

③ 하락 전환파동 3

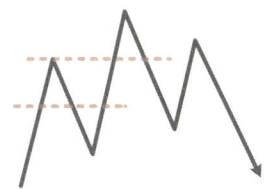

하락 전환파동 2의 연장선상에 있는 파동으로 일반적인 삼불형(헤드앤숄더) 패턴과 유사하지만 세부적인 개념과 형태는 다르다. 하락 전환파동 3은 상승세에서는 해당 구간의 최고점, 하락세에서도 큰 파동의 고점에서 진행되어야만 해석과 대응의 대상이 된다. 또한 세 번째 고점 직후 강한 하락세가 확인되어야만 유효한 추세 전환 신호로 볼 수 있다. 특히 두 번째 고점에서 뚜렷한 하락 신호가 있을 때 신뢰성이 높아진다.

두 번째 고점에서 주로 출현하는 하락 신호로는 저녁별형, 하락 맞대기형,

〈표 10〉 진입 가능한 유형

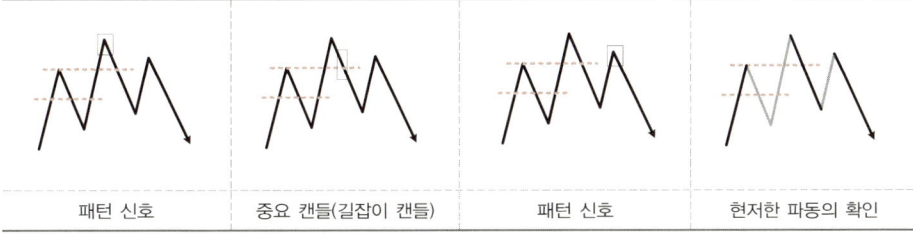

| 패턴 신호 | 중요 캔들(길잡이 캔들) | 패턴 신호 | 현저한 파동의 확인 |

*모든 유형 공히 세 번째 하락 구간에서 강한 하락세가 확인되어야만 한다.

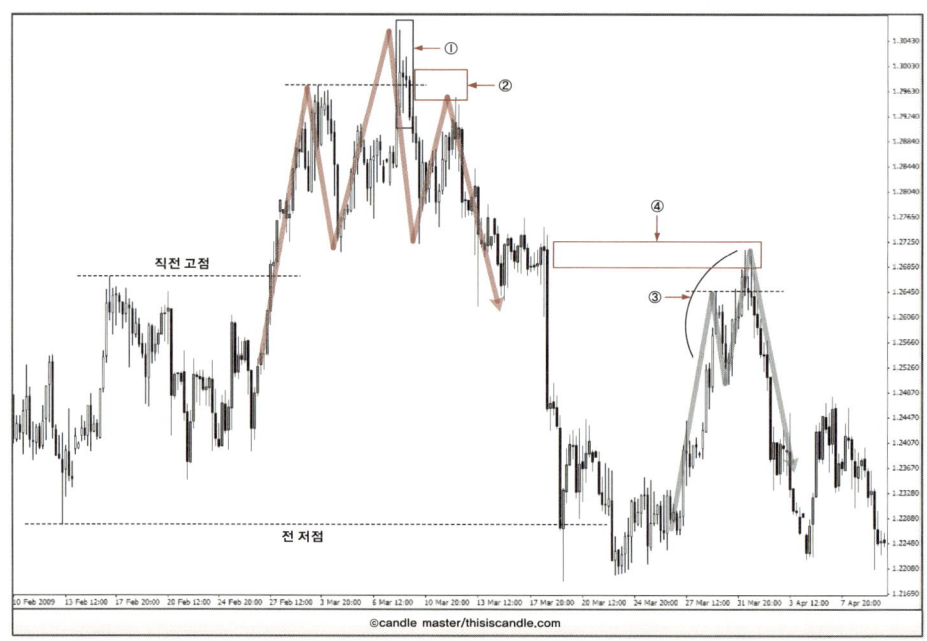

〈그림 2-22〉 달러/캐나다달러 4시간 차트

(현저한 크기의) 하락 자매형, 긴 위꼬리 캔들군, 기타 양 자리 음 패턴 등이 있다.

〈그림 2-22〉에서 상승세의 직전 고점을 돌파한 위치의 두 번째 고점에서 ①과 같이 긴 위꼬리 캔들로 구성된 저녁별형이 출현하고 직후 일단의 하락 움직임이 확인되었다. 따라서 ② 구간에서 별다른 하락 신호의 확인 없이 조기 진입이 가능하다. 이후 전 저점 돌파 후 하락 전환파동 4의 진행이 예상되는 ④ 구간에서 추가적인 매도 대응이 가능하다. 비록 ③을 현저한 파동으로 보긴 어렵지만 이전에 기준으로 삼을 만한 직전 고점이 없었고, 또한 긴 꼬리 캔들군을 허문 장대 음봉의 시가 부근으로 저항 가능성이 큰 구간이었다. 만약 ④ 직후에도 상승한다면 ① 저녁별형 저항 예상 구간까지 매도 대응을 미루고 추가 관망할 필요가 있다.

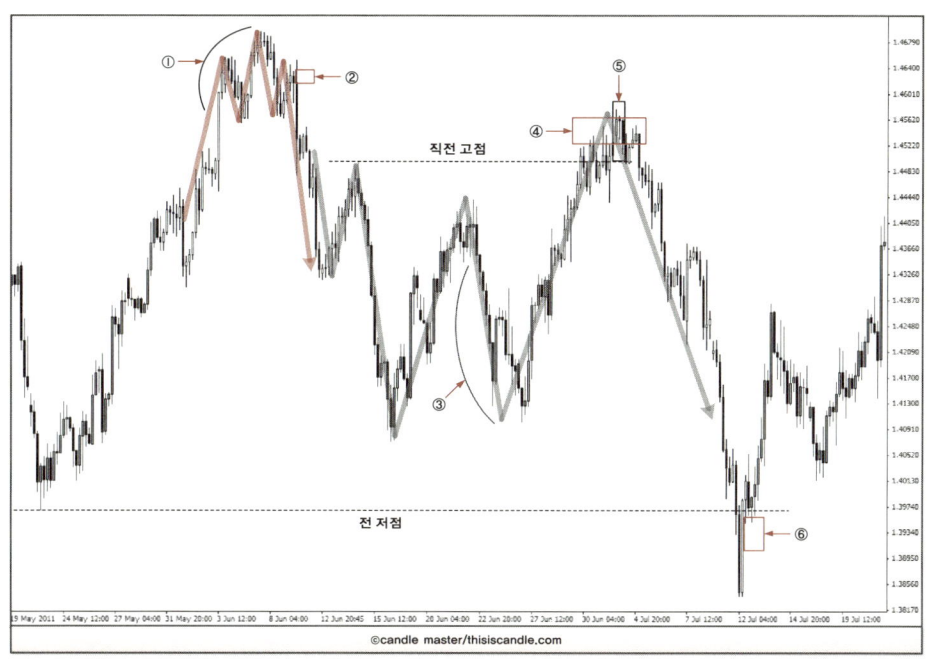

〈그림 2-23〉 유로/달러 1시간 차트

　〈그림 2-23〉은 비교적 작은 파동에다 뚜렷한 하락 신호가 없으므로 ① 구간에서 성급한 매도는 곤란하다. ② 또한 패턴 신호로는 신뢰성이 높지 않다. 하지만 직후 강한 하락 움직임에 의해 하락 전환파동 3과 유사한 형태로 진행되었기 때문에 이후 하락 전환파동 4-5를 기다려 매도 관점으로 대응하는 것이 적절하다.

　비록 ③에서 상승 전환파동 1이 완성되었다고 해도 (유효한 출현 위치가 아니고 최고점에서의 하락 전환파동 3이 우선되므로) 하락 전환파동 4의 진행이 예상되는 ④에서 조기 진입이 가능하다. 단 ③의 영향력에 의해 고가를 수차례 돌파하거나 단기 보합할 가능성 또한 배제할 수 없으므로 좀 더 보수적으로 대응하거나, ⑤ 저녁 별형과 같은 유효한 하락 신호를 확인할 필요가 있다.

　이후 큰 파동으로 전 저점을 급히 돌파함으로써 상승 전환 또는 조정 가능

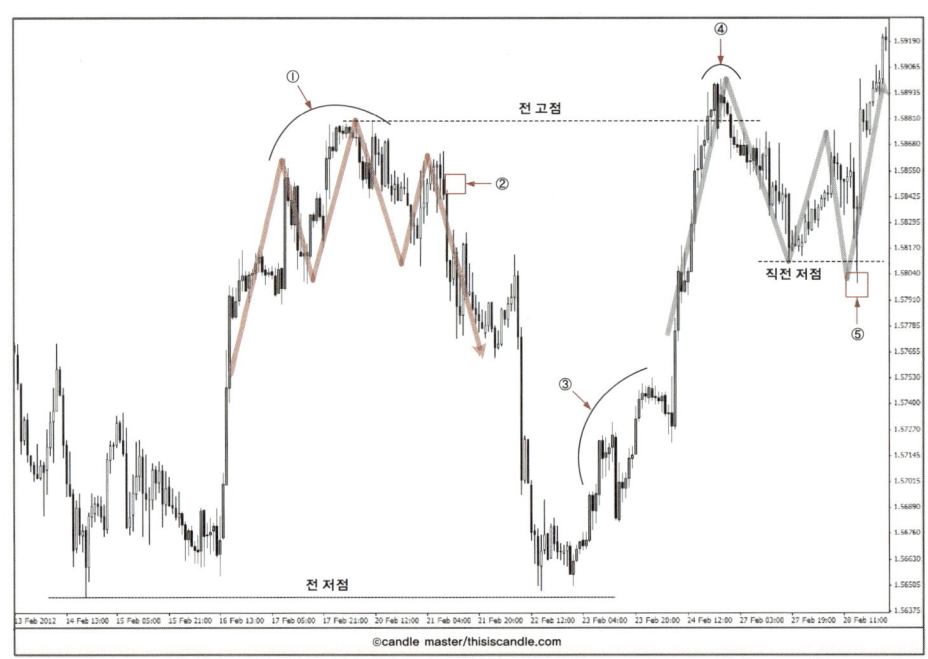

〈그림 2-24〉 파운드/달러 1시간 차트

성이 컸다(큰 흐름상 하이로우 상승 파동 4의 예상 구간이기도 하다). 따라서 ⑥ 상승 자매형 직후 매수 대응이 가능하며, 현저한 하락 신호 출현 전까지 지속적으로 보유하는 것이 유리하다.

〈그림 2-24〉에서 이전 흐름은 상승 후 보합세로 ①의 위치가 해당 상승세의 최고점이 아니었다. 따라서 유효한 위치도 아니고 ①과 ②에서 뚜렷한 하락 신호 또한 없으므로, 비록 하락 전환파동 3의 형태를 완성했다고 하더라도 이후 하락 전환파동 4-5를 대입하거나 무조건적인 하락 우세 구간으로 설정해서는 안 된다.

전 저점에서 멀지 않은 ③은 현저한 파동 구간으로 보기에 부족하므로 섣부른 매도 대응은 곤란하다(설령 직전 고점 위에서 매도했다고 하더라도 즉각적인 하락 움직임이 없다면 하락세를 의심하고 빠져나와야 한다).

　이후 큰 파동 구간 없이 급등하여 전 고점을 돌파한 ④ 이후로는 상승 우세 구간으로 설정하고 파동을 기다려 ⑤와 같이 직전 저점을 급히 돌파하거나 저점 부근에서의 유효한 상승 신호를 찾아 매수 대응하도록 한다.

④ 하락 전환파동 4

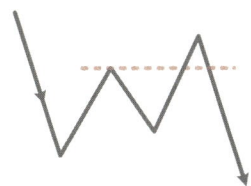

　하락 전환파동 4는 하이로우 하락 파동 2와 개념과 형태를 일부 공유한다. 단 차이점은 하이로우 하락 파동 2는 작은 파동, 강한 하락세에서 전 고점이나 직전 고점 돌파 시 매도 우세인 것에 반해, 하락 전환파동 4는 작은 파동, 큰 파동을 가리지 않고 대응이 가능하다. 이때 중요한 것은 파동의 크기가 아니라 넓이, 즉 폭이며, 파동을 구성하는 캔들군의 크기 또한 중요한 고려 요소가 된다. 또한 이전에 하락 전환파동 1-3이 있을 경우 그 연장선상에서 중·장기 대응이 가능한 부속적인 파동이기도 하다.

　〈그림 2-25〉에서 일단의 급락세 후 일정 폭을 가진 하나의 파동으로 고점 돌파 시 ①과 같이 완성된 캔들 확인 후 또는 유효한 하락 신호를 찾아 매도

〈표 11〉 진입 가능한 유형

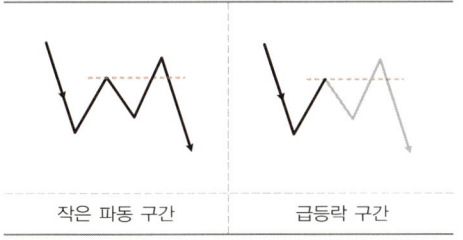

작은 파동 구간　　　급등락 구간

*모든 유형 공히 고점에서 유효한 하락 전환파동이 있거나 현저한 하락 우세 구간이어야 한다.

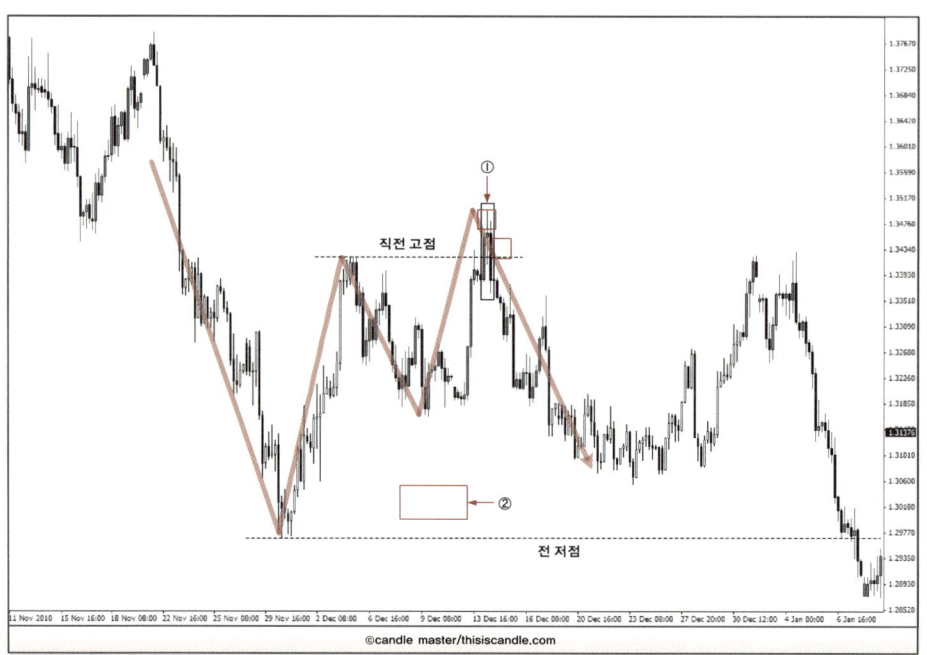

〈그림 2-25〉 크루드오일 1시간 차트

대응이 가능하다. 참고로 만약 ② 지점까지 하락 후 상승 전환파동 1의 형태로 상승했다면(이는 하단에서 이전의 매도 물량을 일정 부분 정리하고 일단의 힘을 비축한 후 상승한다는 의미이므로) 하락 전환파동 4에 의한 대응은 곤란했을 것이다. 대신 직전 고점을 돌파한 위치에서 하락 전환파동 2를 대입하고 유효한 하락 신호를 찾아 보수적인 대응은 가능하다.

〈그림 2-26〉은 〈그림 2-25〉와 달리 이전 흐름이 작은 파동, 강한 하락세였다. 따라서 하이로우 하락 파동 2와 동일한 개념을 적용하여 ②에서 매도 대응이 가능하다. 이때 ① 구간의 폭이 비교적 넓고 완만하며 여전히 작은 캔들군으로 진행되고 있음을 눈여겨보아야 한다.

전 저점 돌파 후 상승한 ③ 구간에서 섣불리 매도 대응을 해서는 안 되며,

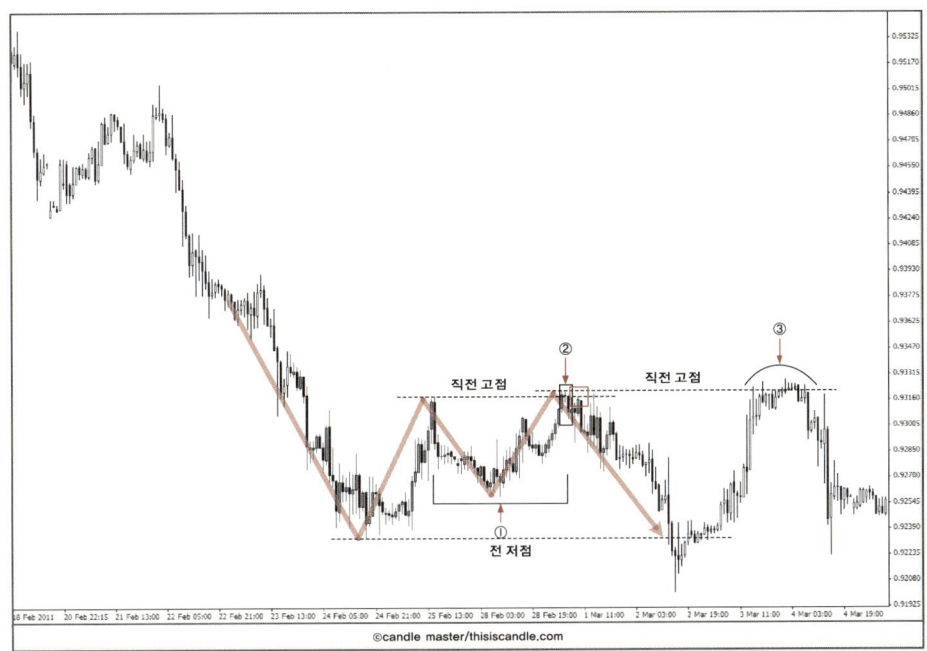

〈그림 2-26〉 달러/프랑 1시간 차트

〈그림 2-27〉 뉴질랜드달러/달러 1시간 차트

2장 · 전환(Reversal Wave) 파동 113

현저한 하락 신호를 기다려 대응할 필요가 있다. 하지만 이전의 큰 흐름이 작은 파동, 강한 하락세임을 감안했을 때 ③의 위치에서 상승 타이밍을 놓치며 작은 캔들군으로 횡보하는 경우 매수세가 여전히 약하다는 암시로 볼 수 있다.(만약 하락 조정 후 재상승하여 ③의 고점 위에서 작은 캔들로 횡보하게 되면 이는 매수세가 상승을 위한 힘을 비축하고 있다는 의미가 된다. 이처럼 출현 위치, 타이밍에 따라 작은 캔들군의 의미가 달라진다).

〈그림 2-27〉의 이전 흐름은 〈그림 2-26〉과 매우 흡사하다. 하지만 저점에서 그리 멀지 않은 곳에서 ①과 같이 파동의 폭이 좁고 현저한 캔들로 급하게 상승할 경우 하락 전환파동 4의 진행 가능성은 작아진다.

따라서 ②와 같은 궤적으로 하락하지 못하고 추가 상승할 경우 ③ 구간과 같이 단기 보합 구간이 뒤따라올 가능성이 크므로 충분한 관망 후 현저한 패턴 신호에서만 대응할 필요가 있다.

⑤ 하락 전환파동 5

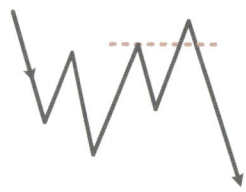

하락 전환파동 5는 기본적으로 상승세의 최고점에서 현저한 하락 전환파동 1-3이 확인되었을 경우에만 그 연장선상에서 대응이 가능하다. 만약 하락하지 못하고 상승하여 이전의 하락 전환파동 1-3을 무력화시킬 경우 반대로 강하게 움직일 가능성이 크므로 매도 관점의 즉각적인 포기와 함께 관점의 전환이 필요하다. 일반적인 하락세에서도 하락 전환파동 2와 연계하여 대응이 가능하지만 이전의 큰 흐름 및 최저점에서의 상승 전환파동 유무와 강약을 잘 살펴서 대응해야 한다.

〈표 12〉 진입 가능한 유형

하락 우세 구간

*최고점에서 유효한 하락 전환파동 1-3이 있어야만 한다.

〈그림 2-28〉의 ①에서 유효한 하락 신호와 함께 하락 전환파동 2를 완성하였다. ③에서 비록 상승 전환파동 2를 형성하였으나 전 저점에서 비교적 깊이 하락하였으므로 그 영향력은 제한적이다(기본적으로 ③의 상승 전환파동보다 최고점에서의 하락 전환파동이 우선된다). 따라서 하락 전환파동 5의 진행이 예상되는 ④ 구간에서 매도 대응이 가능하다. ④는 또한 중요 캔들이었던 ②의 저항 예상 구간이

〈그림 2-28〉 유로/달러 1시간 차트

〈그림 2-29〉 달러/프랑 1시간 차트

기도 하다. 예상대로 진행 시 1차 목표가는 전 저점 아래 또는 현저한 상승 신호가 출현할 때까지 보유하는 것이 적절하다.

〈그림 2-29〉에서 ① 이후 하락 전환파동 1을 완성하였으므로 재상승 시 ①의 긴 위꼬리 캔들의 저항 가능 구간이자 전환파동 5의 진행 예상 구간인 ②에서 중·장기 매도 대응이 가능하다.

〈그림 2-30〉의 경우 ①에서 유효한 하락 신호와 함께 하락 전환파동 2를 완성하였으므로 이후 흐름은 하락 우세 구간으로 설정 가능하다.

②에서 전 저점에 약간 못 미쳐 상승하는 움직임은 하락세를 살짝 의심하게 하는 대목이다. 차라리 전 저점에 훨씬 못 미치거나 〈그림 2-28〉과 같이

〈그림 2-30〉 호주달러/엔 1시간 차트

깊이 돌파했다면 하락세가 보다 확실했을 것이다. 하지만 여전히 하락 전환 파동 5의 진행을 예상하고 ③에서 진입 대기하거나 ④와 같이 유효한 하락 신호 확인 후 매도 진입이 가능하다. 하지만 이후 ⑤와 같은 궤적으로 하락하지 못하고 타이밍을 놓치게 되면 상승 가능성을 예상하고 미리 대비할 필요가 있다.

비록 저항 예상 구간이자 마지막 하락 타이밍인 ⑥에서 하락했지만 이전에 이미 하락 타이밍을 놓치며 매도세의 약화를 암시했으므로 이후 흐름은 단기 보합하거나 상승세로 전환될 가능성이 큰 것으로 본다. 따라서 ⑦과 같이 지지 가능성이 있던 구간에서 매수 후 강한 상승 움직임이 확인되면 중·장기 보유가 유리하다.

7 하이로우와 전환파동으로 본 유리한 구간과 불리한 구간

하이로우 파동과 전환파동을 통해 유리한 구간을 찾아낼 수는 있지만 문제는 파동을 대입할 수 있는 구간이 많지 않다는 데 있다. 어떤 거래 종목을 막론하고 해석할 수 있는 구간보다 해석할 수 없는 구간이 더 많기 때문이다. 따라서 해석할 수 없는, 즉 해석이 불필요한 구간에서 억지 해석을 시도해서는 안 되며, 현저한 파동이나 캔들 신호가 보일 때까지 관망하는 것이 좋다.

우리가 캔들 매매법을 공부하는 주된 이유는 '유리한 구간에서 좋은 진입 포인트'를 선점하기 위해서이다. 만약 유리한 구간, 불리한 구간조차 구별해 내지 못하는 상태에서 추세를 예단하게 되면 섬세한 진입은커녕, 실시간 차트의 작은 움직임 하나에도 동요하게 된다. 그렇게 되면 성급하게 진입할 가능성이 커지고, 덩달아 손실한도 설정도 어려워진다. 이때 '어차피 올라갈 텐데, 또는 내려갈 텐데……' 하는 안일한 생각이 매매를 더욱 어렵게 만들고 화를 키우게 된다.

따라서 유리한 구간이 보이지 않으면 차라리 매매를 포기하는 것이 낫다. 정말 좋은 자리, 성공 확률이 높은 자리, 진입 직후부터 수익이 나는 자리는 하루에 몇 번밖에 출현하지 않으며, 그런 자리까지 기다리는 것이 곧 실력이며 수익으로 직결되는 것이다.

또 좋은 진입 포인트를 놓쳤을 경우에도 매매를 포기하는 것이 낫다. 추세 전환 가능성이 큰 지점이나 눌림목의 정점 같은 유리한 구간 이후에는 항상 덜 유리한 구간이나 불리한 구간이 뒤따라오기 때문이다. 그런 구간에서는 시장이 어디로 먼저 움직일지 그 누구도 알아낼 방도가 없다. 따라서 차트의 뒤꽁무니를 좇지 말고 다음 유리한 구간이 나올 때까지 느긋이 기다려라. 단 유리한 구간이 아닐지라도 현저한 캔들 신호에서는 추세에 상관없는 대응이 가능하다.

참고로 이번 장에서 예제로 설명하는 유리한 구간은 주로 '추세 전환 가능성이 큰 구간' 만을 예로 든 것이다. 유리한 구간은 그 외에도 전환파동 및 캔들 패턴의 조합(또는 캔들 패턴 단독)에 의한 '추세 조정(눌림목)의 끝자락일 가능성이 큰 구간' 과 주로 캔들 신호에 의한 '힘의 균형이 무너지는 구간' 등 3가지 경우로 대표될 수 있다.

〈표 13〉 해석 가능한 구간

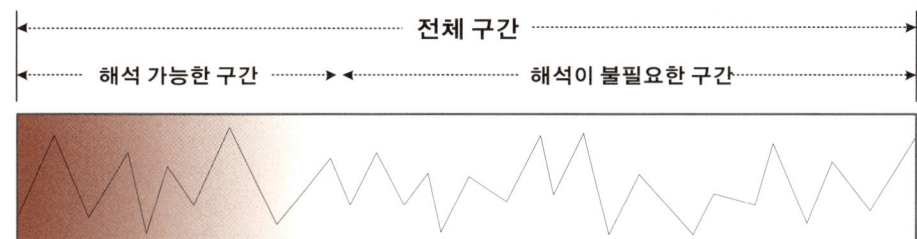

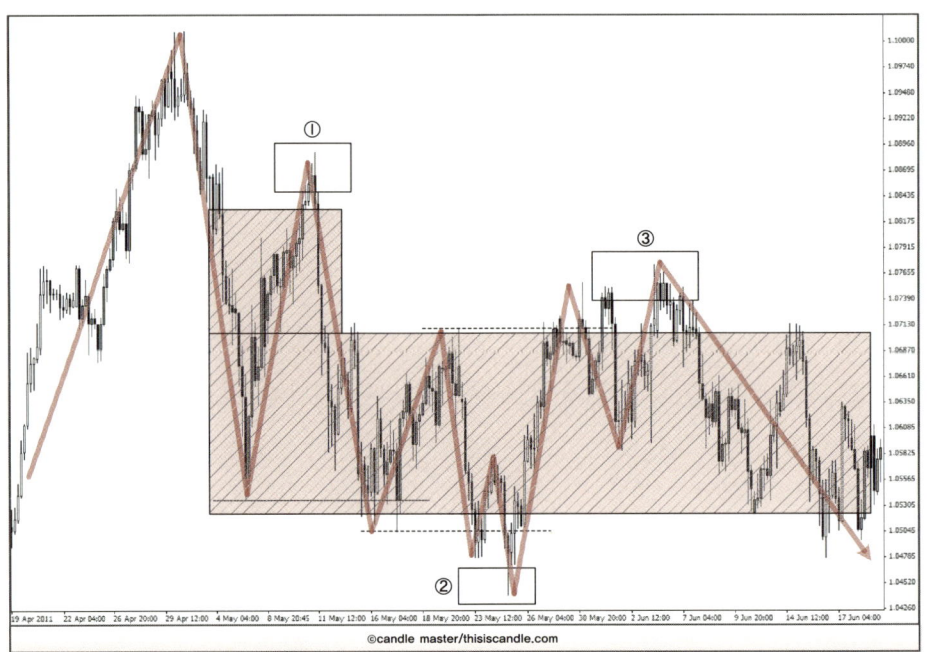

〈그림 2-31〉 호주달러/달러 4시간 차트

〈그림 2-31〉에서 유효한 하락 전환파동은 없지만 일단의 급락세 후 과도하고 급한 상승 조정 위치의 ①에서 하락 신호를 찾아 매도 대응이 가능하다 (의도적으로 찾는 것이 아니라 출현하면 그때서야 대응하는 개념이어야 한다).

이전의 큰 흐름이 상승세임을 감안했을 때 ① 이후 파동의 형태를 상승 전환파동 4와 유사한 개념으로 볼 수 있다. 하지만 전형적인 상승 전환파동 4 구간은 아니므로 보다 보수적으로 상승 전환파동 2를 대입한 ② 구간에서 매수 대응함이 안전하다.

파동의 진행으로 봤을 때 단기 추세가 불분명한 상황이므로 하락 전환파동 5와 유사한 형태로 진행 가능성이 있는 ③ 구간에서 유효 패턴이 있을 시 단기 매도가 가능하다.

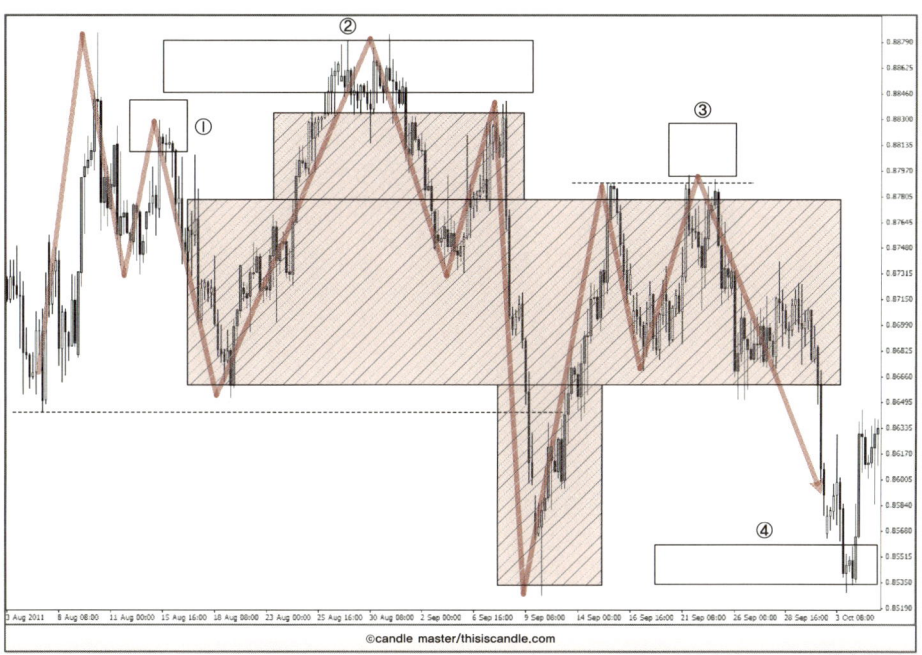

〈그림 2-32〉 유로/파운드 1시간 차트

　〈그림 2-32〉는 하락 전환파동 1의 예상 구간인 ①에서 하락 신호를 찾아 매도가 가능하다. 비록 저점을 높이며 상승했지만 이전 긴 위꼬리 캔들의 저항 가능성이 큰 ② 구간에서 캔들에 의한 매수세의 한계를 확인한 후 매도 대응이 가능하다.

　② 이후 하락 전환파동 1과 유사한 형태로 진행되었으므로 급히 전 저점을 돌파하더라도 상승 전환파동 또는 현저한 상승 신호의 확인 없이 섣부른 반대 매매는 불가하다. 이후 하락 전환파동 4의 진행을 예상하고 ③ 구간에서 유효 신호를 찾아 매도 대응이 가능하다. 비록 하락 우세 구간이지만 다소 급한 하락세에서 이전 긴 아래꼬리 캔들의 지지 가능성이 있던 ④에서 유효 신호가 있을 때 단기 매수 또한 가능하다.

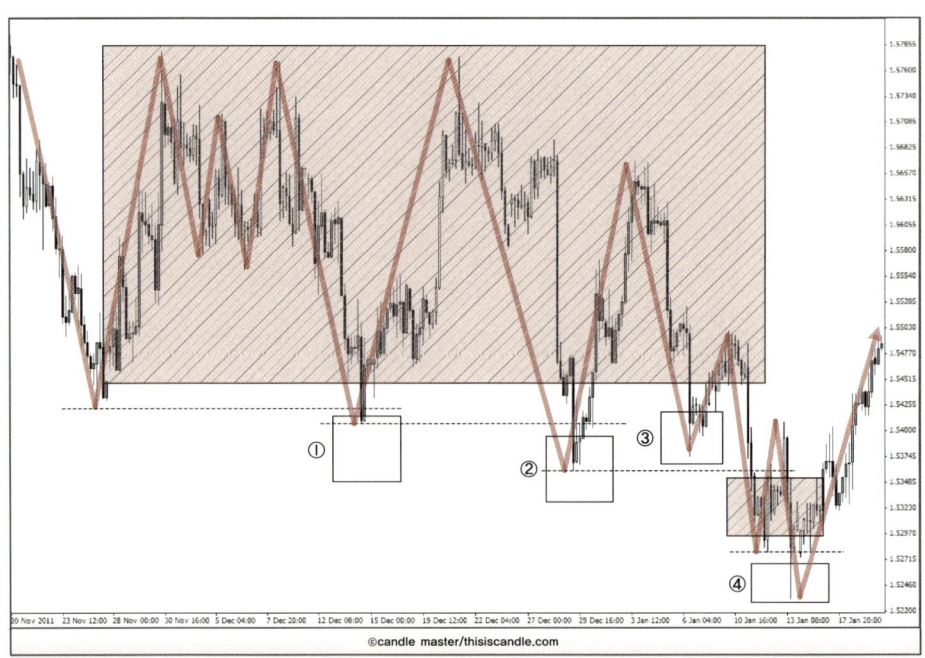

〈그림 2-33〉 파운드/달러 4시간 차트

〈그림 2-33〉에서 큰 흐름은 하락세지만 상승 전환파동 5의 형태로 진행되었으므로 ①에서 유효 패턴을 찾아 매수 대응이 가능하다(하락 우세 구간의 상승 전환 파동 5는 패턴 신호 확인이나 상승 전환파동 2의 대입이 필수적이다).

하이로우 하락 파동 3의 형태로 전 저점을 급히 돌파한 ②에서 매수 대응이 가능하다. 이후 현저한 상승 파동이 확인되었으므로 상승 전환파동 1의 진행을 예상하고 ③ 구간에서 유효한 상승 신호를 찾도록 한다(만약 ③에서 별다른 상승 신호 없이 상승하더라도 추격 매수는 불가하다).

③ 이후 상승 타이밍을 놓치며 하락할 경우 저점을 1~2차례 추가 돌파하거나 하락세가 깊어질 가능성이 크다. 따라서 ④와 같이 상승 전환파동 2의 진행이 예상되는 구간에서만 매수 대응이 가능하며, 직후 즉각적이고 강한 상승 움직임이 확인되어야만 한다.

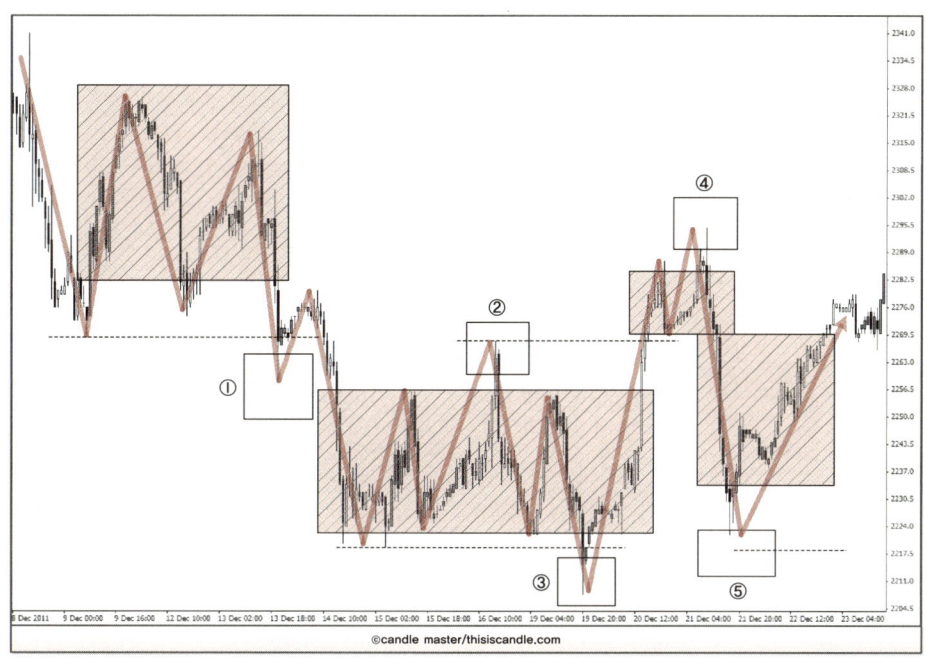

〈그림 2-34〉 나스닥지수 1시간 차트

〈그림 2-34〉에서 비록 상승 전환파동 5의 형태를 보이고 있지만 이전 흐름이 하락세이고 전형적인 M형이 아니라 오른쪽 고점이 낮은 기울어진 M형이므로 ① 구간에서의 매수 대응은 곤란하다. ① 직후 상승하지 못하고 직전 저점을 비교적 깊이 하락하였으므로 추가 하락을 예상하고 ② 구간에서 하락 전환파동 4의 개념을 대입하여 매도 대응함이 유리하다.

하지만 ②를 전후하여 파동의 형태가 다소 혼탁하고 수평적으로 진행되었으므로 매도세의 약화를 예상할 수 있다. 따라서 ③ 구간에서 상승 신호를 찾아 매수 대응이 가능하다. 비록 ③ 이후 급등하였지만 저점에서 뚜렷한 상승 신호가 없으므로 하락 전환파동 2의 개념을 대입한 ④ 구간에서 매도 대응 또한 가능하다. 이후 빠른 시간 내 하락함으로써 ③ 이후 현저한 파동과 함께 상승 전환파동 1의 진행을 예상할 수 있는 ⑤에서 유효한 상승 신호를 찾아 매수 후 중·장기 대응함이 유리하다.

3장
캔들 패턴 Top 37

"산이 높다고 해서 되돌아와서는 안 된다. 계속 걸으면 산을 넘을 수 있다.
일이 많다고 해서 지레 겁을 먹어서는 안 된다. 부지런히 일하면 반드시 끝날 것이다."
―몽골 속담

캔들 패턴 Top 37

8 캔들의 기본 구조

캔들의 직사각형은 몸통이라고 부른다. 몸통은 시가와 종가의 범위이고 몸통이 검은색(음봉)이면 종가가 시가보다 낮다는 것을 의미한다. 몸통의 위와 아래에 있는 얇은 선은 꼬리(그림자)라고 하며 고가와 저가를 나타낸다.

일반적 기준으로 가격 움직임의 핵심은 주로 몸통인 경우가 많다. 예를 들어 일중의 중요 지지저항선을 꼬리로 뚫었지만 종가 기준, 즉 몸통이 돌파되지 않으면 추세 이탈로 보기 어렵다. 하지만 캔들 매매법에서는 몸통과 함께 꼬리 또한 매우 중요한 기준으로 본다.

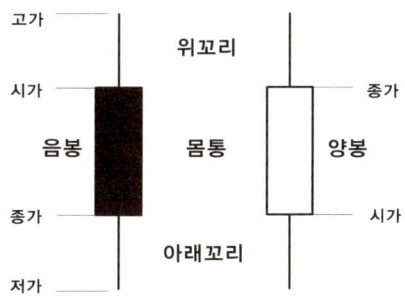

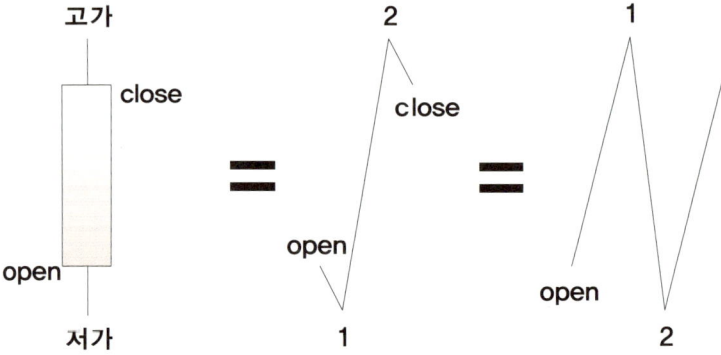

하나의 캔들 완성에는 여러 흐름이 복합적으로 이루어져 있다. 이는 똑같은 형태의 캔들이라도 그 안에 내재된 시간 흐름에서는 내용을 달리 한다는 의미이다. 즉 어떠한 경우에도 동일한 형성 과정을 지닌 캔들은 있을 수 없다. 특히 1시간, 4시간, 일간 차트와 같은 상위 캔들에서는 불가능하다.

2개의 캔들이 모여 하나의 캔들이 되는 과정

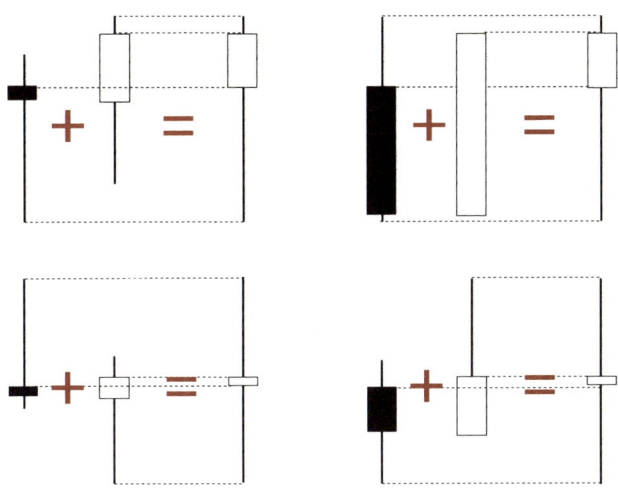

4개의 캔들이 모여 하나의 캔들이 되는 과정

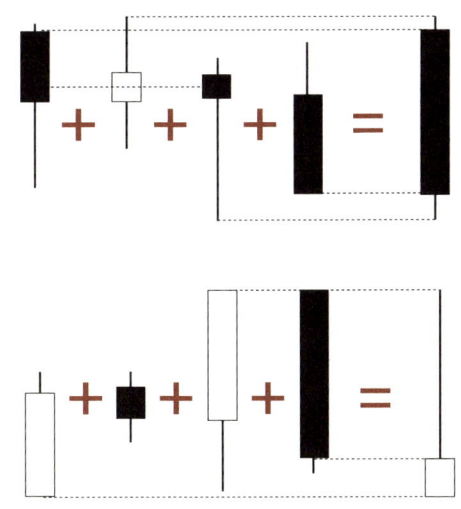

9 주식, 선물옵션시장과 외환(FX 마진) 시장에서의 캔들의 차이점

주식, 선물옵션과 외환 차트의 가장 큰 차이점은 '갭(Gap)'이다. 주식은 장 종료와 함께 그날의 잠재적인 변수가 다음날 장 시작과 함께 갭으로 표출되지만 기본적으로 24시간 운영되는 외환 및 해외 선물시장은 월요일 장 개시 때 또는 중요 경제지표 발표 시에만 갭이 발생하며, 그 갭 또한 변동 폭이 작은 것이 일반적이다. 따라서 캔들 차트 분석에도 중대한 차이점이 발생한다. 예를 들어 주식 차트에서 흔히 볼 수 있는 잉태형, 반격형, 타스키형 등의 캔들 패턴은 외환 차트에서는 아예 없거나 무의미하다. 반대로 주식에서 존재하지 않는 패턴이 외환 차트에서 자주 설명되기도 한다.

또 주식은 거래량을 동반하지만 외환에서는 정확한 거래량을 측정하기가 사실상 불가능하므로 동일한 패턴이나 장대봉일지라도 해석에 있어 차이가 날 수밖에 없다. 따라서 기존 주식시장에 맞춰져 있던 캔들 차트 분석을 외환시장에서는 전혀 다른 관점으로 접근할 필요가 있다.

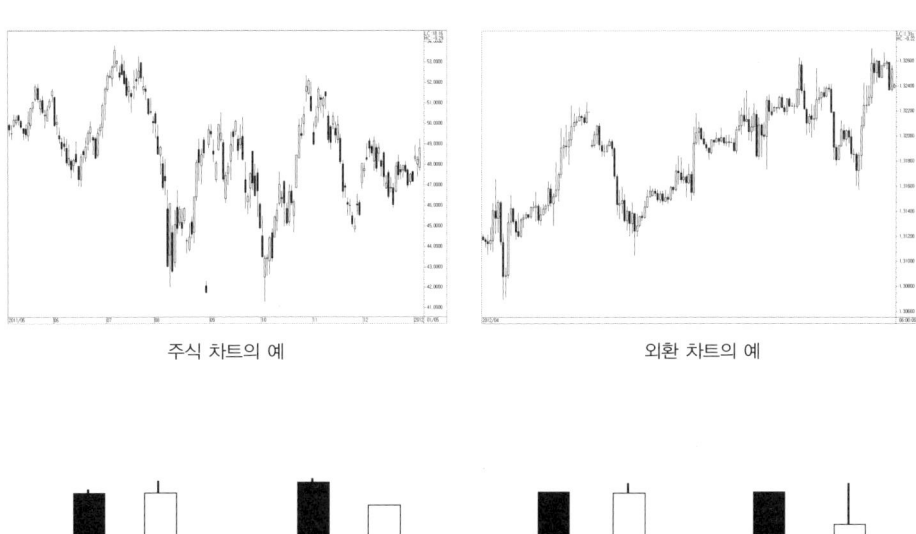

주식 차트의 예　　　　　　　　　　　　외환 차트의 예

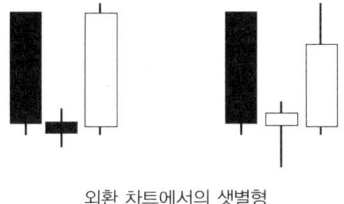

주식 차트에서의 샛별형　　　　　　　외환 차트에서의 샛별형

10 캔들 패턴 Top 37

이번 장에서 소개하는 캔들 패턴은 시중에 널리 알려진 일반적인 캔들 패턴과는 질과 양에서 그 궤를 달리한다. 캔들 패턴 Top 37 중 기존 주식시장에서 이름을 빌려온 패턴이 14종이며, 나머지 23종은 기존에 소개된 적이 없는 것들이다. 14종 또한 이름만 빌려왔을 뿐, 해당 패턴의 정의와 대응 방식이 전혀 다르다. 그러므로 기존 캔들에 익숙한 트레이더라고 할지라도 새롭게 공부해야 한다.

  캔들 패턴 Top 37은 시중의 일반적인 캔들 패턴과 달리 각각의 캔들 패턴마다 정의해놓은 세부 기준이 매우 다양함에 따라 처음 단계에서는 혼란을 겪을 수밖에 없다. 망치형을 예로 들어보면 양봉 망치형과 음봉 망치형으로 나뉘며, 세부적인 출현 위치, 즉 상승세의 일직선상이냐, 상승세의 보합 구간이냐, 상승세의 조정 구간의 전 저점을 몸통으로 돌파한 위치이냐, 돌파한 직후냐 등에 따라 유효성이 갈린다. 그리고 때로 상승 신호가 즉각적인 하락 신호로 바뀌기도 한다. 더불어 몸통의 크기, 꼬리 길이에 따라 신뢰성이 갈리며, 이전 패턴과의 조합에 따라 신뢰성이 높아지거나 낮아지기도 한다.

결정적으로 아무리 유효한 망치형이라고 할지라도 직후 캔들군의 흐름에 따라 무효화되거나 중요한 추세 전환점이 되곤 한다. 이와 같이 하나의 캔들 패턴이라고 할지라도 그 해석과 대응 방식이 수십 가지에 달하게 된다. 그리고 캔들 패턴 Top 37 외에도 작은 캔들, 긴 꼬리 캔들의 해석과 대응 방식 또한 출현 위치 및 이전, 이후 신호와의 조합에 따라 매우 세분화되어 있다.

물론 많은 공부 분량에 미리부터 겁먹을 필요는 없다. 얼핏 복잡해 보이지만 머리가 아닌 눈으로 외우고 출현 위치와 형태 속에 숨은 의미를 하나씩 파악해나가다 보면 모든 것이 명확해지고, 쉽게 다가오게 될 것이다.

무엇보다 캔들 패턴 Top 37이 전달하는 핵심은 단순한 형태가 아니라 각 패턴의 연결을 통해 크고 작은 시세의 흐름과 힘의 균형을 읽는 것이다(이때 하이로우와 전환파동의 보조적인 도움 또한 필요하다). 마치 DNA 염기서열을 분석하듯 각 신호의 출현 의미를 파악하고 연결해나가다 보면 전체적인 흐름과 함께 시세의 힘과 균형을 느끼는 수준에 다다르게 되는 것이다.

이는 단순히 나무 한 그루를 보는 것이 아니라 숲 전체를 보는 것과 같다. 하지만 숲을 보기에 앞서 중요한 나무 하나하나를 거치지 않으면 안 되며, 캔들 패턴 Top 37을 자유자재로 다루게 될 때 결국 '차트의(시장의) 흐름'이라는 큰 숲을 보게 될 것이다.

캔들 패턴 분류

상승 반전 및 지속 패턴

	패턴
	1. 상승 인력거형
	2. 상승 다람쥐형
	3. 샛별형
	4. 상승 자매형
	5. 상승 맞대기형
	6. 양봉 망치형
	7. 양봉 역망치형
	8. 상승 피스톤형
	9. 상승 돌격형
	10. 하락브레이크형
	11. 역브레이크형
	12. 상승 살바형
	13. 상승 장악형
	14. 상승 푸쉬형
	15. 상승 펀치형
	16. 상승 편대형
	17. 상승 반격형
	18. 상승 양봉
	19. 상승 삼법형
	20. 관통형

하락 반전 및 지속 패턴

	패턴
	21. 하락 인력거형
	22. 하락 다람쥐형
	23. 저녁별형
	24. 하락 자매형
	25. 하락 맞대기형
	26. 음봉 망치형
	27. 하락 피스톤형
	28. 하락 돌격형
	29. 하락 브레이크형
	30. 하락 살바형
	31. 하락 장악형
	32. 하락 펀치형
	33. 하락 편대형
	34. 하락 음봉
	35. 하락 삼법형
	36. 흑운형

기타 캔들 패턴

	패턴
	37. 유성형
	38. 교수형
	39. 잠자리형 도지
	40. 비석형 도지
	41. 상승 스프링형
	42. 하락 스프링형

기타 기본 캔들

	패턴
	도지
	포프라이스 도지
	하이웨이브 도지
	팽이형
	민머리/민바닥

※ Top 37 캔들 패턴

1. 상승 인력거형

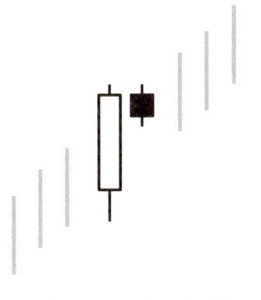

A 타입 꼬리가 짧은 팽이형

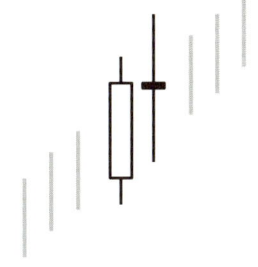

B 타입 아래·위꼬리가 긴 도지

지속적인 상승세 또는 상승세 초기에 현저한 양봉 출현 후 매도 세력의 별다른 저항을 받지 않았거나, 매도 세력의 반발이 있었지만 결국 시가와 거의 동일선상에서 종가가 형성되는 경우 이전의 상승세를 지속할 확률이 높은 것으로 본다. 지속적인 상승세 중 중요 분기점에서 매도 세력의 대량 개입이나 반발이 있었다면 상승 인력거형과 같은 패턴이 나오기 힘들었을 것이다.

상승 인력거형은 현저한 상승세에서만 유효하고 하락세에서는 해석이 제한적이다. A 타입은 반드시 음봉일 때만 유효하고, B 타입은 변형인 유성형이나 교수형으로 구성될 때에도 유효하지만 전형적인 B 타입에 비해 신뢰성이 떨어진다. 특히 충분한 고점에서 교수형(또는 잠자리형 도지) 캔들로 구성된 상승 인력거형의 매수 대응은 자제해야 한다. 또 현저한 하락세의 첫 반등 구간의 비교적 고점이나 너무 급한 파동 구간에서의 상승 인력거형은 매수보다는 오히려 매도 관점이므로 주의한다.

다른 캔들 패턴이 그렇듯 상위 차트의 신호가 우선이지만 상승 인력거형은 특히 1시간 같은 상위 차트에서 출현할 때 보다 유효하다. 이는 이전 추세의 흐름을 세밀히 따져봐야 하는데 15분, 30분 같은 하위 차트에서는 잦은 출현

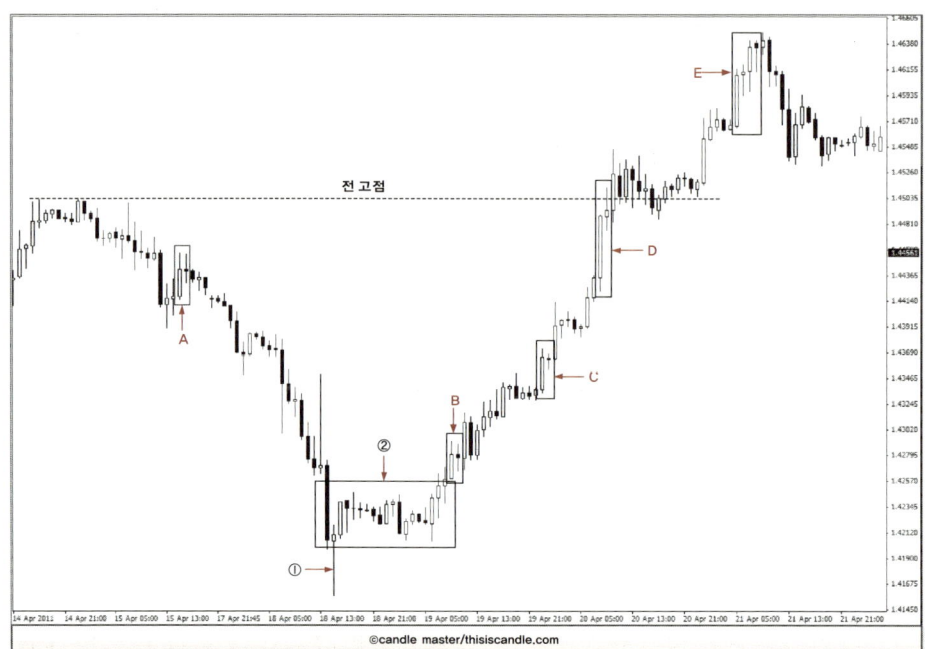

〈그림 3-1〉 유로/달러 1시간 차트

으로 인해 해석과 대응에 혼선을 빚을 수 있기 때문이다.

〈그림 3-1〉에서 이전 흐름은 보합세였다. 이후 단기적으로 하락세였기 때문에 A가 비록 샛별형과 유사한 형태 직후에 출현했음에도 상승 신호로 판단해서는 곤란하다(샛별형 자체가 유효하지 않은 위치이다). 만약 매수 대응했다고 하더라도 다음 캔들이 음봉이면 빠져나온 후 추가 관망하거나 매도 관점으로 전환할 필요가 있다.

일단의 강한 하락세 후 저점에서 ①과 같이 잠자리 도지에 가까운 양봉이 출현하고 뒤이어 상승 전환 또는 조정을 암시하는 ② 크랩형(작은 캔들군으로 구성된 단기 수평 횡보 구간)이 형성됨에 따라 직후 출현한 B는 유효한 상승 신호가 된다.

이전에 저점을 높이는 특별한 파동 구간이 없던 상태에서 출현한 C는 B에 비해 신뢰성이 다소 떨어지지만 여전히 유효한 상승 인력거형이다. 단 다음

1~2개 캔들 내에서 상승하지 못하면 일단 빠져나온 후 추가적인 신호를 기다리는 게 낫다.

전 고점을 꼬리로만 살짝 돌파한 위치의 D는 추가적인 강한 상승을 암시한다. 전 고점을 돌파한 위치에서 E와 같이 교수형 형태로 구성된 연속된 상승 인력거형의 출현은 일시적으로 매수세의 힘이 다하고 있음을 암시하므로 이후 유효한 하락 신호를 찾아 매도 대응함이 유리하다.

〈그림 3-2〉에서 이전 흐름은 큰 의미의 보합세였다.

직전 고점을 앞두고 출현한 A는 급한 파동 구간이므로 매도 대응이 유리하다(도지 캔들 또한 위꼬리가 긴 유성형 형태로서 이는 매도세의 반발을 의미한다).

B는 전 고점을 살짝 돌파한 경우가 아닌, 이미 전 고점을 꼬리로 돌파한 캔

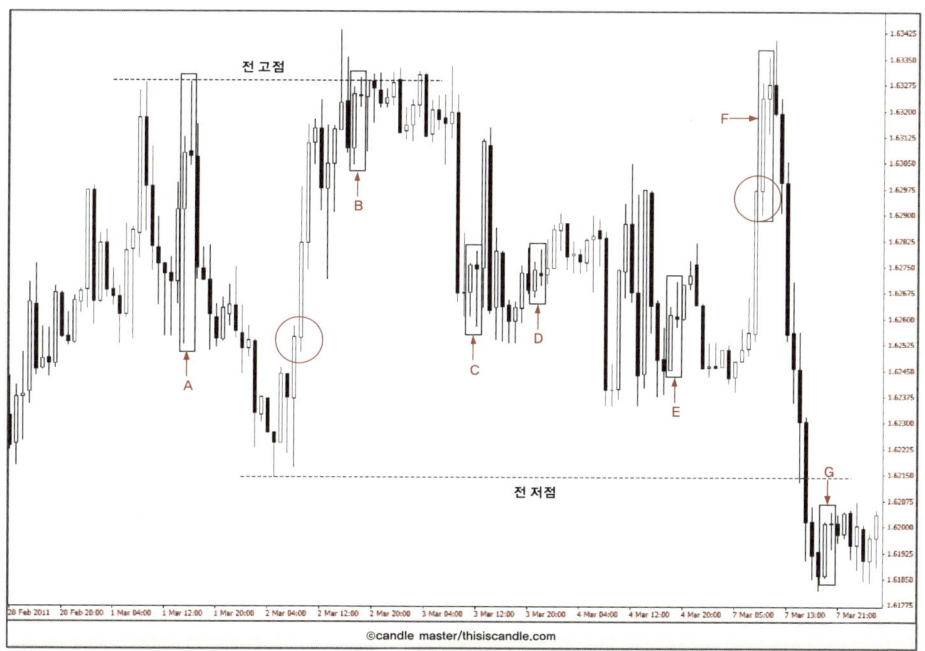

〈그림 3-2〉 파운드/달러 1시간 차트

들군에 갇혀 있으므로 유효하지 않다. 곧바로 상승하여 고가를 갱신할 수도 있지만, 빨리 상승하지 못하는 경우 대부분 하락 조정이 뒤따라오므로 매도 관점으로의 전환이 필요하다. C, D, E 또한 공히 현저한 음봉 캔들군, 즉 보합 구간에 갇혀 있어 유효하지 않다.

F의 경우 상승 인력거형으로 보기에는 캔들의 몸통이 양봉인데다 두꺼워 신뢰성이 떨어진다. 만약 매수 대응했다 하더라도 다음 1~2개 캔들 내에서 즉각 상승하지 못하면 빠져나온 후 매도 관점으로 전환할 필요가 있다.

전 저점을 급히 돌파한 위치의 G는 직전에 상승 전환을 암시하는 어떠한 신호도 없으므로 유효한 상승 신호가 될 수 없다. 단구간일지라도 하락세의 상승 인력거형은 직전의 상승 신호와 조합하여 해석해야만 한다.

〈그림 3-2〉와 같이 시각적으로 확인할 수 있는 보합 구간에서의 해석과 대응은 매우 제한적이며, 원 안과 같이 상승이 보다 우세인 위치에서 출현해야만 정상적인 해석과 대응이 가능하다.

〈그림 3-3〉에서 이전 흐름은 강한 하락세였다.

하락세의 A와 같은 상승 인력거형은 이전에 현저한 상승 신호나 단기 보합 구간이 없다면 매수는 불가하다. 비록 A 직전에 샛별형과 유사한 형태가 있었지만 몸통의 크기가 작고 하락세의 일직선상에 있으므로 유효하지 않다(하락세에는 상승 인력거형 직후 다음 캔들이 음봉이나 저녁별형으로 완성되면 강한 하락 신호로 바뀐다).

B는 비록 작은 반등 후에 출현했지만 몸통의 크기가 너무 작고 직전에 현저한 상승 신호도 없어 매수 대응은 불가하다.

강한 하락세에서 'V'자 반등을 하는 경우는 드물기 때문에 C 위치에서의 매수 대응 또한 곤란하다. 오히려 다음 캔들 신호를 기다려 매도 대응하는 것

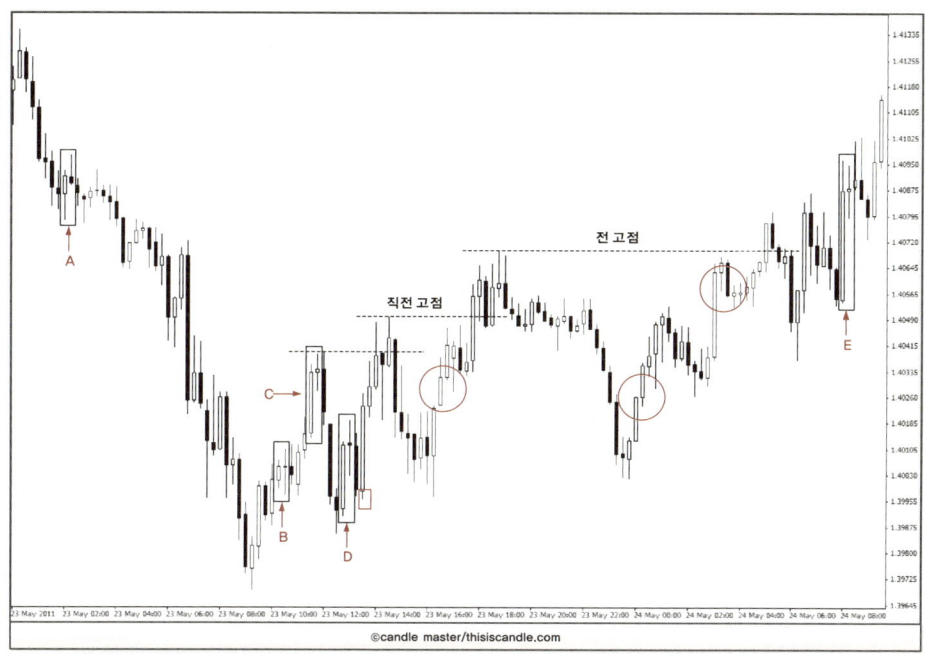

〈그림 3-3〉 유로/달러 15분 차트

이 보다 유리하다. 강한 하락세 후 C 지점까지 일단의 반등, 즉 매수세를 어느 정도 확인할 수 있는 구간이 있었기 때문에 이후 저점을 테스트하는 과정에서 나온 D는 부분적으로 유효하다. 단 D와 같이 저점을 높이며 상승을 시도하는 위치에서의 상승 인력거형은 저녁별형의 완성을 확인한 후, 즉 과도한 조정 시 진입이 유리하다(하락세에서 일단의 파동으로 저점을 높이는 첫 번째 위치에서의 저녁별형은 상승 우세 신호이다).

E의 출현 위치는 유효하나 두 번째 도지의 고가가 이전 양봉의 고가 위에 올라서지 못하였으므로 전형적인 상승 인력거형에 비해 신뢰성이 떨어진다. 이런 경우 충분한 조정 시에만 대응하거나 추가 신호를 기다리는 게 낫다. 하락세의 상승 인력거형의 해석과 대응은 원칙적으로 불가하며 D, E 또는 원으로 표시한 것과 같이 상승 우세인 위치에서 출현해야만 성공 확률이 높다.

2. 하락 인력거형

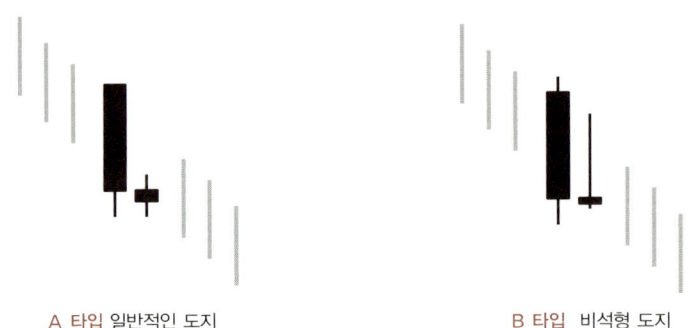

A 타입 일반적인 도지　　　　　　B 타입 비석형 도지

상승 인력거형과 반대되는 패턴이지만 형태는 조금씩 다르며 상승 인력거형보다 좀 더 까다로운 특성을 지닌다. A, B 타입 외에도 아래·위꼬리가 짧은 양봉 팽이형이 올 수도 있지만, 특정 형태보다는 출현 위치와 이전 캔들군의 성격에 따라 신뢰도가 달라진다. A와 B 타입 모두 첫 번째 음봉의 아래꼬리가 너무 길면 안 된다.

　하락 인력거형은 반드시 하락 우세 구간에서 출현해야만 유효하며, 보합세에서는 해석이 제한적이다. 상승세의 단순 조정 구간에서 출현 시에는 도지 캔들이 오히려 브레이크로 작용하여 샛별형, 하락 브레이크형과 같은 상승 우세의 패턴으로 바뀔 가능성이 크다.

　또 현저한 하락세에서 다음 캔들이 하락을 이어가지 못하고 유효한 샛별형으로 완성되면 조정 시 빠져나온 후 추가 관망하거나 매수 관점으로 전환할 필요가 있다. 하지만 처음부터 샛별형을 염두에 두고 대응을 망설인다면 결국 많은 잠재적인 수익 구간을 놓치게 될 것이다.

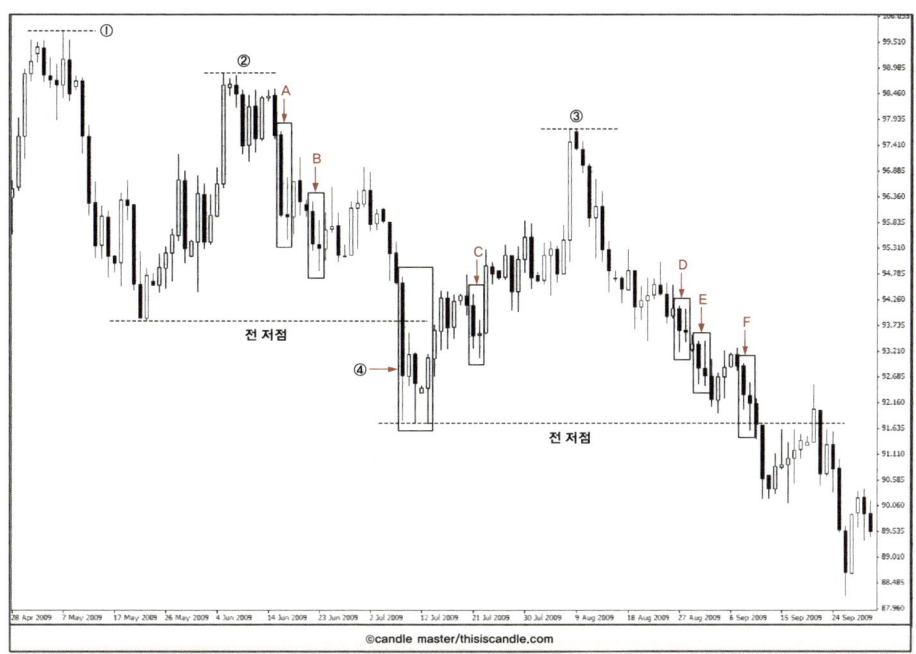

〈그림 3-4〉 유로/엔 일간 차트

〈그림 3-4〉에서 이전 흐름은 보합세였다.

단순 보합 구간에서 출현한 A, B는 유효하지 않으며, 만약 진입했다고 하더라도 다음 캔들이 그림과 같이 샛별형 형태로 완성되면 조정 시 빠져나와야 한다. 전 저점을 하향 돌파한 후 반등하는 과정에서 출현한 C는 유효하지 않은 위치이다. 전 저점을 돌파한 캔들이 장대 음봉이며, 직후 ④ 구간에서 유사 하락 브레이크형(P.228 참고) 및 양봉 망치형 등 상승 전환을 강하게 암시하는 신호가 있었다.

②에 이어 ③이 고점을 낮추며 하락이 보다 우세해지는 구간에서 출현한 D와 E는 유효한 하락 신호이다. 전 저점을 살짝 돌파한 위치에서의 F는 매수세의 반발이 미미하다는 것을 의미하며, 이는 대부분 추가적인 강한 하락을 암시한다.

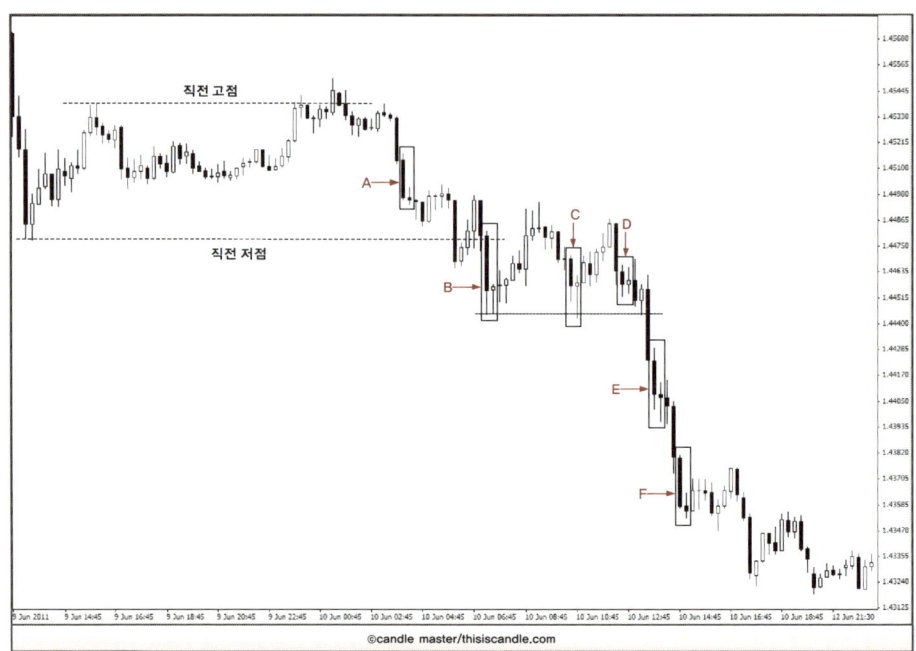

〈그림 3-5〉 유로/달러 15분 차트

〈그림 3-5〉에서 이전 흐름은 강한 하락세였다.

작은 파동 구간에서 직전 저점을 앞둔 위치의 A는 저점 돌파를 강하게 암시한다. B와 C는 두 번째 캔들의 아래꼬리가 길어 유효하지 않다. D는 크기가 너무 작은 캔들로 구성되어 유효한 형태는 아니다. 하지만 현저한 하락 장악형 및 하락 삼바형(P.240 참고) 직후 출현하였고, 작은 파동으로 직전 저점 돌파를 두 번째 시도하는 위치였기 때문에 어느 정도 신뢰할 수 있었다.

이처럼 전형적인 형태는 아니지만 이전 흐름에 비추어 중요 분기점에서 출현할 경우 작은 도지 캔들 하나도 유효한 진입 신호가 될 수 있다. 하락세의 일직선상에서 출현한 E, F는 지속적인 하락을 암시한다.

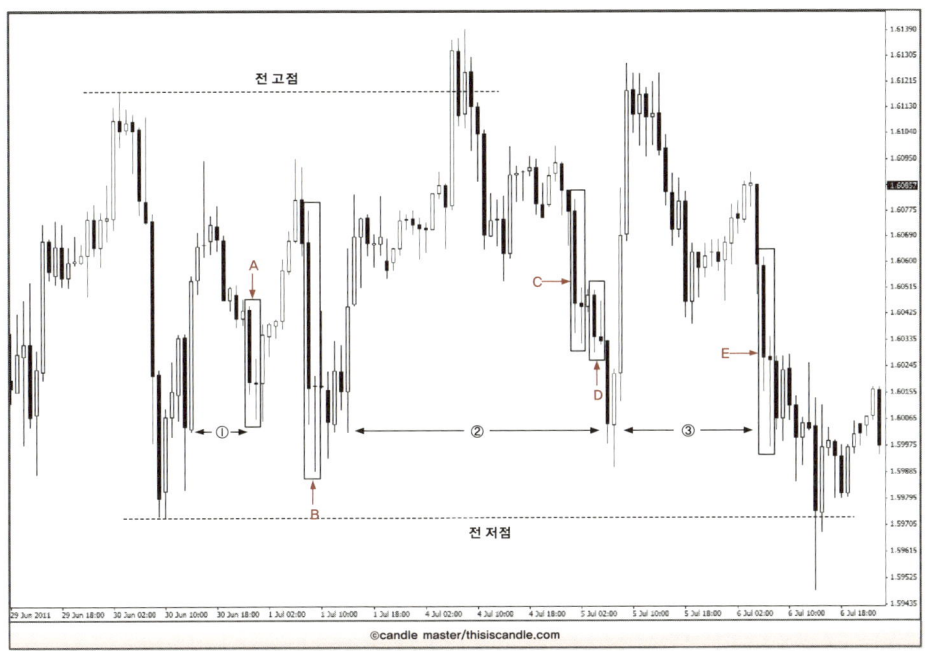

〈그림 3-6〉 파운드/달러 1시간 차트

〈그림 3-6〉에서 이전 흐름은 하락 후 보합세였다.

①과 같이 너무 급한 파동 구간, 즉 단기간에 급등이나 급락하는 구간에서의 A와 같은 하락 인력거형은 기본적으로 상승 우세 신호로 바뀐다. B 또한 급한 파동 구간이자 아래꼬리가 긴 잠자리형 도지로 구성되어 일종의 상승 우세 신호가 된다.

보합 구간의 전 고점 돌파 후 반락하는 과정에서 출현한 C는 A, B와 달리 유효한 하락 인력거형이며, 그 이유는 다음과 같다.

첫째, 전 고점 돌파 후 하락하는 위치인 점

둘째, 첫 번째 현저한 음봉이 직전의 짧은 보합 구간의 종가를 낮춘 점

셋째, ①에 비해 ②와 같이 비교적 완만한 파동 구간에서 출현한 점

비석형 도지로 구성된 D 또한 C와 마찬가지로 유효한 하락 신호이다.

② 구간과 유사하게 비교적 넓은 파동 구간에서 출현한 E도 유효한 것으로 본다. 비록 도지 캔들의 아래꼬리가 매우 길지만 이전에 고점을 낮추며 강하게 하락한 점과 전 저점 돌파를 세 번째 시도하는 점이 하락 확률을 높였다고 볼 수 있다.

3. 상승 다람쥐형

A 타입 종가를 높인 망치형   B 타입 고가를 높인 유성형

현저한 상승 우세 구간에서 양봉 출현 후 짧은 숨돌리기 구간을 거쳐 마지막에 종가를 높이는 망치형이나 고가를 높이는 유성형의 출현은 해당 구간에서 지속적인 상승을 노리는 매수 세력의 의도를 반영한다고 볼 수 있다. 이런 경우 추가적인 매수세의 유입으로 상승을 이어갈 가능성이 매우 크다.

A 타입은 마지막 양봉의 아래꼬리가 길수록 강력하며, 종가를 높이되 몸통이 너무 두꺼우면 안 된다. 위꼬리는 없거나 짧을수록 좋다.

B 타입은 전형적인 A 타입에 비해 신뢰성이 다소 떨어지지만 여전히 유효한 상승 신호이며, 마지막 양봉의 위꼬리가 과도하게 길 경우에만 유효하지 않은 것으로 본다. 아래꼬리는 없거나 짧을수록 좋다.

A, B 타입 모두 중간 캔들이 1~3개의 도지 또는 몸통이 짧은 팽이형 캔들로서 팽이형은 대체로 음봉일 경우에 성공 확률이 높다.

〈그림 3-7〉에서 이전 흐름은 상승세였다.

단기 보합 구간을 거쳐 출현한 A는 유효한 위치와 형태의 상승 다람쥐형이다. B는 세 번째 캔들의 크기와 꼬리가 너무 짧아 신뢰성이 떨어지므로 만

〈그림 3-7〉 유로/달러 4시간 차트

약 매수 대응했다고 하더라도 다음 캔들 2~3개 내에서 상승하지 못하면 빠져나와야 한다. C 또한 모호한 형태이므로 상승 신호로 보기에 부족함이 있다. 이처럼 형태와 출현 위치가 불확실할 경우에는 과도한 조정 시에만 진입하거나 추가 관망하는 것이 바람직하다.

전 고점을 꼬리로 돌파한 ① 이후 단기 하락 조정을 거친 뒤 출현한 D는 강한 상승을 암시한다. 전 고점을 돌파한 위치의 E와 F는 마지막 양봉의 몸통 또한 비교적 두꺼워 유효하지 않다.

〈그림 3-8〉에서 단기 급락 후 상승 다람쥐형 형태의 A, B가 연속으로 출현하였다. 하지만 대부분의 경우 급락 후 'V'자 반등을 하는 경우는 드물기 때문에 상승 다람쥐형의 고가 위에서 매도 관점으로 대응하는 것이 보다 유리하다.

〈그림 3-8〉 호주달러/달러 1시간 차트

　재하락 후 저점을 높이며 상승하는 위치에서의 C는 직전 고점 돌파의 가능성이 큰 유효한 상승 다람쥐형이다.
　D는 전형적인 형태는 아니지만 마지막 도지 캔들의 아래꼬리가 길고 고가를 높였기 때문에 상승 다람쥐형과 유사한 개념으로 해석하고 대응해도 무방하다. E는 전형적인 형태로 볼 수 없다. 두 번째 캔들이 하락 우세 신호인 교수형이며, 세 번째 캔들은 일반적인 도지로서 직전 고점까지 돌파한 위치이므로 유효하지 않다.
　F의 형태는 유효하나 E 이후 하락이 점점 우세해지고 있는 상황이므로 신뢰성이 낮다. 만약 진입했다고 하더라도 다음 캔들 2~3개 내에서 상승하지 못하면 즉시 빠져나온 후 매도 관점으로 전환할 필요가 있다.

〈그림 3-9〉 파운드/달러 1시간 차트

〈그림 3-9〉에서 이전 흐름은 상승세였다.

A는 전형적인 형태는 아니지만 개념적으로 유사하며 파동의 저점을 형성한 ① 샛별형 직후 출현했기 때문에 유효한 상승 신호가 된다. 급등 직후 단순 횡보 구간에서의 B는 해석과 대응의 대상이 아니다(오히려 〈그림 3-8〉의 F와 마찬가지로 다음 캔들 2~3개 내에서 상승하지 못하면 매도로 대응할 필요가 있다).

C는 일종의 급한 파동 구간이자 형태 또한 신뢰성이 낮으므로 추가 관망하거나 매도 대응이 보다 유리하다. 'B 타입'의 상승 다람쥐형과 유사한 형태인 D는 특히 직전 저점을 몸통으로 돌파한 유효한 샛별형 직후 출현했기 때문에 신뢰성이 높았다. 형태는 A와 비슷하나 A와 달리 단순 횡보 구간에다 직전에 유효한 상승 신호가 없는 E는 신뢰성이 낮다. 이런 경우 추가 신호를 기다리거나 과도한 조정 시에만 대응해야 안전하다.

4. 하락 다람쥐형

A 타입 종가를 낮춘 역망치형　　　　　B 타입 종가를 낮춘 망치형

하락 다람쥐형은 상승 다람쥐형과 반대되는 패턴으로 출현 위치 및 유효 형태에 있어 상승 다람쥐형보다 좀 더 까다롭다. 현저한 하락 우세 구간에서 직전의 작은 캔들군의 종가를 낮춘 음봉이 출현하면 하락을 지속할 가능성이 크다.

첫 번째 현저한 음봉 뒤 두 번째 캔들은 한 개에서 여러 개의 도지 또는 팽이형 캔들로 구성될 수 있으며, 마지막 캔들은 종가를 낮춘 음봉이어야 하고, 몸통이 작을수록 좋다. 마지막 음봉의 위꼬리는 길수록 좋지만 아래꼬리가 너무 길 경우에는 오히려 상승 조정이 뒤따라올 수 있으므로 주의한다.

〈그림 3-10〉의 하락세 초기에 출현한 A는 마지막 음봉의 몸통이 너무 두꺼워 유효하지 않다. 대신 또 다른 하락 신호인 하락 돌격형으로 볼 수 있다.

B 또한 유효한 형태가 아니다. 일종의 작은 파동 후 직전 저점을 돌파한 위치의 C는 유효한 하락 신호이다.

D는 가운데 3개의 캔들 모두 도지와 몸통이 짧은 팽이형이고 마지막 캔들이 종가를 낮춘 전형적인 하락 다람쥐형이다. 이때 손절 설정은 일반적으로

〈그림 3-10〉 유로/달러 1시간 차트

첫 번째 음봉의 고가 위에 두는 것이 알맞다.

직전에 단기 보합 구간이 있던 E는 첫 번째와 두 번째 캔들의 아래꼬리 또한 모두 길어 유효하지 않다.

〈그림 3-11〉에서 이전 흐름은 현저한 하락세였다.

상승 전환을 시도하지만 ①에서 ③의 연속적인 긴 위꼬리 캔들이 매수세를 억제하고 있다.

이후 직전 저점을 돌파한 위치의 A는 두 번째 양봉과 마지막 음봉의 몸통이 너무 두꺼워 형태만으로는 유효하지 않다. 하지만 이전 흐름에 비추어 현저한 하락 우세 구간이라 할 수 있으므로 하락 다람쥐형 및 상승 인력거형 직후 저녁별형과 유사한 개념으로 보고 매도 대응이 가능하다〈단순 형태보다는 형태 속

〈그림 3-11〉 달러/프랑 4시간 차트

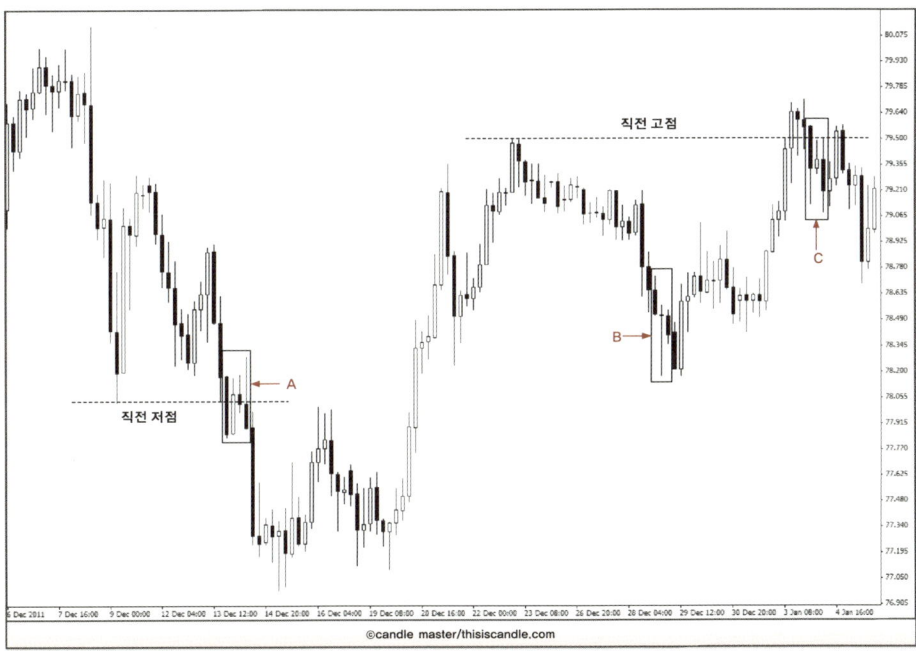

〈그림 3-12〉 호주달러/엔 4시간 차트

에 숨은 개념적 유사성이 더욱 중요하다).

B는 유효한 하락 다람쥐형이다.

C 또한 유효한 형태이자 위치이지만 첫 번째 음봉의 아래꼬리가 비교적 길어 단기 상승 조정의 가능성 또한 무시할 수 없다. 이런 경우 다음 캔들 2~3개 내에서 하락하지 못하면 일단 빠져나오는 것이 안전하다(만약 A나 B의 위치에서 매도했다면 지속적으로 보유하는 것이 유리하다).

〈그림 3-12〉에서 이전 흐름은 보합세였다.

단기적인 하락 우세 구간에서 출현한 A는 마지막 음봉이 종가를 낮추지는 못했지만 A 타입 하락 다람쥐형과 개념적으로 거의 동일하다. 하지만 마지막 음봉이 하락 피스톤형이므로 단기 하락 후 상승 조정이 뒤따라올 가능성이 크기 때문에 단기 대응이 유리하다.

B는 가운데 도지 캔들의 아래꼬리가 너무 길어 유효하지 않다. C는 유효한 출현 위치가 아니다. 대신 직전의 유사 저녁별형과 조합하여 조정 시 매도 대응이 가능하다.

5. 샛별형

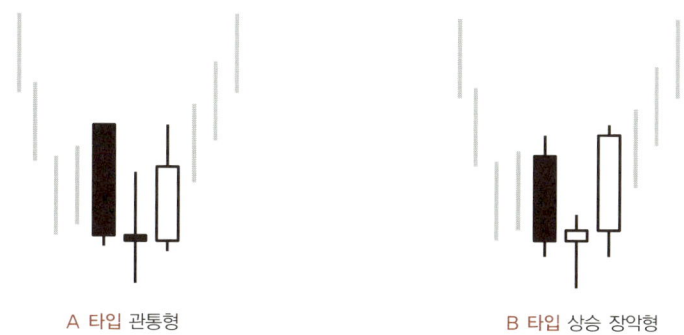

A 타입 관통형　　　　　　B 타입 상승 장악형

샛별형은 현저한 음봉과 1~3개의 도지 또는 팽이형 캔들 그리고 첫 번째 음봉에 대한 상승 장악형 또는 관통형의 양봉으로 구성된다. 일반적으로 샛별형은 상승 반전 신호로 알려져 있지만 반드시 그렇지만은 않다. 특히 현저한 하락세의 샛별형이 상승 신호로서 의미를 가지려면 다음과 같은 보다 까다로운 조건을 충족시켜야만 한다.

첫째, 이전이나 직전에 현저한 단기 보합 구간이 있을 것
둘째, 가운데 도지 캔들의 위·아래꼬리가 가능한 한 길 것
셋째, 가운데 도지 캔들을 제외하고 첫 번째와 마지막 캔들의 몸통이 두꺼울 것

이 외에도 출현 위치 및 이전 흐름에 따라 강한 상승 신호가 될 수도 있고, 그렇지 않을 수도 있다. 따라서 상승 신호로서의 확률이 좀 더 높지만 동시에 여러 변수가 상존하기 때문에 샛별형은 가능한 한 현저한 상승세의 조정 구간, 즉 전 저점을 몸통이나 꼬리로 돌파하거나 돌파한 직후 대응해야만 안전

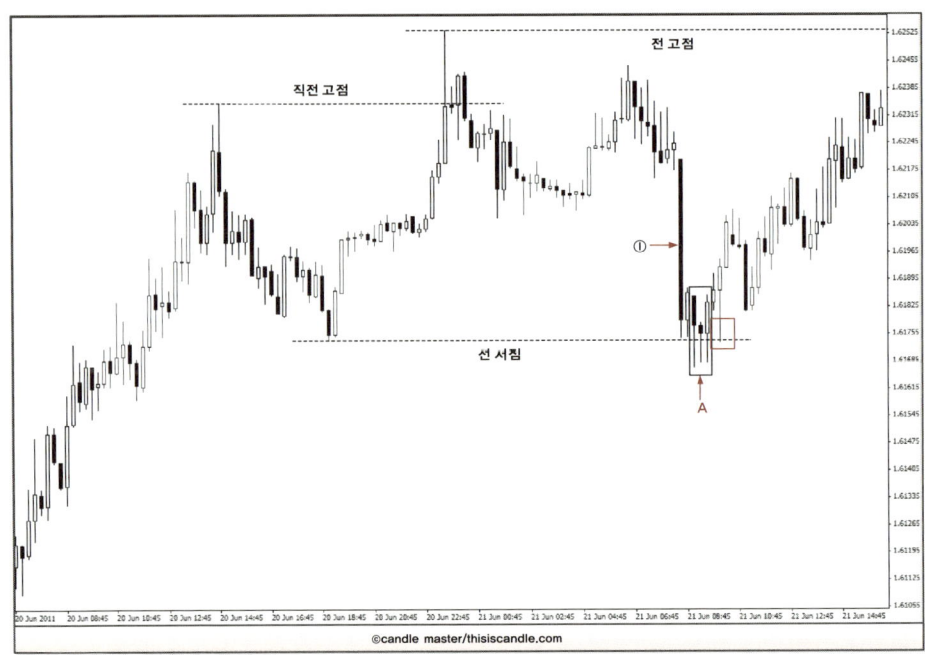

〈그림 3-13〉 파운드/달러 15분 차트

하다. 또 샛별형의 진입은 마지막 양봉의 몸통 중앙이나 시가 부근까지 조정을 기다릴 필요가 있다.

〈그림 3-13〉에서 현저한 상승세의 하락 조정(또는 하락 전환 가능성이 있는) 구간에서 ① 장대 음봉이 출현했지만 직후 전 저점을 돌파한 위치의 A의 샛별형이 상승 전환을 강하게 암시한다. A는 특히 양봉 망치형으로 구성된 샛별형이면서 상승 푸쉬형(P.252 참고)이므로 신뢰성이 높다. 마지막 양봉의 시가와 꼬리 부근에서 진입 시 1차 목표가는 전 고점 위가 될 수 있다.

만약 상승하지 못하고 캔들 2~3개 내에서 A 샛별형을 종가로 허물 경우 이는 이전 고점에서의 하락 전환파동 1이 완성된다는 의미이므로 하락세가 깊어질 수 있었다. 따라서 즉각적인 관점의 전환이 필요하다.

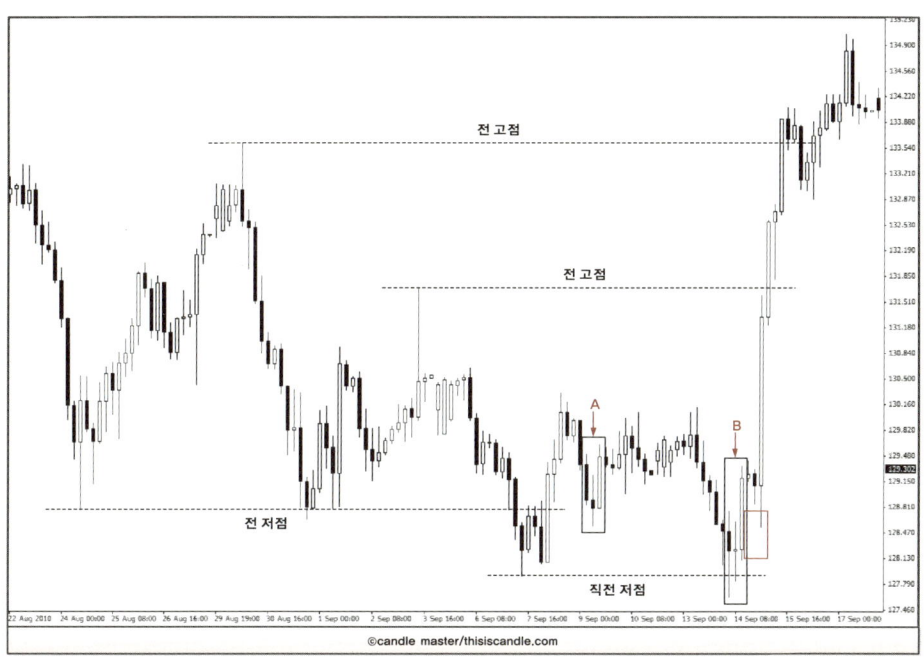

〈그림 3-14〉 파운드/엔 4시간 차트

〈그림 3-14〉에서 상승세의 샛별형과 달리 하락세의 샛별형은 보다 세심한 관찰과 보수적인 대응을 필요로 한다. 현저한 파동의 저점이 아닌, 단순히 짧은 구간에서 저점을 높이는 A의 샛별형은 유효하지 않다. 이에 비해 직전 저점을 돌파한 위치에서 현저한 상승 장악형으로 구성된 B는 신뢰할 수 있는 상승 신호이다.

특히 큰 파동으로 형성된 하락세의 이중 바닥은 돌파 후 상승 전환될 가능성이 매우 크므로 전 저점 아래에서 B와 같은 유효한 상승 신호를 찾아 중·장기 대응이 유리하다.

〈그림 3-15〉에서 이전 흐름은 현저한 하락세였다.

하락세에서 직전에 어떠한 보합 구간도 없던 A는 형태 또한 마지막 양봉이

〈그림 3-15〉 호주달러/달러 1시간 차트

첫 번째 음봉에 대한 관통형이나 상승 장악형이 아니기 때문에 유효하지 않다. 대신 A는 또 다른 상승 신호인 상승 푸쉬형과 유사하다.

　전 저점 돌파 후 ①의 단기 보합 구간이 있던 상태에서 저점을 꼬리로 돌파한 B는 유효한 상승 신호이다. 특히 ①에서 매도세의 한계를 암시하는 하락 피스톤형이 있었고, B의 가운데 캔들이 잠자리형 도지 형태이므로 신뢰성이 높았다. 이후 상승 우세 구간으로 전개되는 과정에서 출현한 C 또한 일부 유효하다(단 즉각적인 상승 움직임 없이 작은 캔들군으로 이어지면 지체 없이 빠져 나와야 한다). 하지만 별다른 파동(조정) 구간이 아닌, 상승세의 일직선상의 D는 샛별형으로서의 해석 대상이 아니다.

6. 저녁별형

A 타입 흑운형　　　　　　　B 타입 하락 장악형

샛별형과 반대되는 패턴으로, 이전 흐름에 따라 상승세와 하락세 모두 대응이 가능하다. 먼저 상승세의 저녁별형이 유효해지려면 다음과 같은 조건이 필요하다.

첫째, 전 고점이나 직전 고점을 몸통으로 돌파하거나 돌파 직후 출현할 것
둘째, 저녁별형 직후 일단의 하락 움직임이 확인될 것
셋째, 가운데 도지 캔들의 위·아래꼬리 둘 중 하나가 가능한 한 길 것
넷째, 가운데 도지 캔들을 제외하고 첫 번째와 마지막 캔들의 몸통이 두꺼울 것

저녁별형은 하락세의 고점은 물론 하락세의 일직선상에서도 유효하다. 급락세나 작은 파동으로 느리게 하락하는 구간에서 상승 샅바형(P.235 참고)과 같은 일반적인 양봉 뒤 도지 캔들이 출현하고 직후 저녁별형 형태로 완성되면 하락을 지속할 가능성이 크다.

단 상승세 초기라고 의심될 만한 구간, 예를 들어 전 저점 돌파 후 유효한

〈그림 3-16〉 유로/엔 일간 차트

상승 신호가 있었고 이후 일단의 파동으로 저점을 높이는 구간에서의 저녁별형은 오히려 매수 관점으로 바뀐다. 다른 대부분의 패턴과 마찬가지로 원칙적으로 단순 보합 구간에서의 저녁별형은 무시한다.

〈그림 3-16〉에서 이전 흐름은 상승세였다.

A는 전 고점을 돌파한 위치도 아니고 이전에 특별한 저항 예상 구간도 없기 때문에 신뢰성이 떨어진다. 하지만 A와 같이 마지막 음봉이 하락 샅바형이면서 또한 현저한 하락 장악형일 경우 단기 매도가 가능하다.

전 고점을 몸통으로 돌파한 위치의 B는 유효한 저녁별형이다. 저녁별형의 진입은 보통 마지막 음봉의 몸통 중앙이나 시가 부근까지 조정을 줄 때이다. B의 경우 첫 번째 양봉의 위꼬리가 길고 마지막 음봉의 아래꼬리 또한 길기

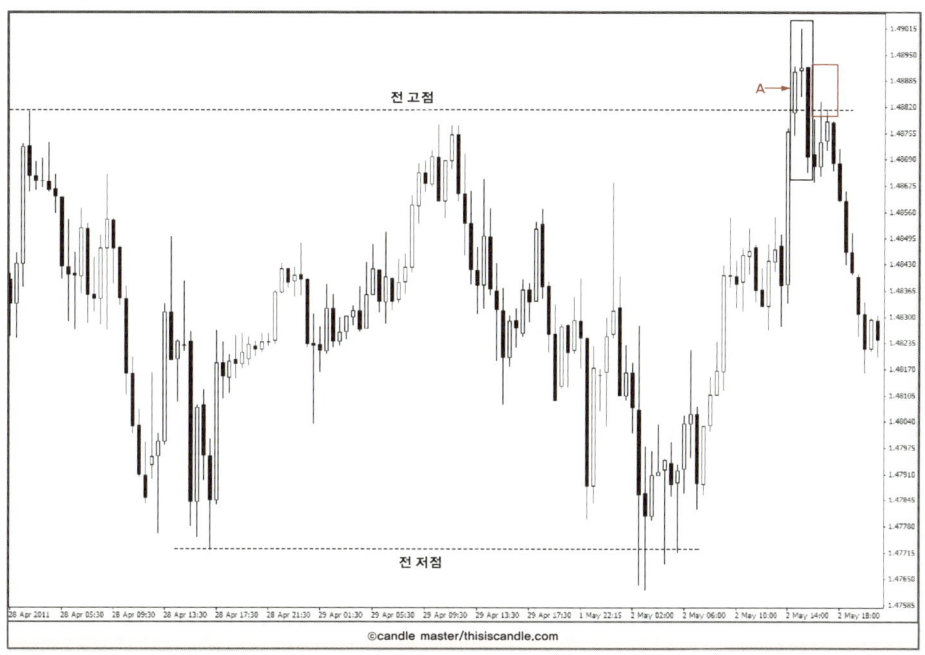

〈그림 3-17〉 유로/달러 30분 차트

때문에(이런 위치에서 교차되는 위·아래꼬리는 매수세와 매도세의 일시적인 접전을 예고하므로) 양봉 위꼬리 부근까지 충분한 조정 시 진입이 유리하다.

　C는 비록 전 고점을 돌파한 위치는 아니지만 B 저녁별형의 첫 번째 양봉 위꼬리가 저항 역할을 할 수 있는 위치에서 출현하였고, 또 상승 양봉 직후 일종의 양 자리 음이었기 때문에 유효한 하락 신호가 될 수 있다. 따라서 그림과 같이 C 직후 음봉이 출현하거나 일단의 하락 움직임이 확인될 경우 적극적인 매도 대응이 요구된다.

　〈그림 3-17〉에서 이전 흐름은 현저한 상승세였다. 전 고점을 몸통으로 돌파한 위치의 A는 유효한 하락 신호이다. 특히 첫 번째 양봉이 (전 고점을 돌파한 위치에서는 하락 우세 신호인) 상승 피스톤형이고 마지막 음봉이 현저한 하락 장악형이기

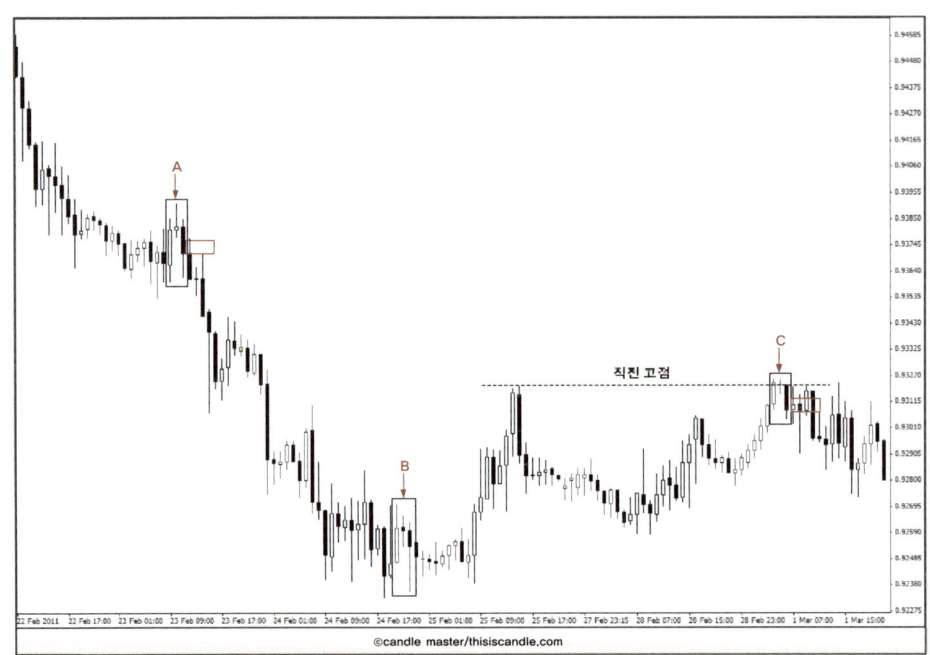

〈그림 3-18〉 달러/프랑 1시간 차트

에 신뢰성이 높다(하락 장악형 직후 〈그림 3-17〉과 같이 몸통이 작은 위꼬리 음봉이나 음봉 팽이형이 출현하면 신뢰성이 보다 높아진다).

 무엇보다 상승세에서 큰 파동으로 전 저점을 하향 돌파한 후 다시 전 고점을 비교적 단기간 내 돌파하게 되면 하이로우 상승 파동 4로 전개될 가능성이 크므로 전 고점 위에서 A와 같은 유효한 하락 신호를 찾아 중·장기 대응함이 유리하다.

 〈그림 3-18〉과 같이 강한 하락세의 중도에서 출현한 A는 하락 지속을 암시한다. B는 단순 횡보 구간으로 형태 또한 유효하지 않다. 비록 크기는 작지만 작은 파동, 강한 하락세에서 직전 고점을 돌파한 위치의 C는 유효한 하락 재개 신호가 된다(만약 C가 현저한 상승세의 고점에서 출현하게 되면 크기가 너무 작아 유효하지 않은 것으로 본다).

7. 상승 자매형

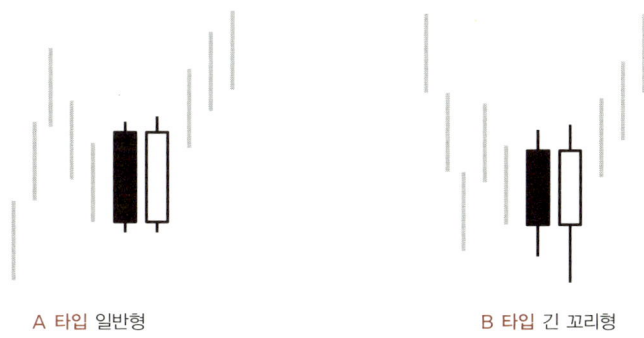

A 타입 일반형　　　　　　　　B 타입 긴 꼬리형

상승 자매형은 상승 맞대기형(P. 169 참고)과 유사하다. 하지만 상승 맞대기형이 하락세의 최저점에서 출현하는 것에 비해 상승 자매형은 모든 구간에서 출현이 가능하고 형태 또한 비교적 제약이 덜하다. 몸통의 크기가 엇비슷한 음봉과 양봉으로 구성되며 꼬리의 길이는 큰 상관이 없다.

현저한 상승세의 전 저점을 몸통으로 돌파한 위치나 과도한 하락세의 최저점에서 출현할 때 일단의 상승 조정을 암시하는 신호로서 유효하다. 그러나 어떤 위치이든 몸통이 너무 작거나 해당 구간의 최저점이 아니면 확률은 떨어진다(예를 들어 전 저점을 앞둔 위치에서 출현 시 일단의 상승 조정이 뒤따라오더라도 결국 전 저점을 돌파할 가능성이 큰 것으로 본다).

　이전 캔들군과 몸통 및 꼬리 길이에 따라 진입 시점이 달라질 수 있지만 일반적으로 두 번째 양봉의 몸통 중앙이나 시가 부근이 적절하다. 상승세의 저점에서는 상승 자매형의 저가를 돌파하더라도 재상승할 가능성이 크므로 두 번째 양봉이 첫 번째 음봉에 비해 크기가 작거나 두 캔들의 아래꼬리가 길 경우 저가 아래에서의 진입이 유리하다. 하지만 저가를 돌파한 다음에도 빨리 상승하지 못하고 작은 캔들군으로 횡보하게 되면 하락세가 깊어질 수 있다.

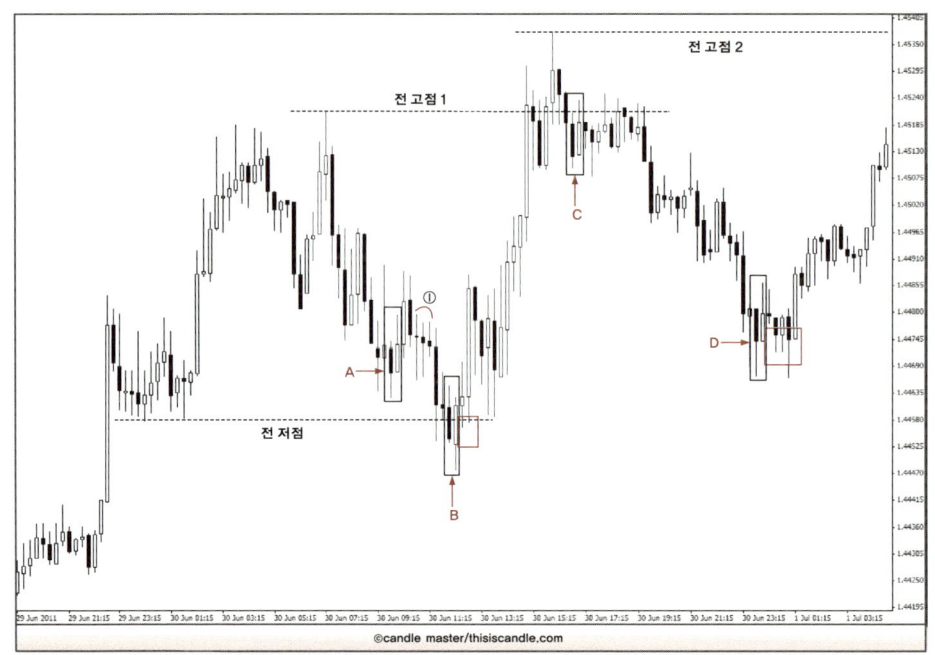

〈그림 3-19〉 유로/달러 15분 차트

〈그림 3-19〉에서 이전 흐름은 현저한 상승세였다.

하락 조정 구간에서 전 저점을 앞둔 A는 유효한 출현 위치가 아니다. 만약 단기 매수 대응했다고 하더라도 다음 캔들 2~3개 내에서 상승하지 못하고 ①과 같이 작은 크기의 음봉이나 도지가 연속으로 출현하면 지체 없이 빠져나와야 한다.

전 저점을 몸통으로 돌파한 위치의 B는 유효한 상승 신호이다. 두 번째 양봉의 몸통 중앙이나 시가 부근에서 매수 가능하며, 이때 1차 목표가는 전 고점 1의 위가 될 수 있다.

전 고점 근처의 C는 해석과 대응의 대상이 아니며, 오히려 하락 우세인 경우가 많다. 전 고점 돌파 후 하락하는 구간에서의 D는 유효한 출현 위치가 아니므로 직전 및 직후의 신호와 조합하여 해석해야 한다. D의 경우 긴 아래

〈그림 3-20〉 호주달러/달러 1시간 차트

꼬리 캔들로 구성된 하락 돌격형 직후 일종의 음 자리 양이자 상승 자매형이므로 충분한 조정 시 매수 대응이 가능하다.

〈그림 3-20〉에서 강한 상승세 후 상승 깃발형(P.376 참고)과 유사한 흐름으로 전개되었다. 주목할 점은 전 고점이 이중 천장으로 형성되었다는 것이다. 현저한 상승세의 이중 천장은 일단의 하락 조정 후 고점 돌파의 가능성이 매우 큰 것으로 본다. 하지만 〈그림 3-20〉의 경우 이전 흐름이 큰 파동이 아닌 작은 파동 구간이었기 때문에 이중 천장 돌파 후 하락 전환 가능성은 낮았다.

비록 현저한 직전 저점이나 전 저점은 없지만 이런 구간에서의 A는 단기 조정을 마무리하고 상승을 재개할 중요한 신호로 해석될 수 있다. 단 A의 아래꼬리가 비교적 길기 때문에 저가 부근까지 충분한 조정 시에만 진입하거나

〈그림 3-21〉 달러/캐나다달러 4시간 차트

①과 같은 추가적인 상승 신호를 찾아 안전하게 대응할 필요가 있다.

〈그림 3-21〉에서 이전 흐름은 현저한 하락세였다.

직전 저점을 몸통으로 돌파하지 않은 A는 상승 맞대기형이 아닌 상승 자매형이다. 비록 현저한 크기로 완성되었지만 직전 저점을 비교적 깊이 돌파했으므로 충분한 조정 시 진입이 유리하다. 따라서 A 직후 작은 크기의 상승 다람쥐형이 완성되었지만, A의 저가를 돌파할 가능성 또한 염두에 두고 대응할 필요가 있다(만약 A의 저가 아래에서 종가가 형성되고 작은 캔들군으로 이어지게 되면 추가 하락의 가능성이 크다).

8. 하락 자매형

A 타입 일반형 B 타입 긴 꼬리형

하락 자매형은 하락 우세 구간의 전 고점을 돌파한 위치나 하락 후 횡보하는 중 특정 고점에서 출현할 때 해석과 대응의 대상이 된다. 상승세의 조정 구간 중 전 저점을 돌파할 가능성이 큰 위치에서 출현할 때에도 유효하지만, 일반적으로 하락세에서만 대응해야 안전하다. 하락세의 현저한 하락 장악형이 오히려 과도한 조정을 곧잘 수반하거나 신뢰성이 떨어지는 반면, 하락 자매형은 큰 조정 없이 하락을 지속시키는 경향이 있다.

〈그림 3-22〉에서 이전 흐름은 하락세였다.

전 고점이나 특정 고점이라 할 수 없는 단순 횡보 구간의 A는 유효한 위치가 아니며 이전에 함께 해석할 수 있는 하락 신호 또한 없으므로 무의미하다. 단기 급등하여 전 고점을 돌파한 직후 ① 유사 상승 브레이크형(P.224 참고)이 출현하였고, 이후 B 하락 자매형이 완성되었다. 하락세 고점의 상승 브레이크형만으로도 매도 대응이 가능하지만 뒤이은 하락 자매형이 하락 우세를 보다 강하게 뒷받침한다고 볼 수 있다.

〈그림 3-22〉 파운드/달러 1시간 차트

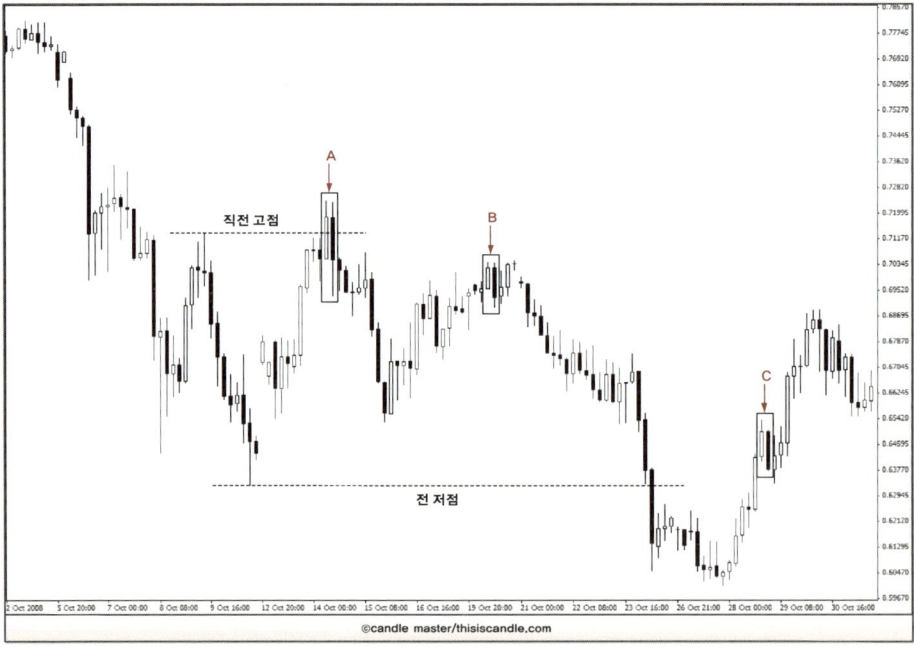

〈그림 3-23〉 호주달러/달러 4시간 차트

〈그림 3-23〉에서 이전 흐름은 강한 하락세였다.

현저한 하락세에서 직전 고점을 몸통으로 돌파한 위치의 A는 유효한 하락 재개 신호가 된다.

B의 형태는 하락 자매형이 아닌 하락 장악형에 가까우며 출현 위치도 유효하지 않다(만약 좀 더 고점, 즉 A의 저항 예상 구간에서 하락 자매형 형태로 출현했다면 유효했을 것이다).

전 저점 돌파 후 상승 조정 구간에서 출현한 C 또한 유효하지 않은 단순 하락 장악형이다.

〈그림 3-24〉에서 이전 흐름은 강한 상승세였다.

원칙적으로 상승세의 하락 자매형은 해석과 대응의 대상이 아니며, 오로지 상승세의 조정 구간 중 전 저점을 돌파할 가능성이 큰 위치에서 출현할 때에

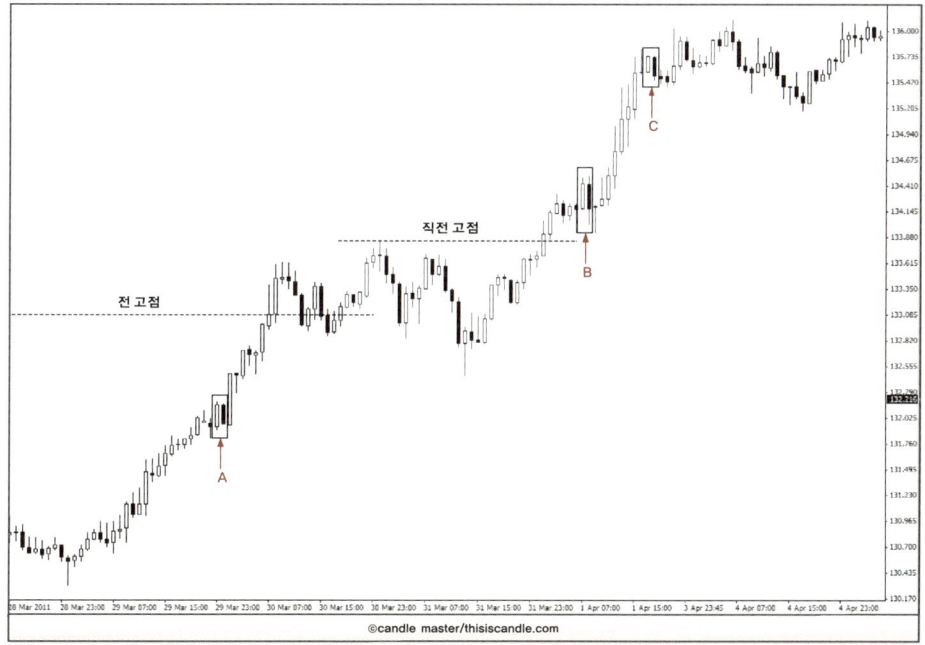

〈그림 3-24〉 파운드/엔 4시간 차트

만 하락 우세 신호로서 일부 유효하다.

　강한 상승세의 일직선상에서 출현한 작은 크기의 A는 유효하지 않다. 오히려 음봉이 상승 스프링형(P.208 참고) 형태이므로 상승 우세 신호로 볼 수 있다.

　전 고점을 돌파했음에도 작은 캔들, 작은 파동으로 진행되는 과정에서 출현한 B 또한 유효하지 않으며, 그림과 같이 B 직후 다음 캔들 2~3개 내에서 현저한 양봉으로 종가를 돌파하는 경우 추가적인 강한 상승을 암시한다. 상승세에서 하락 자매형이 부분적으로 유효해지려면(보수적인 해석과 대응이 가능해지려면) 전 고점을 몸통이나 꼬리로 돌파한 위치에서 출현하고 직후 일단의 강한 하락 움직임이 확인되어야만 한다.

　A와 마찬가지로 크기도 작고 상승세의 일직선상에 있는 C 또한 유효하지 않다. 일반적으로 그림과 같이 작은 캔들군의 연속인 작은 파동, 강한 추세는 거의 모든 패턴 신호에 앞서므로 이러한 흐름에서의 섣부른 반대 매매는 피하는 것이 좋다.

9. 상승 맞대기형

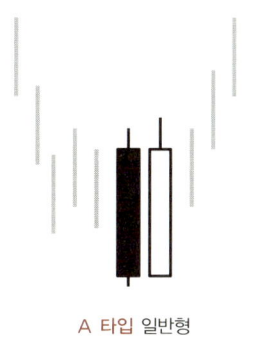
A 타입 일반형

출현 빈도는 낮지만 하락세의 최저점에서 출현할 경우 강한 상승 신호가 된다. 먼저 상승 맞대기형의 개념에 대해 살펴보자.

현저한 하락세에서 추가적인 하락 가능성을 시험하기 위해 매도 세력은 일종의 의중 떠보기로 매도 주문을 한다. 하지만 전 저점을 돌파하자마자 기다렸다는 듯 매수 세력이 대량 유입된다. 이런 경우 매도 세력은 매수세의 힘을 확인하고 추가적인 매도 주문을 포기하거나 매수 관점으로 전환하여 매수세는 한층 더 탄력을 받게 될 가능성이 커진다.

상승 맞대기형에서 두 캔들의 크기는 거의 동일해야 하며 두 번째 양봉의 아래꼬리가 길면 안 된다. 하락세의 최저점이 아닌 곳에서 출현하거나 유사 형태일 경우에는 상승 자매형으로 본다.

상승 맞대기형은 형태면에서 상승 자매형과 거의 동일하지만 다음과 같은 차이점이 있다.

첫째, 하락세의 최저점에서 현저한 크기로 출현할 것
둘째, 전 저점을 몸통으로 돌파한 위치이거나 직전에 뚜렷한 단기 보합 구간이 있을 것
셋째, 두 번째 양봉의 아래꼬리가 없거나 극히 짧을 것

〈그림 3-25〉 호주달러/달러 일간 차트

〈그림 3-25〉에서 이전 흐름은 하락세였다.

몸통의 크기가 작고 두 번째 양봉의 아래꼬리가 너무 길며 직전 저점을 몸통으로 돌파하지 않은 A는 해석과 대응이 불필요하다.

전 저점은 아니지만 직전의 짧은 보합 구간을 몸통으로 돌파한 B는 유효한 상승 신호이다.

C는 비록 두 번째 양봉의 크기가 첫 번째 음봉에 비해 작은 관통형이지만 현저한 파동의 저점을 몸통으로 돌파한 점 그리고 두 번째 양봉의 아래꼬리가 없는 점에 비추어 상승 맞대기형과 유사한 개념으로 볼 수 있다.

〈그림 3-26〉의 강한 하락세에서 직전 저점을 몸통으로 돌파하지 않은 A는 유효하지 않다. 이후 몸통으로 돌파한 위치의 B는 유효한 상승 신호가 된다.

〈그림 3-26〉 유로/달러 15분 차트

크기가 작고 별다른 출현 위치가 아닌 C는 해석의 대상이 아니다.

B 이후 시작된 상승 우세 구간에서 직전 고점 돌파 후 저점을 높이는 구간에서 출현한 D는 추가적인 상승을 암시하는 상승 자매형이다.

10. 하락 맞대기형

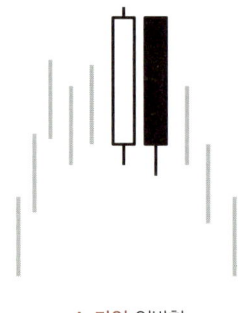

A 타입 일반형

하락 자매형과 형태적으로 유사하지만 상승세의 최고점에서 출현하고 두 번째 음봉의 위꼬리가 없거나 짧은 것이 특징이다. 두 캔들은 거의 동일한 크기여야 하며, 전 고점을 몸통으로 돌파한 위치이거나 최소한 직전에 부딪히는 구간이 있어야만 유효하다.

상승세의 최고점이 아닌 곳에서 출현할 때에는 하락 자매형으로 바뀐다. 상승 맞대기형과 마찬가지로 강한 반전 신호이지만 출현 빈도는 높지 않다.

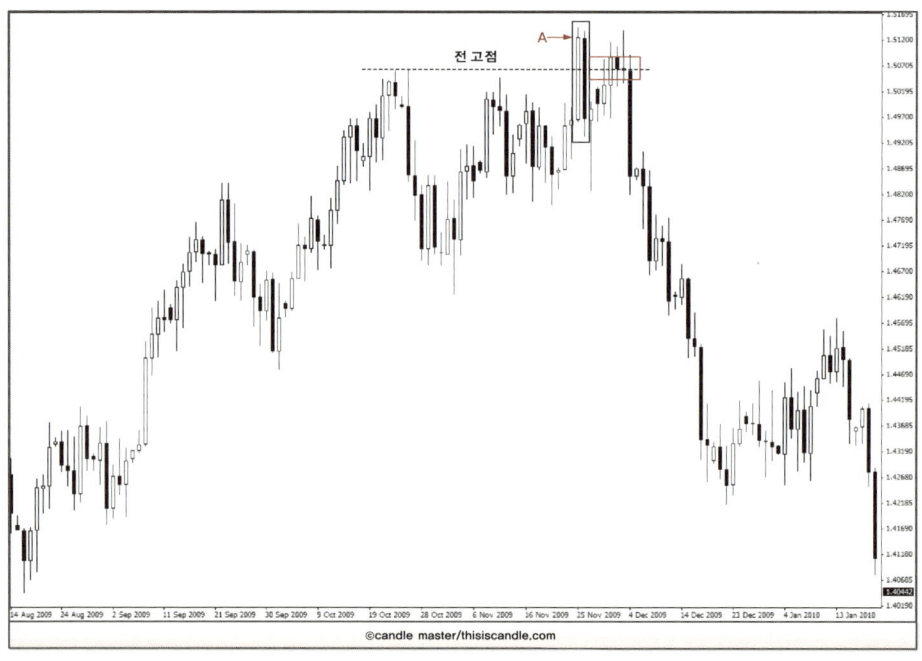

〈그림 3-27〉 유로/달러 일간 차트

〈그림 3-27〉에서 이전 흐름은 현저한 상승세였다.

일단의 하락 조정 구간을 거쳐 전 고점을 돌파했지만 A와 같이 곧바로 거의 동일한 크기의 음봉이 전 고점 아래에서 형성되었다. 이는 전 고점 위에서 대규모 매도 세력의 즉각적이고 계획적인 개입이 있었다는 의미이다.

일반적으로 상승세에서 중요한 전 고점을 돌파하게 되면 대다수의 트레이더는 추가적인 상승을 확신하고 매수세에 동참하게 된다. 그러나 보다 많은 매수 물량이 유입될 수 있음에도 불구하고 별다른 저항 없이 전 고점 아래에서 종가가 형성되었다는 것은 그만큼 매도세가 강하다는 암시로 볼 수 있다.

진입은 두 번째 음봉의 몸통 중앙이나 전 고점 라인 부근에서 하는 것이 적절하다(특히 〈그림 3-27〉과 같이 하락 맞대기형 완성 직후 다음 캔들이 긴 아래꼬리 양봉일 경우 충분한 조정 시에만 진입할 필요가 있다).

〈그림 3-28〉 달러/프랑 30분 차트

〈그림 3-28〉에서 이전 흐름은 상승 후 보합세였다.

전 고점을 몸통으로 돌파한 위치의 A는 유효한 하락 신호이다. 특히 첫 번째 캔들이 ①의 현저한 저녁별형을 허물며 출현한 상승 양봉으로 이후 추가적인 상승 확률이 높았음에도 불구하고 다음 캔들이 양 자리 음으로 완성되었다는 것은 추세의 역전, 즉 강한 하락을 암시한다.

11. 양봉 망치형

A 타입 일반형　　　　　　　B 타입 긴 아래꼬리형

양봉 망치형은 하락세나 상승세의 전 저점을 돌파한 위치에서 출현 시 유효한 상승 신호이다. 반드시 아래꼬리로 저가를 갱신한 위치여야 하며, 전 저점을 몸통이나 꼬리로 깊이 돌파했거나 전 저점 돌파 직후 출현해야만 유효한 것으로 본다.

　전 저점 돌파 후 너무 깊이 하락한 위치나 현저한 하락세의 일직선상일 경우 매수 대응은 불가하다. 또한 상승세의 고점에서 그리 멀지 않은 곳이나 전 고점을 돌파한 위치에서 출현할 때에는 하락 우세 신호로 바뀌므로 주의한다. 몸통이 두꺼울수록 신뢰성이 높으며 위꼬리는 없거나 극히 짧아야 하고 아래꼬리는 몸통 길이의 1~3배가 적당하다.

　〈그림 3-29〉에서 직전 저점 돌파 직후 아래꼬리로 저가를 갱신한 위치의 A는 유효한 상승 신호이다(A와 같이 몸통에 비해 아래꼬리가 길 경우 저가 돌파 후 상승할 가능성 또한 무시할 수 없다). B의 경우 직전 캔들군과 함께 상승 다람쥐형과 유사한 개념으로 완성되었지만 양봉 망치형 자체로는 유효한 출현 위치가 아니다(이런 위치의 양봉 망치형은 다음 캔들 2~3개 내에서 곧바로 상승하지 못할 경우 추가 하락이나 단기 보합 가능성이 커진다).

〈그림 3-29〉 유로/엔 30분 차트

〈그림 3-30〉에서 이전 흐름은 단기 하락세였다.

전 저점을 앞둔 위치의 A는 위꼬리 또한 길기 때문에 유효하지 않다. 전 저점 돌파 후 출현한 B는 하락세를 저지하는 역할을 한다. 작은 파동, 강한 하락세가 아닌 곳에서 전 저점을 몸통으로 돌파한 장대 음봉의 경우 일종의 속임수, 즉 손절 헌팅(Stop-hunting)일 가능성이 크므로 직후 B와 같은 양봉 망치형은 상승 우세 신호가 될 수 있다(하지만 이런 위치의 작은 양봉 망치형은 신뢰성이 높지 않으므로 이후 일단의 상승 움직임을 확인하는 것이 안전하다).

B 이후 매수세의 유입을 확인할 수 있는 일단의 파동 구간이 있었고 이후 저점을 높인 위치에서 출현한 C는 유효한 상승 신호가 된다(C의 출현 위치는 B 양봉 망치형의 아래꼬리 부근으로 지지 가능성이 있던 구간이었다). 하지만 C의 저가 돌파 가능성 또한 배제할 수 없으므로 과도한 조정 시까지 진입을 늦출 필요가 있다.

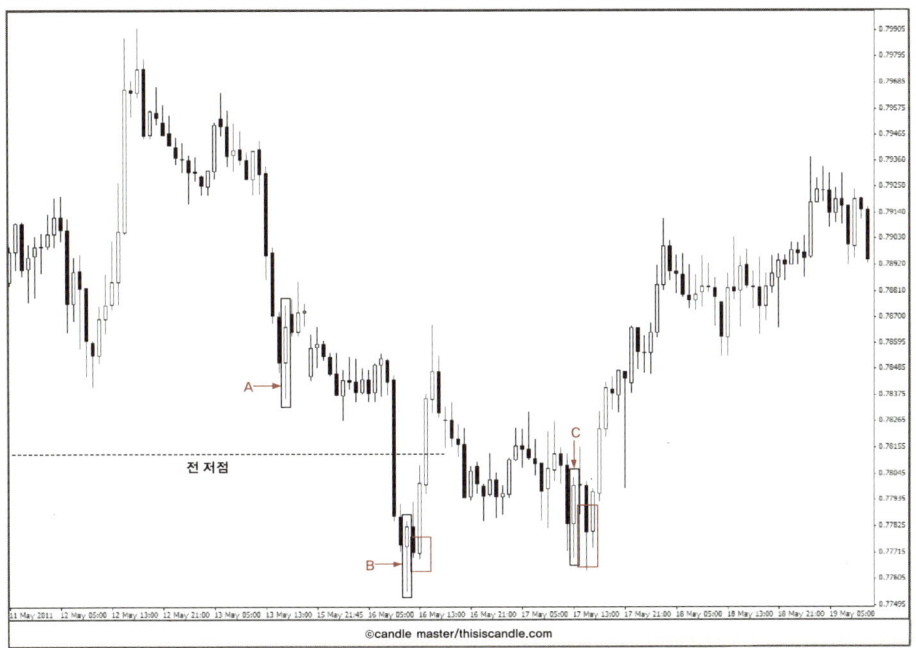

〈그림 3-30〉 뉴질랜드달러/달러 1시간 차트

〈그림 3-31〉 파운드/달러 일간 차트

이후 첫 번째 저점을 높인 위치에서의 상승 우세 신호인 저녁별형과 직후 음 자리 양의 완성으로 모든 신호의 의미가 보다 명확해졌다.

〈그림 3-31〉에서 이전 흐름은 상승세였다.

급한 파동 구간의 A는 유효한 위치가 아니다. 하지만 직전 캔들군과 함께 샛별형을 구성한 현저한 크기의 양봉 망치형이므로 상승 가능성이 크다.

단순 횡보 구간의 B는 그 자체만으로는 무의미하지만 직전 샛별형과의 조합으로 유효한 상승 신호가 될 수 있다(전체적인 흐름상 A 이후 직전 고점을 꼬리로 돌파한 상승 우세 구간에서의 샛별형 및 양봉 망치형이었다). 상승세의 전 저점을 아래꼬리로 갱신한 현저한 크기의 C는 강한 상승 신호이다.

12. 음봉 망치형

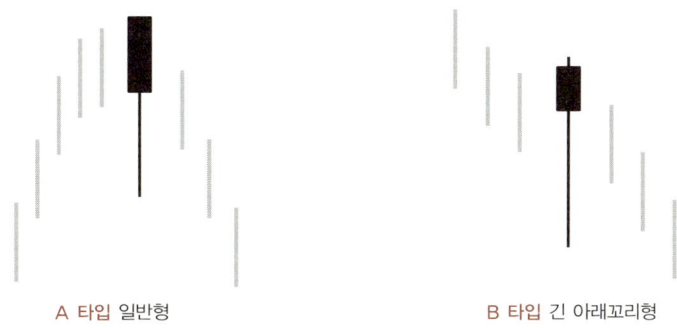

A 타입 일반형　　　　　　　　　B 타입 긴 아래꼬리형

다양한 망치형의 형태 중 긴 아래꼬리를 가진 음봉 망치형만 유효한 하락 신호로 본다. 비교적 자주 출현하지만 출현 위치와 직전 신호를 확인한 후 대응해야만 하는 까다로운 패턴으로 다음과 같은 조건을 필요로 한다.

첫째, 상승세의 전 고점을 돌파한 위치에서 출현할 것
둘째, 하락세의 전 고점을 돌파한 위치에서 출현할 것
셋째, 하락세의 전 저점 돌파를 시도하는 위치에서 출현할 것

상승세의 고점이나 하락세의 고점에서 출현 시 두 번째 음봉일 경우 유효한 신호일 확률이 높다. 어떤 경우이든 몸통이 너무 짧아서는 안 되며 아래꼬리는 몸통 길이의 1~3배가 적당하다.

하락세에서는 교수형과 동일하게 유효한 상승 패턴이나 현저한 양봉 직후 출현 시 즉각적인 상승 신호로 바뀐다(이때 아래꼬리가 이전 양봉의 저가 아래에서 형성되면 신뢰성이 떨어지므로 과도한 조정 시에만 진입하거나 추가 관망할 필요가 있다). 유효한 위치일 경우 특별한 조정 없이 상승 또는 하락하는 경우가 많으므로 캔들 완성 직후 진입이 유리하다.

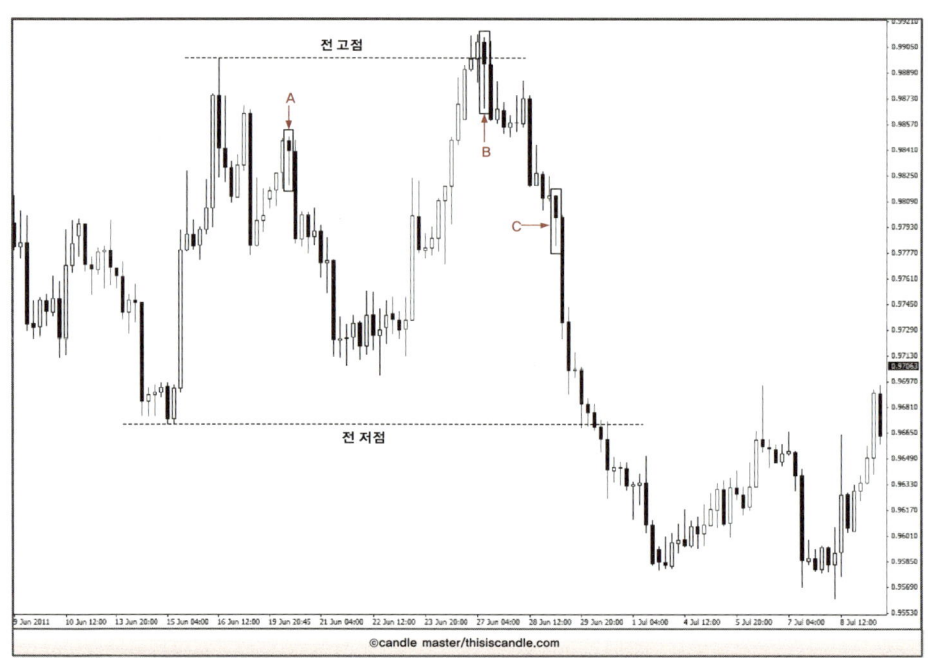

〈그림 3-32〉 달러/캐나다달러 4시간 차트

〈그림 3-32〉에서 이전 흐름은 단기 상승세였다.

캔들의 크기도 작고 고점이 아닌 위치의 A는 유효하지 않다.

전 고점 돌파 직후 출현한 교수형과 유사한 형태의 B는 유효한 하락 신호이다. 일반적으로 전 고점을 돌파한 위치에서 첫 번째 음봉보다는 두 번째 음봉일 때 하락 확률이 높다. 하지만 B의 경우 상승 펀치형 직후 양 자리 음 패턴이었기 때문에 즉각적인 매도가 가능했다(만약 직전에 어떠한 하락 신호도 없이 양봉 직후 단순 음봉 망치형이라면 추가적인 하락 신호의 확인이 필요하다).

C는 하나의 캔들에 대한 단편적인 해석보다는 전체적인 흐름 안에서 해석하고 대응할 필요가 있다. B 이후 하락 우세 구간에서 직전 캔들군과 함께 하락 다람쥐형과 유사한 형태로 완성되었기 때문에 하락 신호로서 유효했다.

〈그림 3-33〉 유로/달러 일간 차트

〈그림 3-33〉에서 현저한 파동 구간 없이 상승세의 일직선상에서 출현한 A는 단기 조정을 암시한다. 하지만 직전에 조합할 수 있는 하락 신호가 없고, 고점을 돌파한 위치도 아니기 때문에 유효하지 않다. 오히려 망치형의 저가 아래에서 상승 신호를 찾아 매수 관점으로 대응함이 유리하다.

직전 고점을 돌파한 위치에서 출현한 B는 A와 달리 유효한 하락 신호이다. 특히 저녁별형 후 두 번째 음봉이었기 때문에 보다 강력하다.

전형적인 형태의 C는 유효한 출현 위치는 아니지만 직전에 현저한 하락 장악형이 있었고, 양봉 뒤 두 번째 음봉으로 저가를 낮추었으므로 하락 우세 신호로 볼 수 있다.

〈그림 3-34〉에서 이전 흐름은 상승 후 보합세였다.

〈그림 3-34〉 파운드/달러 1시간 차트

    보합 구간에 갇혀 있는 A의 연속된 음봉 망치형은 유효하지 않다. 오히려 하락 브레이크형과 유사한 형태로 매수세의 강한 반발을 암시한다.

    단기 보합 구간의 종가를 낮추며 직전 저점 돌파를 시도하는 위치의 B는 단기 하락 신호로서 유효하다.

    전 고점 돌파 후 두 번째 음봉인 C는 유효한 하락 신호이다.

    전 고점 2의 하단에서 출현한 D는 해석과 대응의 대상이 아니다. ① 이후 저점을 높이며 추가 상승을 시도하는 구간이었고, 직전에 전 고점을 꼬리로만 돌파하였으며, 또한 세 번째 음봉이기 때문이다.

    E는 전 고점을 돌파한 위치는 아니지만 (위꼬리가 긴) 유사 상승 인력거형 직후 출현함으로써 하락 조정의 가능성이 크다. 하지만 유효한 출현 위치로 보기 어려우므로 과도한 조정 시에만 대응하거나 추가 관망이 필요하다.

전 고점 돌파를 지속적으로 시도하는 과정에서 출현한 F는 현저한 크기와 형태의 두 번째 음봉으로서 매수세의 의도를 꺾고 하락을 부추길 가능성이 매우 크다.

이런 위치에서 상승하기 위해서는 (F가 단순 조정 캔들임을 증명하기 위해서는) F 다음 캔들이 반드시 현저한 양봉이어야만 한다(②와 같은 작은 캔들군 직후 갑작스런 상승 움직임은 추가 상승 또는 하락의 중요한 갈림길에 직면해 있음을 암시한다).

13. 양봉 역망치형

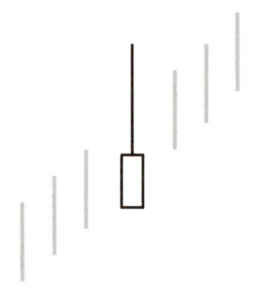

A 타입 상승세에서 출현하는 경우

양봉 역망치형은 현저한 상승세의 일직선상에서 출현 시 유효한 상승 신호이며, 직전 캔들은 반드시 양봉이어야 한다.

몸통이 적당히 두껍고 아래꼬리는 없거나 극히 짧아야 하며, 위꼬리는 몸통 길이의 1~2배가 적당하다. 하락세나 보합세에서의 양봉 망치형은 단편적인 해석이 무의미하며 오히려 하락 우세인 경우가 더 많으므로 주의해야 한다('하락 우세 신호'는 '하락 신호'와 달리 그 자체로 하락 신호가 되는 것이 아니라 다른 하락 신호와 조합이 될 때에만 유효해진다).

〈그림 3-35〉 유로/달러 1시간 차트

〈그림 3-35〉에서 작은 캔들군으로 이어지는 상승세의 일직선상에서 출현한 A는 유효한 상승 신호이다.

B의 형태는 역망치형보다는 또 다른 상승 신호인 상승 양봉(P.268 참고)에 가깝지만 여전히 유효한 상승 신호로 볼 수 있다.

〈그림 3-36〉에서 이전 흐름은 상승세였다.

현저한 상승세의 A는 기본적으로 유효하다. 하지만 그림과 같이 A 직후 저녁별형으로 완성되면 조정 시 빠져나오는 것이 안전하다.

직전 고점 부근에서 작은 보합 구간을 돌파한 위치의 B는 유효한 상승 신호이다.

상승 깃발형, 즉 일단의 현저한 상승세 후 작은 캔들군으로 횡보하던 구간

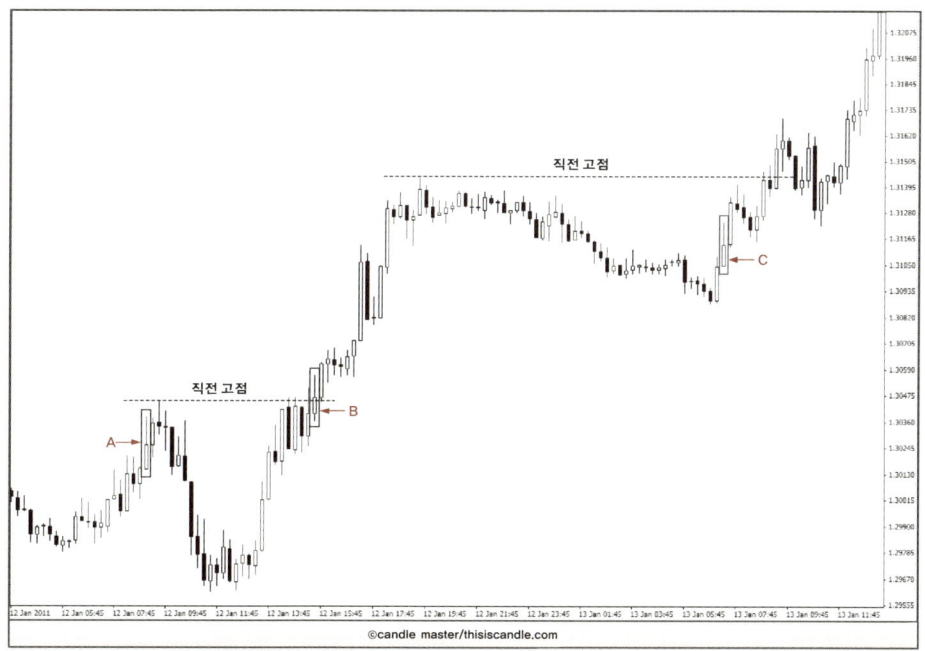

〈그림 3-36〉 유로/달러 15분 차트

에서 상승 샅바형 직후 출현한 C는 강한 상승 재개 신호가 된다.

이처럼 굳이 상승세의 일직선상이 아니더라도 현저한 상승 우세 구간이라면 유효해지는 경우가 대부분이다. 단 어떤 경우이든 직전 캔들은 반드시 양봉이어야만 한다.

14. 상승 피스톤형

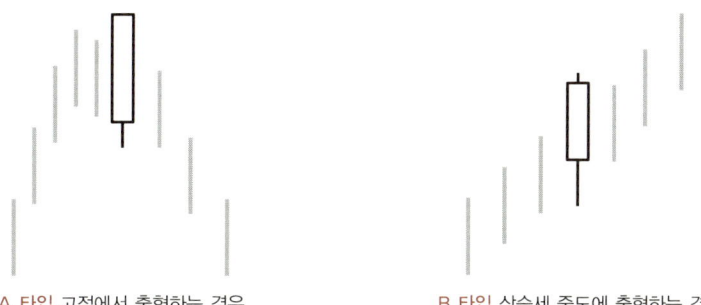

A 타입 고점에서 출현하는 경우　　　　B 타입 상승세 중도에 출현하는 경우

상승 피스톤형은 양봉 망치형과 유사한 형태지만 몸통이 길고 꼬리가 짧은 것이 특징이다. 상승세의 전 고점을 돌파한 직후나 하락세의 고점에서 출현 시 매수세의 약화를 암시하는 하락 우세 신호가 된다(때에 따라선 양봉 망치형처럼 아래 꼬리가 길더라도 몸통이 작으면 상승 피스톤형과 동일한 개념으로 볼 수 있다).

비록 하락이 우세하지만 정확한 출현 위치가 아닌 한 상승 피스톤형 하나만으로 하락 전환을 기대하기는 어려우므로 직전이나 직후 신호와 함께 조합하여 해석할 필요가 있다. 현저한 상승세의 일직선상이나 상승세 초기 구간에서 전형적인 형태로 출현할 경우에는 상승 신호로 바뀐다.

〈그림 3-37〉의 현저한 상승세에서 출현한 A는 뚜렷한 고점을 돌파한 위치가 아니므로 유효하지 않다. 하지만 A처럼 아래꼬리가 짧고 몸통이 과도하게 긴 경우 단기 조정이 뒤따라올 가능성이 크다.

직전 고점을 몸통으로 돌파한 B는 출현 위치는 유효하나 형태는 위꼬리 때문에 유효하다고 볼 수 없다. B는 또한 상승 신호인 상승 양봉으로 보기에도 몸통이 너무 길고 꼬리가 짧아 신뢰성이 떨어지므로 추가 관망하는 것

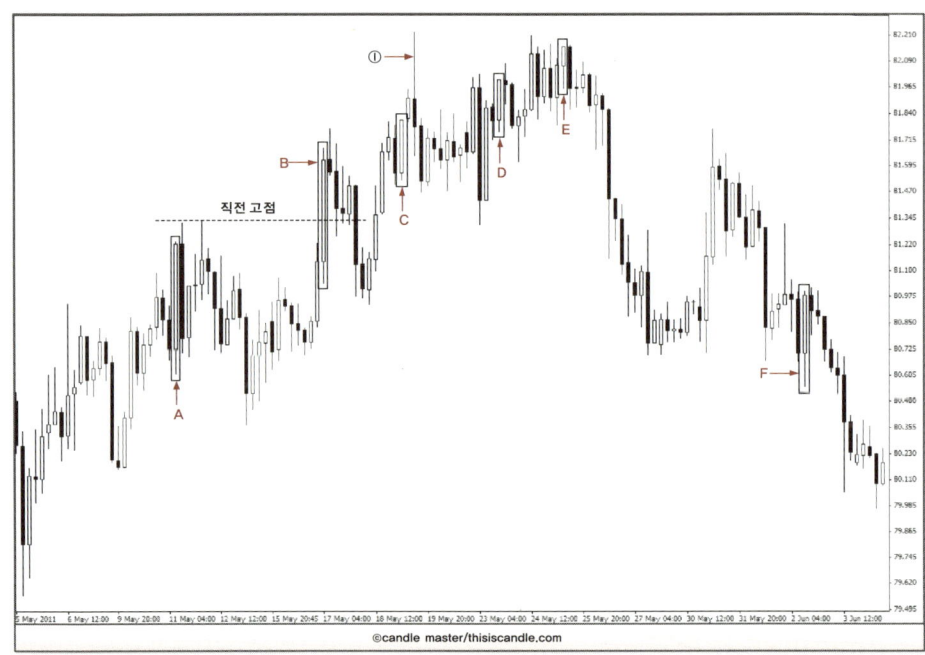

〈그림 3-37〉 달러/엔 4시간 차트

이 유리하다.

C의 형태는 유효하나 이전에 특별한 하락 신호가 없고 일종의 작은 파동으로 상승하는 구간이기 때문에 단편적인 해석만으로는 매도 대응이 불가하다. 하지만 C의 존재를 통해 매수세의 힘이 약화되고 있음을 감지할 수 있으므로 이후 유효한 하락 신호를 찾도록 한다.

①의 현저한 위꼬리 캔들은 이후 저항선이 될 소지가 있다(하지만 상승세의 위꼬리 캔들만으로 섣부른 매도 대응은 불가하다). ① 이후 힘겹게 상승하는 가운데 출현한 D와 E는 유효한 하락 신호가 될 수 있다.

D보다 고점에 좀 더 가까운 E의 신뢰성이 높으며, E는 또한 ①과 C, D의 존재에 의해 유효성이 검증되었다고 볼 수 있다.

하락 조정 중 출현한 F는 꼬리보다 몸통이 길기 때문에 양봉 망치형이 아닌 상승 피스톤형에 가깝다. 하락세의 상승 피스톤형은 힘없는 조정 캔들로서 하락을 지속시키는 경향이 있다. 따라서 매수 대응했다고 하더라도 그림과 같이 작은 음봉 캔들군으로 이어지면 매도 관점으로 즉각 전환할 필요가 있다.

〈그림 3-38〉에서 이전 흐름은 하락세였다.

반등을 시도하는 구간에서 긴 아래꼬리 캔들이 연이어 출현하고 직후 A와 같은 양봉 망치형이 완성되었다. 기본적으로 하락 우세 구간에서의 긴 아래꼬리 캔들군은 하락 지속을 암시한다. 따라서 A는 양봉 망치형이나 상승 피스톤형으로의 단편적인 해석보다는 직전 캔들군과 함께 하락 신호로 해석하는 것이 타당하다. 만약 해석에 어려움이 있다면 다음에 나올 캔들을 확인한

〈그림 3-38〉 유로/엔 1시간 차트

후 이전 신호의 유효성을 판단하도록 한다.

직전 고점을 돌파한 위치의 B는 상승 피스톤형이 아니라 이전 캔들군과 함께 상승 다람쥐형으로 볼 수 있다.

상승세의 ①, ② 같은 긴 위꼬리 캔들은 단구간에서 주요 저항선으로 작용할 가능성이 크다. 이후 연이어 출현한 C, D는 유효한 하락 신호이다. D의 두 번째 캔들이 양봉 망치형이지만 고점 부근에서 연속으로 출현했으므로 상승 피스톤형의 개념으로 봐도 무방하다.

E는 유효하지 않은 위치로서 해석과 대응의 대상이 아니다.

하락 조정 후 반등하는 위치에서의 F는 하락 우세 신호에 가깝지만 유효한 위치가 아니다. 그렇기 때문에 다음 캔들의 흐름을 통해 유효성을 가릴 필요가 있다.

〈그림 3-39〉 호주달러/달러 1시간 차트

F 이후 상승 타이밍을 놓치며 출현한 G는 하락 스프링형에 가까우며 F를 보조하여 유효한 하락 신호가 된다.

〈그림 3-39〉의 강한 상승세의 일직선상에 있는 A는 하락 우세 신호가 아니라 상승 우세 신호이다.

B는 A와 마찬가지로 상승세의 일직선상에서 출현했지만 크기가 너무 작아 해석과 대응이 불필요하다.

직전 고점 돌파 직후의 C는 하락 우세 신호이다. 따라서 〈그림 3-39〉와 같이 직후 상승하지 못하고 작은 음봉 캔들군으로 이어질 경우 단기 매도가 가능하다. 만약 C 직후 현저한 양봉이 연이어 출현하게 되면 추가 상승할 가능성이 크므로 매수 관점으로 전환하도록 한다.

15. 하락 피스톤형

A 타입 전 저점을 앞두고 출현하는 경우   B 타입 전 저점 돌파 후 출현하는 경우

하락 피스톤형은 긴 위꼬리를 가진 민바닥 음봉(아래꼬리가 없는 음봉)으로 강한 하락세의 일직선상이나 전 저점을 앞둔 위치에서 출현 시 유효한 하락 신호이다. 하지만 이미 전 저점을 돌파한 위치나 과도한 하락세에서 연속으로 출현

〈그림 3-40〉 달러/캐나다달러 15분 차트

할 경우 상승 전환 또는 조정이 뒤따라올 수 있으므로 주의한다.

몸통은 적당히 두꺼워야 하며, 위꼬리는 몸통 길이의 1~2배 이내여야 한다.

〈그림 3-40〉의 강한 하락세의 일직선상에서 출현한 A는 유효한 하락 지속 신호이다. 일직선상에 가깝지만 직전에 작은 캔들 무리가 있던 B 또한 하락 우세 신호이다. 하지만 A에 비해 신뢰성은 떨어지며 추가 하락 후 상승 조정이 뒤따라올 가능성이 크므로 단기 대응이 유리하다.

직전 저점을 강하게 돌파한 과도한 음봉이자 하락 피스톤형인 C는 상승 우세 신호로 바뀌며, C 직후 음봉이나 하락 인력거형이 완성되더라도 단기 하락 후 반등할 가능성이 큰 것으로 본다. 하지만 추가 하락 후에도 작은 캔들 군으로 횡보하며 빠른 시간 내 상승하지 못하면 그만큼 하락이 깊어질 가능

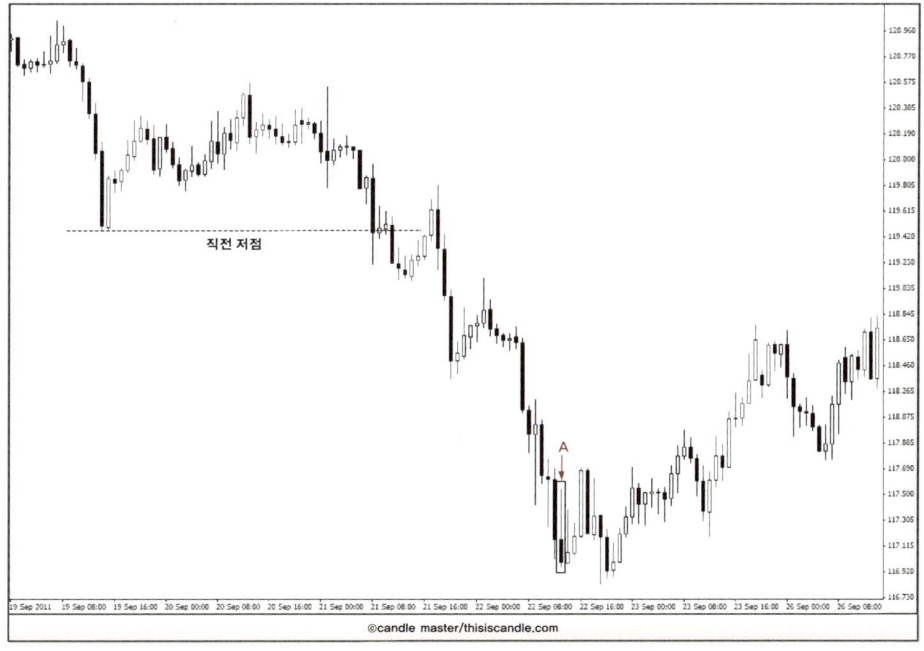

〈그림 3-41〉 파운드/엔 1시간 차트

성이 크다.

〈그림 3-41〉에서 이전 흐름은 강한 하락세였다.

비록 하락세의 일직선상이지만 직전 저점 돌파 후 다소 과도한 하락 구간에서 하락 돌격형 직후 출현한 A는 곧 있을 상승 전환 또는 조정을 암시한다. 하지만 안전한 대응을 위해 다음에 오는 2~3개의 캔들로 유효성을 확인한 후 저가 부근에서 매수하는 것이 유리하다.

16. 유성형

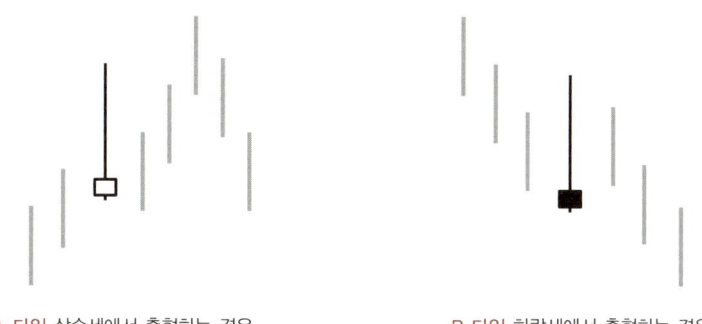

A 타입 상승세에서 출현하는 경우   B 타입 하락세에서 출현하는 경우

유성형은 비교적 까다로운 패턴으로 다음과 같은 조건에 따라 특성이 달라진다.

첫째, 상승세에서 전 고점을 꼬리로 돌파하거나 단기간에 돌파를 시도하는
      위치 ➡ 상승 우세
둘째, 상승세의 긴 보합 구간에서 꼬리로 전 고점을 돌파하거나 낮춘 위치
      ➡ 하락 우세
셋째, 하락세의 고점이나 보합 구간 ➡ 하락 우세

기본적으로 유성형이 상승세 중에 출현할 경우 다음 캔들군이 위꼬리를 채우려는 특성이 있다. 만약 유성형 직후 유성형의 위꼬리 중간 위에서 종가가 형성된 양봉 캔들이 출현하면 유성형과 더불어 상승 돌격형을 형성하게 되고, 이때 대부분은 추가적인 상승 후 조정받을 가능성이 크다.

하지만 일단의 상승세 후 긴 보합을 형성하는 구간에서 출현 시에는 강한 하락 신호가 될 수 있으며, 특히 위꼬리가 길수록 보다 유효한데 이때 위꼬리

는 일종의 저항 역할을 수행하게 된다. 또 상승세의 전 고점을 꼬리로 돌파한 위치일지라도 다음 캔들 2~3개가 현저한 음봉으로 완성되는 경우에도 하락 조정이 깊어질 수 있다.

〈그림 3-42〉 ①에서 직전 저점 돌파 후 상승을 시도하는 위치에서 A 유성형이 출현하였다. 이런 경우 단기 조정 후 전 고점을 돌파할 가능성이 크므로 유성형의 저가 아래에서 매수 대응이 유리하다. 만약 A 직후 즉각 상승하지 못하고 현저한 음봉 캔들군이 출현하면 A의 꼬리가 저항이 되어 이후 하락 조정이 깊어질 수 있다.

〈그림 3-43〉에서는 비록 짧은 구간이지만 ①과 ②에서 이중 천장을 형성

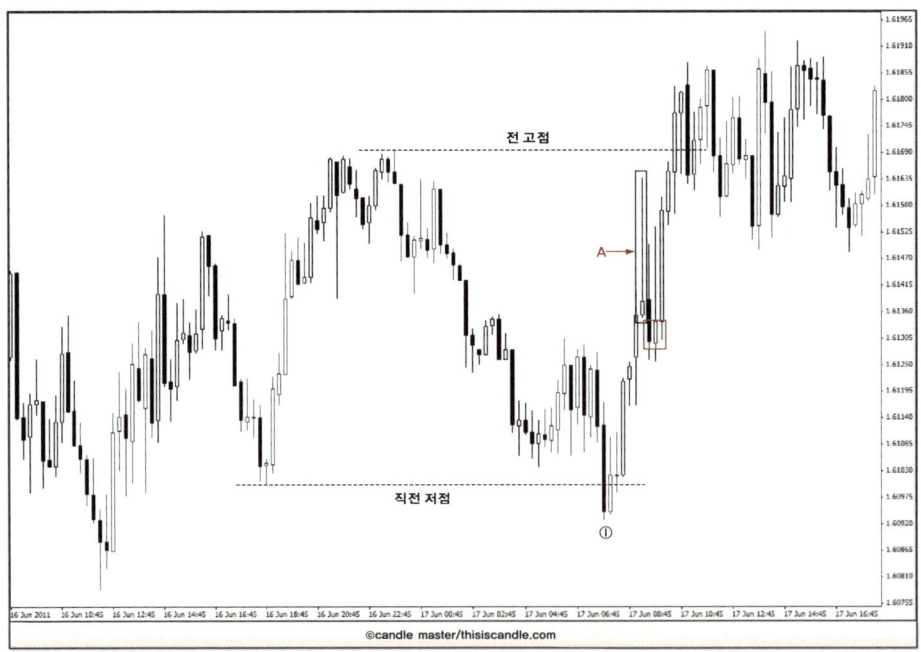

〈그림 3-42〉 파운드/달러 15분 차트

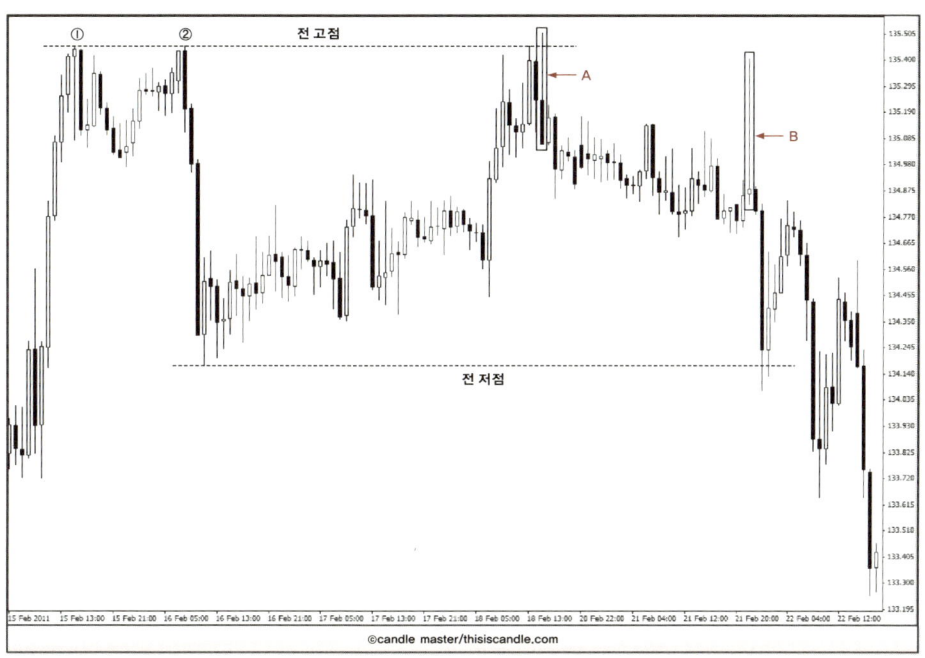

⟨그림 3-43⟩ 파운드/엔 1시간 차트

하였으므로 이후 흐름은 전 고점 돌파 후 하락 전환될 가능성이 큰 것으로 본다. 따라서 긴 파동 구간에서 전 고점을 꼬리로 돌파한 A와 같은 긴 위꼬리 음봉은 유효한 하락 신호가 될 수 있다. 비록 음봉의 몸통이 두껍지만 유성형의 개념으로 이해해도 무방하다(만약 A가 ②의 위치에서 출현하면 단기 조정은 뒤따라올지언정 여전히 상승 가능성이 크다고 볼 수 있다).

고점을 낮춘 유성형이자 A의 꼬리 부근에서 저항받은 B는 강한 하락 신호가 된다. B와 같이 하락 우세 구간이나 현저한 하락세의 유성형은 별다른 조정 없이 하락하는 경우가 많다.

⟨그림 3-44⟩의 상승세의 고점에서 출현한 A는 하락 자매형으로 하락 조정을 이끌어내고 있지만 현저한 하락 신호로 볼 수는 없다.

〈그림 3-44〉 유로/달러 15분 차트

〈그림 3-45〉 유로/파운드 30분 차트

이후 재상승을 시도하는 과정에서 출현한 B는 비록 A의 몸통 부근에서 저항받는 형국이지만, 곧 전 고점을 돌파해야 정상인 관점으로 본다.

그럼에도 불구하고 즉각 상승하지 못하고 직후 연속된 현저한 음봉이 출현하면 이후 ① 구간과 같이 B의 꼬리가 저항선이 되어 하락세가 깊어질 가능성이 크다.

〈그림 3-45〉에서 이전 흐름은 하락세였다.

현저한 하락세의 직전 고점을 돌파한 위치에서 연속으로 출현한 A는 유효한 하락 신호이다(연속된 민바닥 긴 위꼬리 음봉의 경우 직후 장대 양봉으로 상승하는 경우가 간혹 있지만 A와 같이 하락세의 전 고점을 돌파한 위치가 아니라 현저한 상승 우세 구간이어야 한다).

단순 횡보 구간에서 출현한 작은 크기의 B, C는 해석과 대응이 무의미하다.

직전 고점 돌파 후 즉각 상승하지 못하고 작은 캔들로 횡보하는 구간에서의 D는 강한 하락을 암시한다.

17. 잠자리형 도지

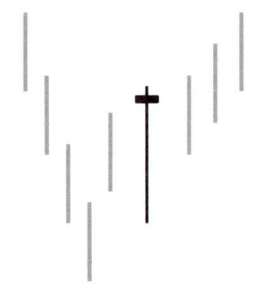
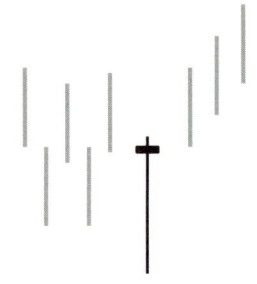

A 타입 상승세 초기에 출현하는 경우   B 타입 보합세의 저점에 출현하는 경우

잠자리형 도지는 위꼬리가 없거나 극히 짧고 아래꼬리가 매우 긴 도지 캔들이다. 반드시 도지가 아니더라도 몸통의 크기가 아주 작고 아래꼬리가 긴 경우에도 유사 형태로 볼 수 있다. 아래꼬리가 길면 길수록 강력하며, 꼬리는 이후 단구간의 지지선이 될 가능성이 크다.

상승세 초기 저점을 높이는 구간이나 상승세의 전 저점을 꼬리로 돌파한 위치에서 출현 시 유효한 상승 신호가 된다. 일단의 보합 구간 없이 현저한 하락세의 일직선상일 경우에는 유효하지 않은 것으로 본다.

〈그림 3-46〉에서 A 이전 흐름은 하락세였다.

상승을 시도하는 구간에서의 A는 위꼬리가 길어 유효하지 않다.

B는 아래꼬리가 비교적 짧고 하락 우세 구간의 일직선상에 가까운 위치이므로 유효하다고 볼 수 없다. 하지만 유사 형태인 B의 출현은 매도세의 약화를 가늠하게 한다.

강한 상승 신호인 ① 상승 맞대기형 직후 출현한 C는 유효한 잠자리형 도지이다. 비록 출현 위치는 유효하지만 아래꼬리가 짧은 D는 신뢰성이 떨어

〈그림 3-46〉 파운드/달러 1시간 차트

〈그림 3-47〉 유로/달러 4시간 차트

3장 · 캔들 패턴 Top 37 **201**

〈그림 3-48〉 유로/달러 30분 차트

지므로 굳이 대응할 필요가 없다.

E는 ①로 시작된 상승 우세 구간에서 D 및 상승 자매형 직후 출현했기 때문에 신뢰할 수 있는 상승 신호가 된다.

〈그림 3-47〉의 현저한 하락세에서 ① 장대 음봉 직후 하락이 깊어질 수 있었음에도 불구하고 저점을 높이는 위치에서의 A는 강한 상승 신호이다.

〈그림 3-48〉에서 이전 흐름은 하락세였다.

A는 꼬리가 짧고 파동으로 저점을 높이는 위치 또한 아니기 때문에 유효하지 않다.

비록 아래꼬리가 매우 긴 편은 아니지만 하나의 작은 파동 후 저점을 높이는 위치에서의 B는 상승 우세 신호이다(만약 B 직후 즉각 상승하지 못하고 음봉 캔들군으로 이어질 경우 전 저점을 돌파할 가능성이 큰 것으로 본다).

상승 우세 구간에서 전 저점을 하향 돌파한 위치의 C는 유효한 상승 신호이다. 꼬리로 해당 구간의 저점을 갱신하였고, 직전에 ① 샛별형이 있었기 때문에 신뢰성이 높았다.

18. 교수형

A 타입 상승세에서 출현하는 경우   B 타입 하락세에서 출현하는 경우

교수형은 잠자리형 도지와 개념과 형태가 거의 유사하지만 잠자리형 도지는 몸통이 거의 없는 도지 캔들이고, 교수형은 도지에 가까운 몸통이 아주 작은 캔들이라는 차이점이 있다. 또 잠자리형 도지는 아래꼬리가 매우 길어야 하지만 교수형은 아래꼬리가 약간 짧아도 상관없다.

상승세의 고점에서 출현 시 교수형, 하락세의 저점에서 출현 시 잠자리형 도지로 부르는 게 일반적이지만, 본 책에서는 출현 위치가 아니라 미세한 형태의 차이로 구분하기로 한다.

교수형은 음봉 망치형과 마찬가지로 상승세의 전 고점을 돌파한 위치에서 출현하거나 직전에 단기 보합 구간이 있을 경우 하락 우세 신호가 된다. 현저한 하락세의 일직선상에서 출현 시에는 긴 아래꼬리의 특성상 하락을 이어가는 경향이 있다.

하지만 직전에 상승 패턴이 있거나 양봉 망치형, 상승 샅바형, 상승 장악형과 같은 현저한 양봉 직후 출현하게 되면 즉각적인 상승 신호로 바뀐다.

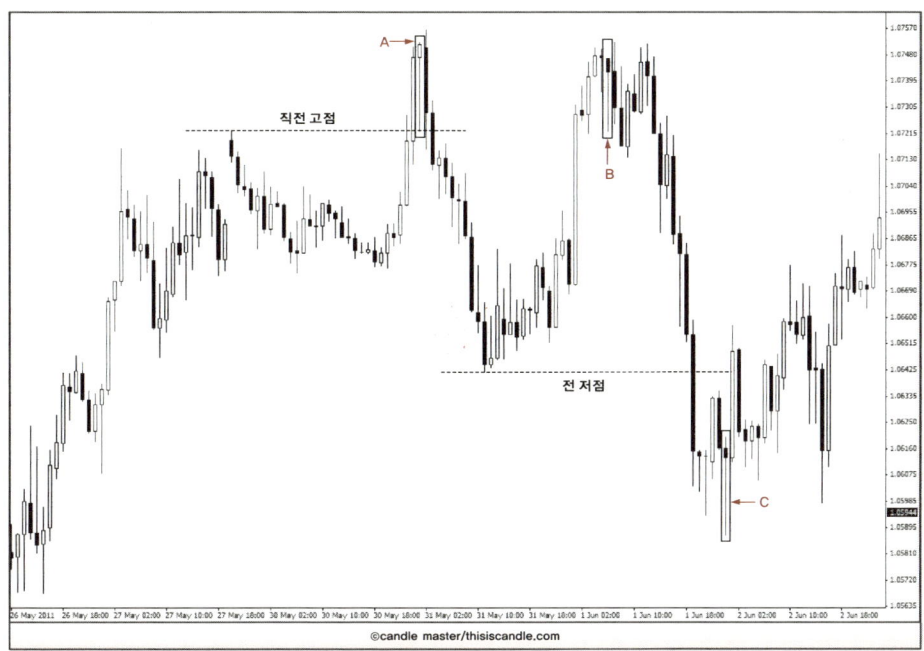

〈그림 3-49〉 호주달러/달러 1시간 차트

〈그림 3-49〉에서 일단의 상승세 후 직전 고점을 돌파한 직후의 현저한 교수형인 A는 하락 우세 신호이다.

이후 재상승을 시도하지만 A로 구성된 저녁별형의 저항 예상 구간에서 형성된 B는 매수세가 한계점에 다다랐음을 시사한다(이런 경우 상승을 이어가기 위해서는 즉각적이고 강한 상승 움직임이 필요하다).

이때의 B는 음봉 망치형과 동일한 개념으로 볼 수 있다.

전 저점 돌파 후 하락이 깊어질 수 있던 구간에서 출현한 잠자리형 도지와 거의 동일한 형태의 C는 즉각적인 상승을 이끌어낸다. 특히 직전에 하락 브레이크형과 유사한 패턴을 보였기 때문에 신뢰성이 높았다.

〈그림 3-50〉 유로/달러 30분 차트

〈그림 3-50〉에서 비교적 큰 파동으로 전 저점 돌파 후 다시 저가를 낮춘 위치에서 작은 양봉 망치형이 출현하였다. 만약 전 저점 돌파 직후 출현했다면 유효한 상승 신호였겠지만 이전에 작은 캔들군의 흐름이 있었기 때문에 양봉 망치형 자체만으로는 신뢰성이 떨어진다.

하지만 직후 출현한 A의 교수형이 양봉 망치형을 보조하여 상승 전환을 암시한다. 이때 해당 위치에서 음봉 망치형이나 잠자리형 도지가 출현해도 동일한 해석과 대응이 가능하다.

이후 추가적인 상승 타이밍을 놓치며 A를 허물 경우 하락세가 깊어질 가능성이 매우 크다.

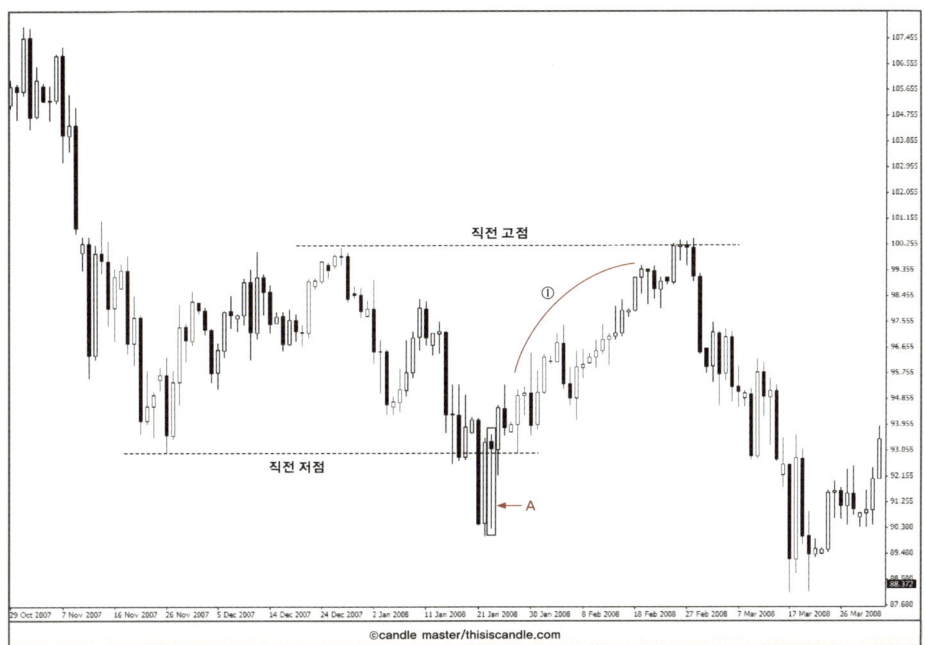

〈그림 3-51〉 호주달러/엔 일간 차트

〈그림 3-51〉의 하락 우세 구간에서 직전 저점을 돌파한 상승 스프링형과 현저한 양봉 직후 A와 같은 잠자리형 도지에 가까운 교수형의 출현은 즉각적인 상승 전환을 이끌어낸다.

하지만 강한 상승 신호임에도 불구하고 이후 ①과 같이 비교적 작은 캔들 군으로 힘없이 상승하는 경우 일단의 하락 조정 후 재상승을 도모하거나, 하락세가 깊어질 가능성이 크다.

19. 상승 스프링형

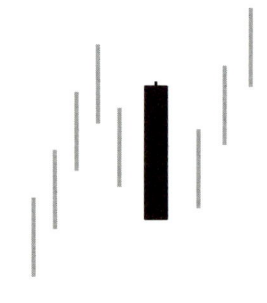

A 타입 상승세 중도에 출현하는 경우

B 타입 하락세 중도에 출현하는 경우

상승 스프링형은 아래꼬리가 없거나 극히 짧고 위꼬리 또한 없거나 짧은 민바닥 음봉이다. 시가와 종가의 폭이 일정 폭 이상일 때(FOREX의 경우 15분 차트 기준 15핍 이상일 때) 이상적인 상승 스프링형이라 할 수 있으며, 현저한 크기의 장대봉(FOREX의 경우 15분 차트 기준 30핍 이상일 때)은 해석에서 제외한다.

직전 흐름과 캔들군의 해석에 근거하여 상승 우세 구간에서 보다 세밀한 매수 타이밍을 찾기 위해, 반대로 하락 우세 구간에서는 세밀한 매도 타이밍을 찾기 위한 유용한 도구가 될 수 있다. 상승 스프링형은 출현 빈도가 높고 출현 위치에 따라 특성을 달리하므로 다음과 같은 기준에 따라 대응할 필요가 있다.

첫째, 작은 파동, 강한 상승세에서 출현할 경우 ➡ 상승 우세
둘째, 현저한 하락 신호 직후 또는 급락 구간 ➡ 하락 우세
셋째, 작은 파동, 강한 하락세에서 출현할 경우 ➡ 하락 우세

하락 우세 구간에서의 상승 스프링형은 시가와 몸통 중앙 사이까지 조정 시 진입이 유리하다.

〈그림 3-52〉 파운드/달러 30분 차트

〈그림 3-52〉에서 이전 흐름은 상승세였다.

A와 B는 몸통의 크기가 작아 유효하지 않다. 하지만 현저한 상승 우세 구간에서 양봉 직후의 작은 민바닥 음봉(아래꼬리가 없는 음봉)은 단순 조정 캔들인 경우가 흔하다.

작은 파동, 강한 상승세의 중도에서 출현한 C는 캔들 완성 직후 매수가 가능하다. 만약 다음 캔들이 현저한 음봉으로 완성되면 하락 조정이 깊어질 가능성이 크다(더불어 이때의 움직임으로 직전 고점에서의 하락 자매형의 유효성이 어느 정도 증명된다고 볼 수 있다).

〈그림 3-53〉에서 이전 흐름은 상승세였다.

상승 우세 구간의 직전 저점을 거의 돌파한 위치의 A는 상승 우세 신호로

〈그림 3-53〉 호주달러/달러 1시간 차트

서 유효하다. 직전 저점 돌파 직후 조기 진입이 가능하지만, 보다 안전하게는 그림과 같이 현저한 상승 신호인 샛별형을 완성하거나 다음 캔들 1~2개 내에서 매도세의 개입이 없음을 확인한 후 대응해도 늦지 않다.

〈그림 3-54〉에서 이전 흐름은 상승 후 보합세였다.

① 저녁별형 후 저항 예상 구간에서 형성된 ② 상승 브레이크형의 출현으로 하락 우세 구간이 전개되었다. 따라서 A의 경우 상승 스프링형의 특성을 고려할 때 몸통 중앙에서 시가 부근까지 조정 시 매도 대응이 유리하다.

B는 직전에 급한 기울기로 하락하는 일단의 작은 캔들군이 있었고, 전 저점을 바로 앞둔 위치이므로 하락 돌파의 가능성이 컸다.

크기가 작고 특별한 출현 위치가 아닌 C, D는 해석의 대상이 아니다. C, D

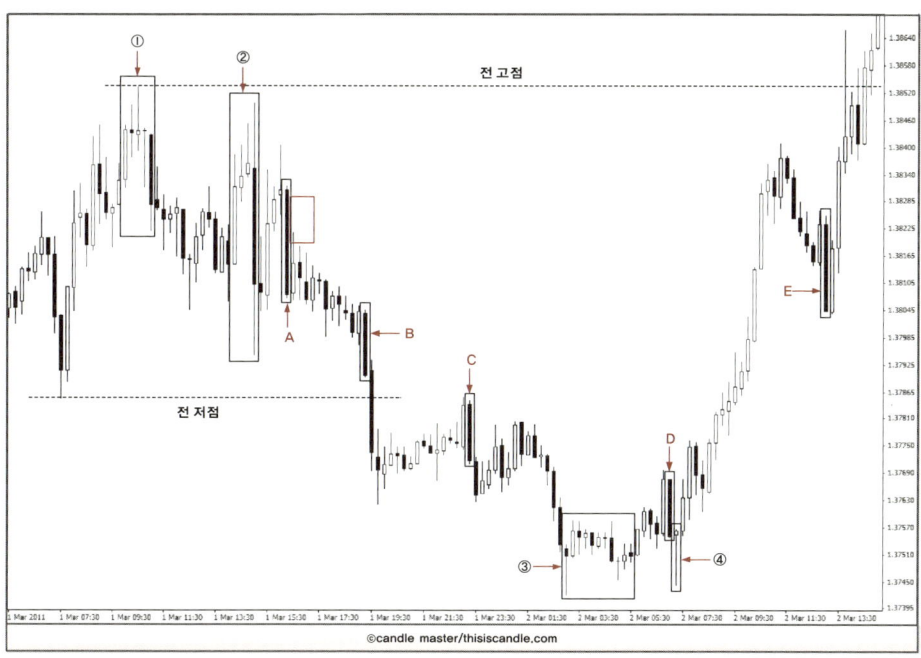

〈그림 3-54〉 유로/달러 15분 차트

이후 ③ 유사 크랩형 및 저점을 높이는 위치에서 출현한 ④ 잠자리형 도지에 의해 상승 우세 구간으로 전환되었다. 이에 따라 전 고점을 앞둔 위치에서의 E는 상승 우세 신호로 볼 수 있다. 만약 E 직후 상승하지 못하고 현저한 음봉으로 완성되면 해당 구간은 단기 하락 또는 혼조세가 이어질 가능성이 크므로 성급한 추가 대응보다는 관망이 유리하다.

20. 하락 스프링형

A 타입 하락세 중도에 출현하는 경우   B 타입 상승세 고점에 출현하는 경우

상승 스프링형과 반대되는 패턴으로 위꼬리는 없거나 극히 짧고, 아래꼬리 또한 없거나 짧은 민머리 양봉이다. 상승 스프링형과 마찬가지로 시가와 종가가 일정 폭 이상이어야 유효한 것으로 본다.

작은 파동, 강한 하락세에서는 단순 조정 캔들일 가능성이 큰 하락 우세 신호로서 캔들 완성 직후 매도 진입이 가능하다. 일반적인 상승 우세 구간에서는 기본적으로 조정 시 매수 관점이지만 전 고점 돌파 후 보합 구간에서 출현할 때에는 하락 우세 신호로 바뀐다. 이때 아래꼬리가 약간 길 경우 고점에서의 상승 피스톤형과 동일한 개념과 형태로 볼 수 있다.

출현 위치에 따른 대응 방식을 정리하면 다음과 같다.

첫째, 작은 파동, 강한 하락세에서 출현할 경우 ➡ 하락 우세
둘째, 상승세의 전 고점 돌파 후 단기 보합 구간 ➡ 관망 또는 하락 우세
셋째, 작은 파동, 강한 상승세에서 출현할 경우 ➡ 상승 우세

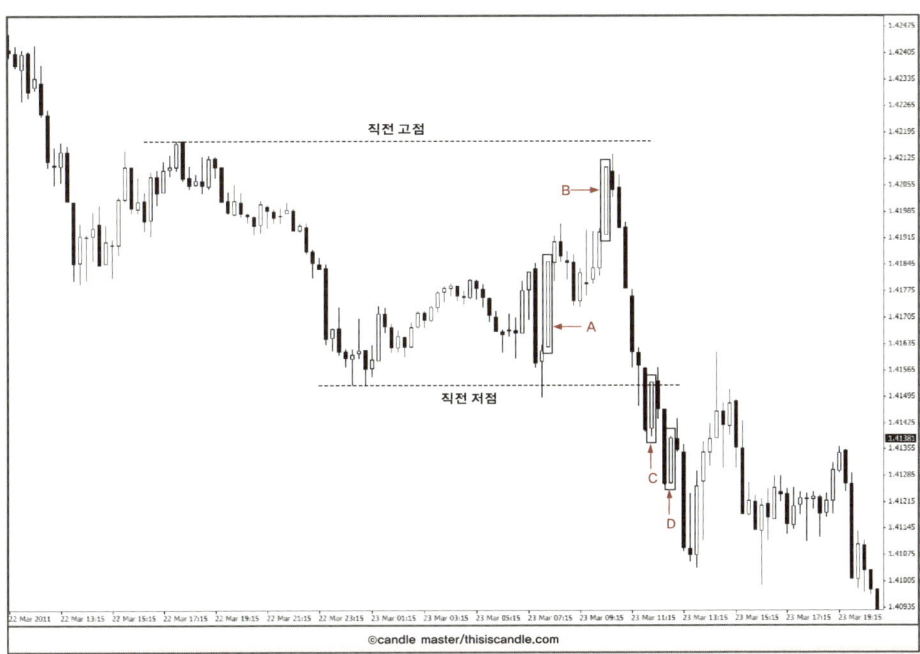

〈그림 3-55〉 유로/달러 15분 차트

〈그림 3-55〉에서 이전 흐름은 하락세였다.

직전 저점 돌파 후 상승을 시도하는 구간에서 A와 같은 하락 스프링형이 출현하였다. 비록 하락세에서는 매도 관점이지만 직전 캔들군과 함께 샛별형을 형성하였으므로 매도 대응은 곤란하다(이때 하락세의 A 샛별형은 저점을 몸통으로 돌파한 위치나 파동으로 저점을 높인 위치가 아니므로 상승 신호로서의 신뢰성 또한 떨어진다).

이후 직전 고점을 앞둔 위치의 B는 하락 우세 신호이다(만약 하락세가 아니라 현저한 상승세의 직전 고점을 앞둔 위치였다면 매도 대응은 불가했을 것이다).

C, D는 몸통의 크기가 작아 유효하지 않다. 하지만 그림과 같이 하락 우세 구간의 민머리 양봉은 대부분 단순 조정 캔들일 가능성이 크다.

⟨그림 3-56⟩ 파운드/달러 30분 차트

　⟨그림 3-56⟩의 작은 파동, 강한 하락세의 A는 유효한 하락 신호이다. 이전에 현저한 파동 구간이나 강한 상승 신호가 없었기 때문에 신뢰성이 높았다.

　⟨그림 3-57⟩에서 이전 흐름은 상승세였다.
　상승 우세 구간에서 직전 고점을 앞둔 위치의 A는 유효한 상승 신호이다.
　전 고점을 몸통으로 살짝 돌파한 B 직후 단기 매도가 가능하다. 하지만 그림과 같이 다음 캔들이 힘없는 민바닥 음봉이나 상승 인력거형 형태로 완성되면 즉시 빠져나온 후 매수 관점으로 전환하거나 보다 고점에서 추가 하락 신호를 기다리는 게 낫다.
　전 고점을 앞둔 위치의 C는 A와 달리 하락이 보다 우세하다. 이유는 아래에서부터 힘있게 상승하지 못하고 직전에 ①과 같은 일단의 급한 보합 구간

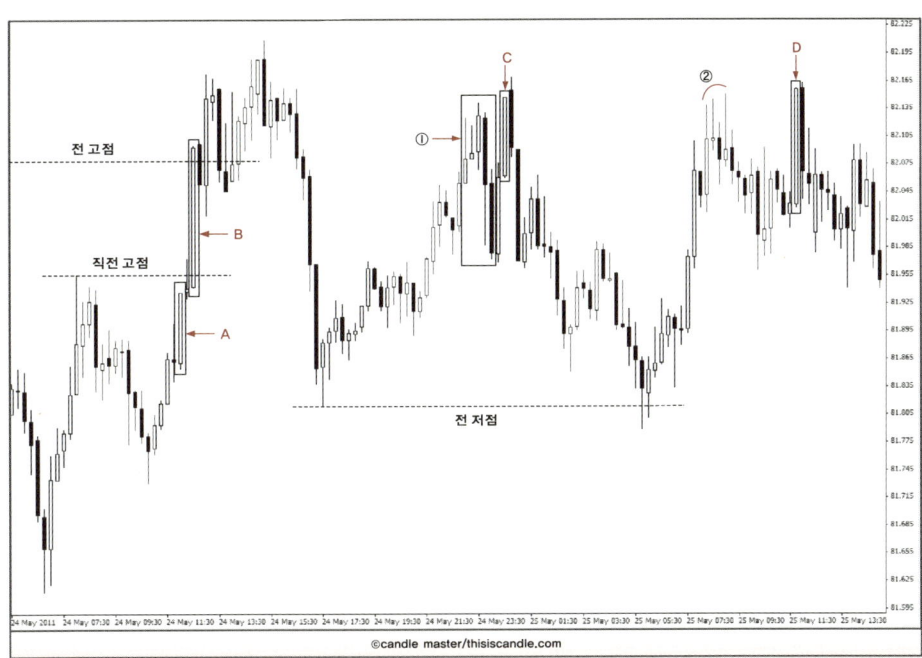

〈그림 3-57〉 달러/엔 15분 차트

이 있었기 때문이다. 하지만 이 위치에서의 하락 스프링형은 다음 캔들로 유효성을 확인한 후 대응해야 안전하다.

잠재적인 저항선이 될 수 있는 ② 유사 상승 브레이크형의 꼬리 부근에서 종가가 형성된 D 또한 하락 우세 신호로 볼 수 있다. 만약 매수 관점으로 대응하더라도 시가와 몸통 중앙 사이까지 조정을 기다려야 하며, 그림과 같이 다음 캔들이 현저한 음봉일 경우 즉시 매도 관점으로 전환할 필요가 있다.

21. 상승 돌격형

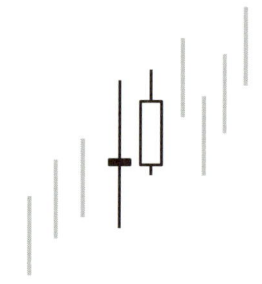 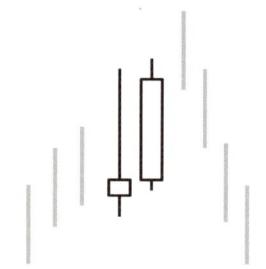

A 타입 전 고점 돌파 전 출현하는 경우　　　B 타입 전 고점 돌파 후 출현하는 경우

상승 돌격형은 상승 다람쥐형과 유사한 개념으로 긴 위꼬리를 가진 도지 또는 몸통이 작은 캔들과 그 위꼬리 절반 위에서 종가가 형성된 양봉으로 구성된다. 상승 우세 구간에서 출현 시 유효한 상승 신호이며, 전 고점을 기준으로 대응 방식이 달라진다.

　첫째, 전 고점을 앞 둔 위치 ➡ 상승 우세
　둘째, 전 고점을 돌파하는 위치 ➡ 단기 상승 후 하락 조정
　셋째, 전 고점 위에서 형성 ➡ 하락 우세

　상승 돌격형은 상승 지속 신호이긴 하지만 단기 상승 후 하락 조정이 뒤따라오는 경우가 많으므로 수익 구간을 길게 가져갈 수 있는 패턴은 아니다. 특히 전 고점을 돌파한 위치에서의 상승 돌격형은 곧 있을 하락 전환 또는 조정을 예고하므로 매수보다는 고가 돌파 시 매도 대응이 유리하며, 두 번째 양봉이 상승 피스톤형이나 하락 스프링형일 때 신뢰성이 높아진다.
　또한 직전 패턴이 상승 브레이크형일 때에도 하락 신호로서 유효하다. 하

〈그림 3-58〉 유로/달러 15분 차트

지만 전 고점 위에서 형성되었다 하더라도 신뢰성이 높은 하락 신호는 아니므로 상승 돌격형 직후 매도보다는 추가적인 하락 신호를 기다려 대응하는 것이 안전하다. 특히 작은 파동으로 강한 상승세를 이어가는 구간에서는 더욱 그렇다.

〈그림 3-58〉의 현저한 상승세에서 상승 깃발형의 전 고점을 돌파하는 위치의 A는 유효한 상승 신호이다. 하지만 상승 돌격형의 특성상 단기 상승 후 하락 조정이 뒤따라올 가능성이 크므로 이를 감안하여 하락 조정 시 매수가 유리하다. 전 고점 돌파 후 추가 상승한 위치에서 출현한 B는 첫 번째 도지가 비록 작지만 유성형이기 때문에 매수세의 약화를 예상해볼 수 있다. 따라서 다음 캔들 2~3개로 유효성을 확인 후 매도 대응이 가능하다.

〈그림 3-59〉 파운드/달러 4시간 차트

〈그림 3-59〉에서 직전 흐름은 상승 후 보합세였다.

〈그림 3-58〉의 A와 달리 저점에서부터 비교적 급히 직전 고점 돌파를 시도하는 위치의 A는 상승 신호로서의 신뢰성이 떨어진다. 따라서 추가 관망 후 A 직후 연이어 출현한 상승 돌격형의 고가 부근에서 매도 대응함이 유리하다. 특히 두 번째 상승 돌격형을 구성하는 양봉이 상승 피스톤형이므로 하락 가능성이 크다고 볼 수 있다.

단순 보합 구간에서 출현한 B는 유효하지 않다.

재상승하여 전 고점을 앞둔 위치의 C는 유효한 상승 신호지만 상승 돌격형의 특성을 고려하여 단기 대응이 유리하다.

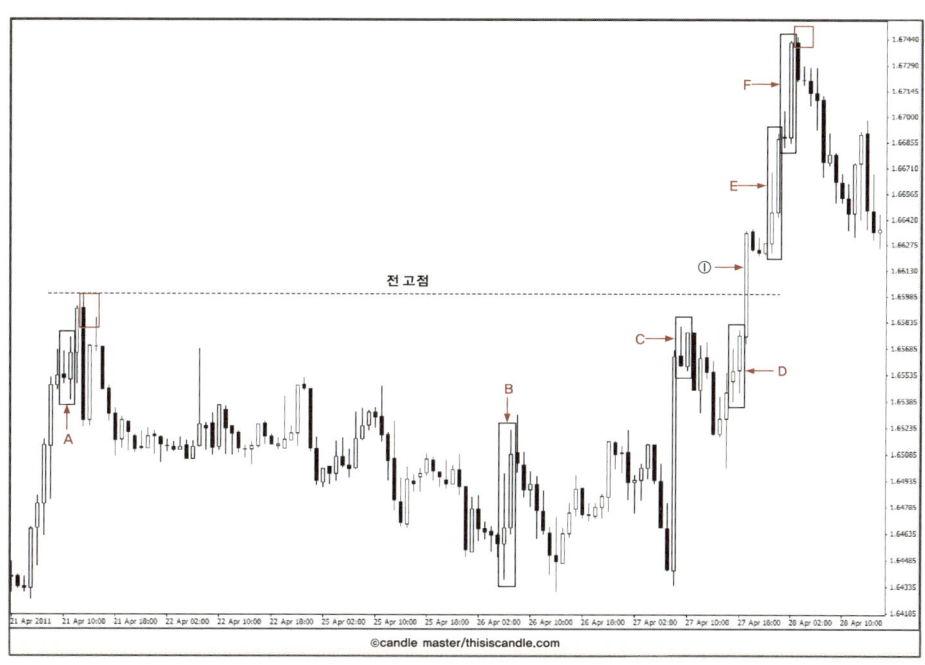

〈그림 3-60〉 파운드/달러 1시간 차트

〈그림 3-60〉에서 이전 흐름은 상승세였다.

A에서 단기 매수가 가능하지만 다음 캔들인 상승 피스톤형 직후 빠져나오거나 매도 관점으로의 전환이 필요하다.

단순 횡보 구간에서 출현한 B는 유효하지 않다. 과도한 크기의 장대 양봉 직후 출현한 C는 신뢰성이 떨어지므로 추가 관망이 유리하다.

C 이후 작은 조정 구간을 거쳐 전 고점 돌파를 재시도하는 위치의 D는 유효한 상승 신호이다. 이후 전 고점을 돌파한 위치에서 ① 하락 스프링형이 있었음에도 불구하고 그림과 같이 다음 캔들이 작은 민바닥 음봉인 경우 추가적인 상승세를 예상해볼 수 있다.

E는 첫 번째 양봉의 몸통이 두껍기 때문에 유효한 상승 돌격형이 아니다. 그에 앞서 E의 첫 번째 캔들인 양봉 역망치형의 출현은 해당 구간에서의 강

한 상승을 암시하므로 현저한 하락 신호 확인 전까지 매도 대응은 불가하다.

F는 첫 번째 도지의 위꼬리가 너무 짧아 유효하지 않다.

E, F처럼 상승 돌격형과 유사한 개념으로 진행되고 고점에서 하락 스프링형이나 상승 피스톤형이 출현할 경우 매도세의 약화를 암시한다고 볼 수 있다. 하지만 강한 상승 구간에서는 신뢰성이 떨어지므로 추가 관망 후 음봉으로 구성된 현저한 하락 신호로만 대응해야 안전하다.

22. 하락 돌격형

A 타입 저가를 낮추는 경우   B 타입 종가를 낮추는 경우

하락 돌격형은 상승 돌격형과 반대되는 패턴이지만 출현 위치 및 직전 흐름에 따라 변수가 많다. 작은 파동, 강한 하락과 같은 현저한 하락세에서 출현 시 유효한 하락 신호가 된다. 상승세의 단순 조정 구간에서는 단기 하락할지라도 잠시 후 상승 조정이 뒤따라오는 경향이 있다. 하지만 상승 돌격형의 경우와 달리 신뢰성이 높지는 않으므로 단순 추측에 의한 반대 매매는 금물이다.

현저한 하락세를 제외한 구간에서는 매수, 매도 그 어느 쪽도 대응이 쉽지 않으므로 반드시 충분한 조정 시에만 진입하거나 다른 신호와 함께 조합하여 대응할 필요가 있다. 첫 번째 캔들의 몸통이 너무 두껍거나 아래꼬리가 짧은 경우 유효하지 않은 것으로 본다.

〈그림 3-61〉에서 이전 흐름은 상승세였다.

이전에 작은 캔들로 이어지는 의심스런 구간이 있었기 때문에 상승세의 전 저점을 돌파한 위치임에도 A에서 음 자리 양 패턴을 예상한 섣부른 매수 대응은 불가하다. 오히려 그림과 같이 다음 캔들 2~3개 내에서 상승하지 못하

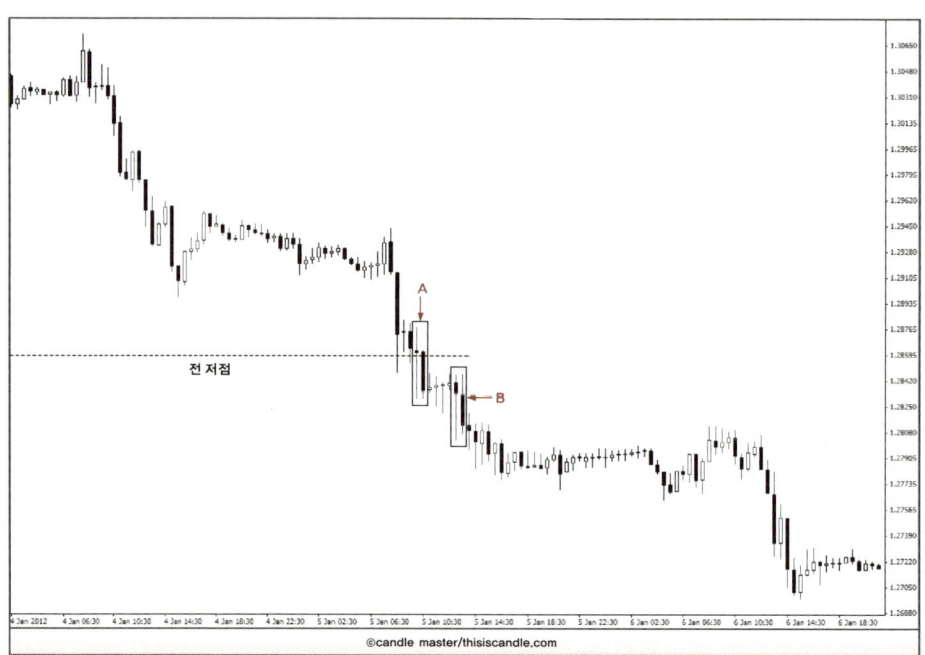

〈그림 3-61〉 유로/달러 30분 차트

면 매도 관점으로 대응할 필요가 있다.

A 직후 상승하지 못하고 연이어 출현한 B는 유효한 하락 신호로서 이후 하락세가 깊어질 가능성이 크다.

〈그림 3-62〉에서 이전 흐름은 상승세였다.

상승세에서 별다른 위치가 아닌 A는 대응의 대상이 아니다. 상승세의 하락 돌격형의 특성을 활용하여 저가 돌파 시 매수 대응이 가능하지만 성공 확률이 높다고 볼 수는 없다.

A 직후 형성된 샛별형을 종가로 허무는 B는 유효한 하락 신호이다.

이때 1차 목표가는 전 저점 아래에 두거나 현저한 상승 신호 출현 전까지 보유하는 것이 적절하다.

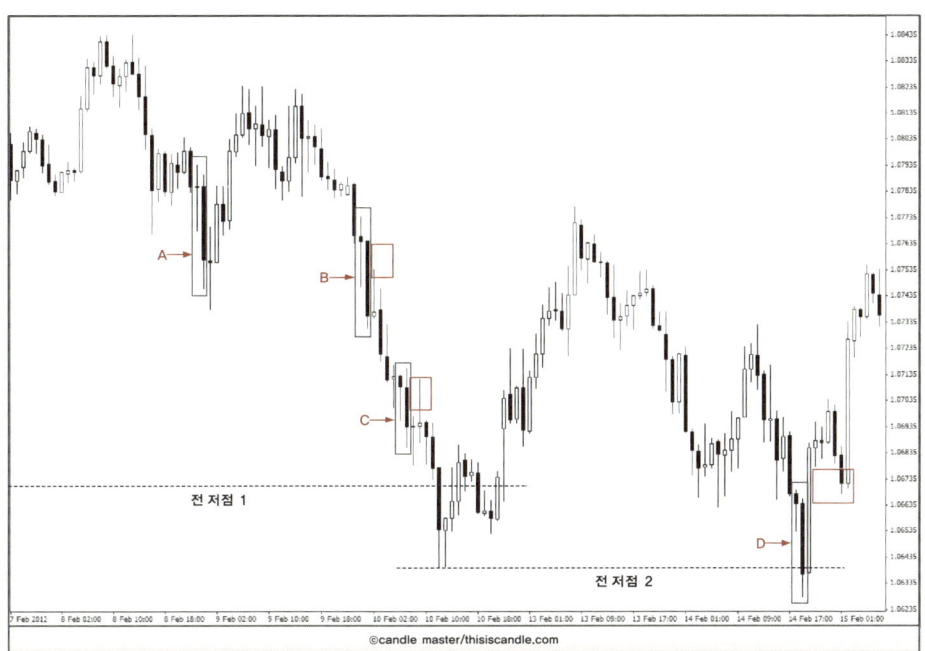

〈그림 3-62〉 호주달러/달러 1시간 차트

전 저점을 바로 앞둔 위치의 C 또한 유효한 하락 신호이다.

비교적 큰 파동으로 전 저점을 돌파한 위치에서 하락 돌격형과 유사한 형태인 D는 추가 관망이 유리하다. 매수, 매도 어느 쪽도 대응이 쉽지 않으며, 다음 캔들 1~3개의 양상에 따라 단기적인 방향을 결정할 가능성이 크다.

23. 상승 브레이크형

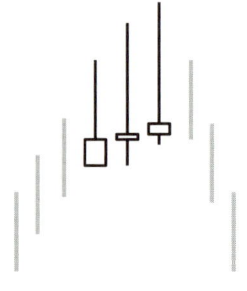

A 타입 연속된 위꼬리 캔들군

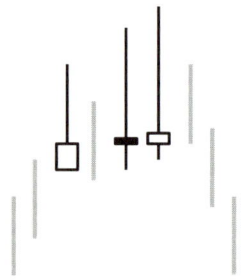

B 타입 징검다리 위꼬리 캔들군

상승 브레이크형은 상승세의 전 고점 부근이나 하락세의 고점에서 출현할 때 유효한 하락 신호이다. 매수세의 상승 압력이 강하지만 고가가 돌파될 때마다 매도세가 유입되어 종가를 끌어내리게 되면 그만큼 매도세의 반발이 강하다는 암시로 볼 수 있다.

전형적인 형태는 도지나 몸통의 크기가 아주 작은 캔들로서 고가를 점점 높이는 긴 위꼬리 캔들이 3개 이상 출현할 때이다. 위꼬리가 길수록 신뢰성이 높고 아래꼬리는 없거나 짧아야 한다. 연속된 캔들이 아니더라도 한 무리의 캔들군에서 긴 위꼬리가 고가를 점점 높일 때에도 유효한 것으로 본다.

마지막 캔들의 위꼬리 중간 또는 고가 부근에서 진입이 유리하며, 유효한 상승 브레이크형의 위꼬리는 이후 잠재적인 저항선으로 작용할 가능성이 크다. 강한 상승세의 일직선상에서 출현하거나 직후 긴 아래꼬리를 가진 현저한 크기의 양봉으로 완성되는 경우에는 상승을 지속할 가능성이 크므로 주의해야 한다. 또한 즉각적인 하락 움직임 없이 작은 캔들로 횡보하는 경우에도 상승을 지속할 가능성이 커진다.

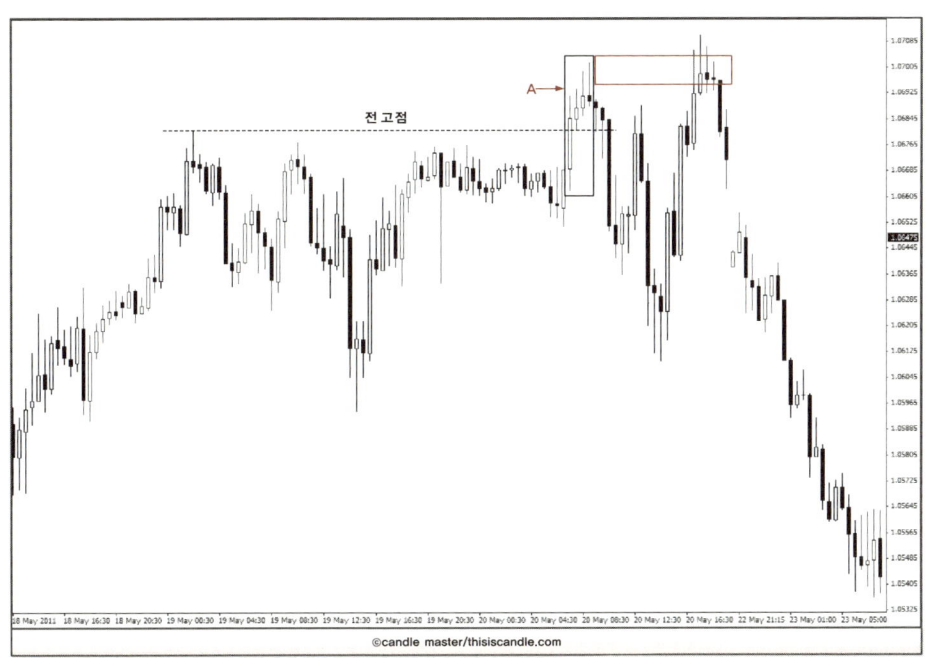

〈그림 3-63〉 호주달러/달러 30분 차트

〈그림 3-63〉에서 전 고점을 빨리 돌파하지 못하고 길게 횡보하는 구간 이후 A 상승 브레이크형이 출현하였다.

고점 돌파 직전의 장기간 횡보는 매수세의 힘이 약화되고 있다는 암시일 수 있다. 따라서 비록 위꼬리가 현저히 긴 것은 아니지만 이전 흐름에 비추어 A는 유효한 하락 신호가 된다.

그림과 같이 별다른 조정 없이 바로 하락할 경우 추격 매도보다는 마지막 캔들의 꼬리 부근까지 조정을 기다려 중·장기 대응하는 것이 유리하다.

〈그림 3-64〉에서 이전 흐름은 상승세였다.

전 고점을 급히 돌파한 위치의 A는 유효한 하락 신호이다.

마지막 양봉의 종가가 상승 브레이크형의 고가 위에서 형성되었지만, A와

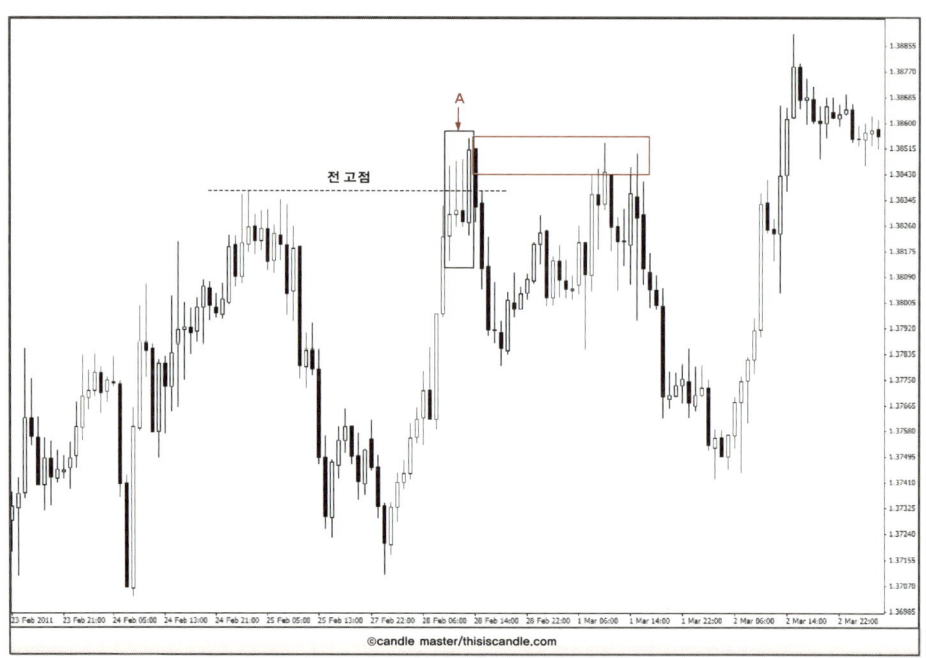

〈그림 3-64〉 유로/달러 1시간 차트

〈그림 3-65〉 달러/캐나다달러 1시간 차트

같이 일반적인 상승 돌격형으로 구성되는 경우에도 여전히 유효한 것으로 본다. 이후 재상승하더라도_(상승 브레크형 직후 일단의 하락 움직임이 확인되었으므로) 상승 브레이크형의 꼬리 부근에서 저항받을 가능성이 크다.

〈그림 3-65〉에서 이전 흐름은 하락세였다.

A는 비록 전형적인 형태는 아니지만 현저한 하락세에서 출현했기 때문에 이후 흐름을 확인하여 재조정 시 꼬리 부근에서 매도 대응이 가능하다.

B는 전형적인 형태이지만 출현 위치는 유효하지 않다. 따라서 A와 마찬가지로 추가 관망 후 과도한 조정 시에만 대응하거나 다른 하락 신호와 조합하여 해석할 필요가 있다.

24. 하락 브레이크형

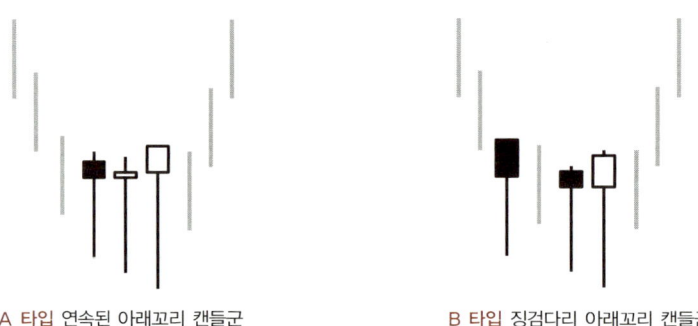

A 타입 연속된 아래꼬리 캔들군   B 타입 징검다리 아래꼬리 캔들군

상승 브레이크형과 반대되는 패턴이다. 하락세나 상승세의 조정 구간에서 출현 시 유효하며, 강한 하락세의 하락 브레이크형은 상승세의 하락 브레이크형에 비해 신뢰성이 떨어지므로 반드시 현저한 꼬리 길이를 갖추고 있거나 다른 유효한 상승 신호와 조합하여 해석해야만 한다. 상승세에서는 전 저점을 돌파한 직후 출현해야만 유효하며, 전 저점에서 너무 깊이 하락한 위치인 경우 신뢰성이 떨어지므로 주의한다.

아래꼬리만 길어야 하고 위꼬리까지 동시에 길 경우에는 유효하지 않은 것으로 본다. 전체적으로 출현 빈도가 낮으며 상위 차트보다는 15분, 30분 같은 하위 차트에서 주로 목격된다.

〈그림 3-66〉에서 이전 흐름은 단기 상승세였다.

비록 전 저점을 돌파한 위치는 아니지만 현저한 형태로 출현한 A는 추가 하락을 저지하고 상승을 시도하는 역할을 한다. 하지만 출현 위치의 신뢰성이 떨어지므로 진입은 과도한 조정, 즉 아래꼬리군 저가 부근까지 조정을 기다릴 필요가 있다.

〈그림 3-66〉 뉴질랜드달러/달러 30분 차트

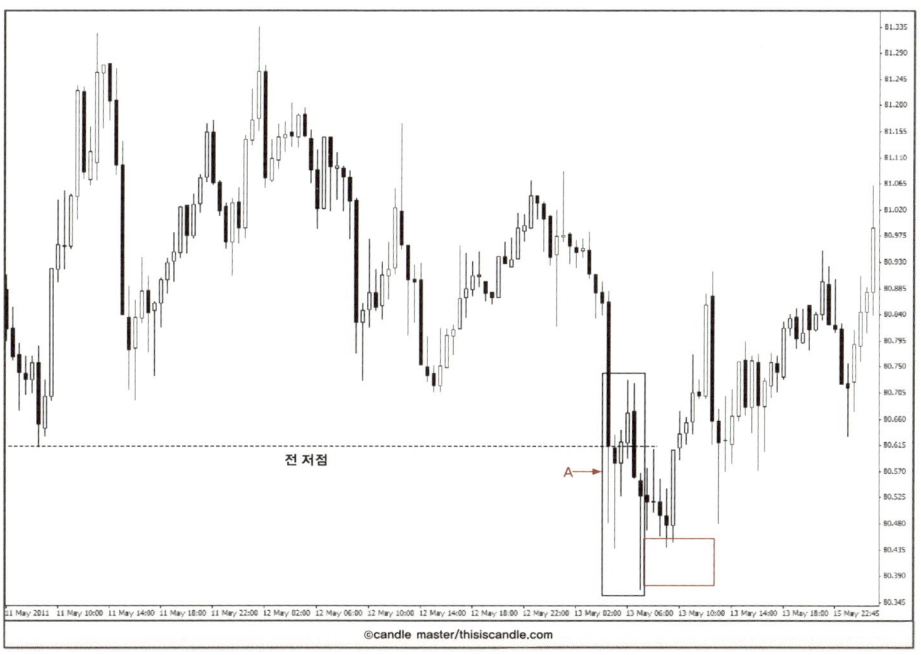

〈그림 3-67〉 달러/엔 30분 차트

3장・캔들 패턴 Top 37

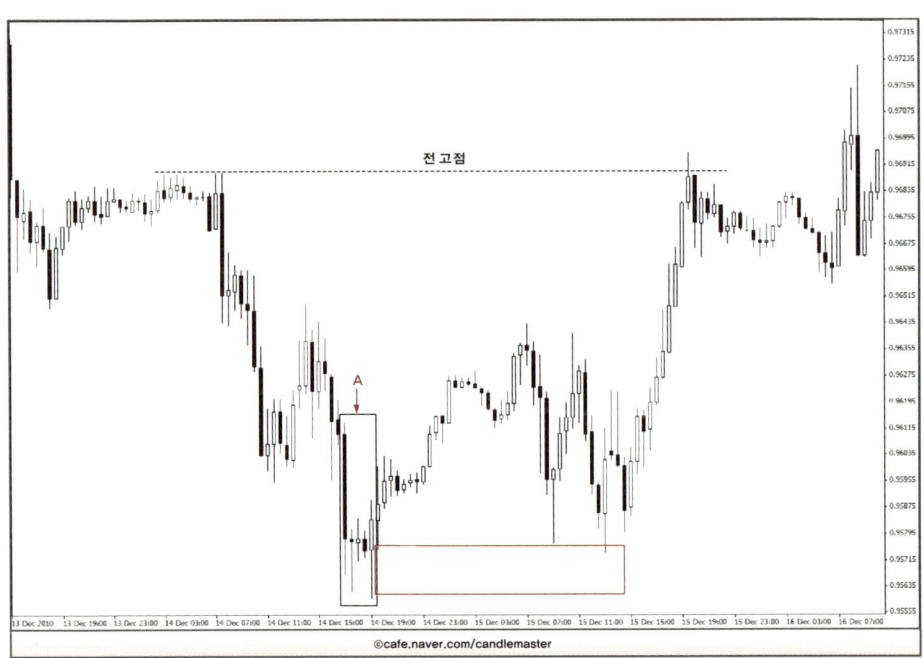

〈그림 3-68〉 달러/프랑 30분 차트

〈그림 3-67〉에서 이전 흐름은 단기 상승세였다.

상승세의 전 저점을 돌파한 직후 출현한 A는 유효한 상승 신호이다.

〈그림 3-68〉에서 이전 흐름은 강한 하락세였다.

비록 상승세에 비해 신뢰성은 떨어지지만 직전 저점을 장대 음봉으로 돌파한 직후 출현한 A는 하락 브레이크형과 유사한 형태로 유효한 상승 신호이다. 특히 마지막 캔들이 양봉 망치형에 가까워 신뢰성이 높았다.

25. 역브레이크형

A 타입 일반형   B 타입 징검다리형

역브레이크형은 고가를 점점 낮추는 3~5개의 연속된 긴 위꼬리 캔들군으로 구성된 상승 지속 신호이다. 몸통은 가능한 한 도지 또는 팽이형이어야 하지만 위꼬리가 긴 일반적인 역망치형 1~2개로 구성되어도 유효한 것으로 본다. 이때 음봉 도지나 작은 음봉 캔들이 1~2개 섞여도 무방하지만 대체적으로 양봉으로 구성될 경우 신뢰성이 높다.

위꼬리가 고가를 점점 낮추며 정렬하는 모양은 5분 이하의 하위 차트에서는 단기 추세선이나 일종의 깃발형 같은 형태로 보일 수 있다. 상승세 초기나 상승세의 전 고점을 앞둔 위치에서 출현 시 유효하며 전 고점을 돌파한 위치에서의 대응은 곤란하다.

역브레이크형은 일반적으로 긴 구간보다는 짧은 구간의 대응이 유리하며, 진입 직후 다음 캔들 1~2개 내에서 상승해야 정상인 것으로 본다. 만약 즉각적인 상승 없이 다음 캔들이 하락 샅바형이나 망치형 같은 현저한 음봉으로 완성될 경우 급락이나 깊은 하락 조정이 뒤따라올 가능성이 크므로, 신속한 매도 관점으로의 전환이 요구된다.

〈그림 3-69〉 파운드/달러 15분 차트

〈그림 3-69〉에서 전 저점 돌파 후 상승을 시도하는 과정에서 ①과 같은 긴 위꼬리 음봉이 출현하였다. 추가적인 하락 압력이 강한 상황에서 출현한 A는 상승 우세를 암시한다. 특히 ①과 함께 일종의 단기 추세선을 형성하였으므로 상승 시 급등할 가능성이 큰 것으로 본다.

A 직후 진입이 가능하되 만약 다음 캔들이 현저한 음봉으로 완성되면 매도 관점으로 전환하거나 추가 관망할 필요가 있다.

〈그림 3-70〉의 경우 전 고점을 앞둔 위치에서 고가를 점점 낮추며 정렬하는 A는 전 고점 돌파를 강하게 암시한다. 하지만 역브레이크형은 단기 대응에 적합하므로 전 고점 돌파 직후 청산하거나 그림과 같이 유성형에 가까운 긴 위꼬리 도지 캔들이 완성되면 빠져나오는 것이 안전하다.

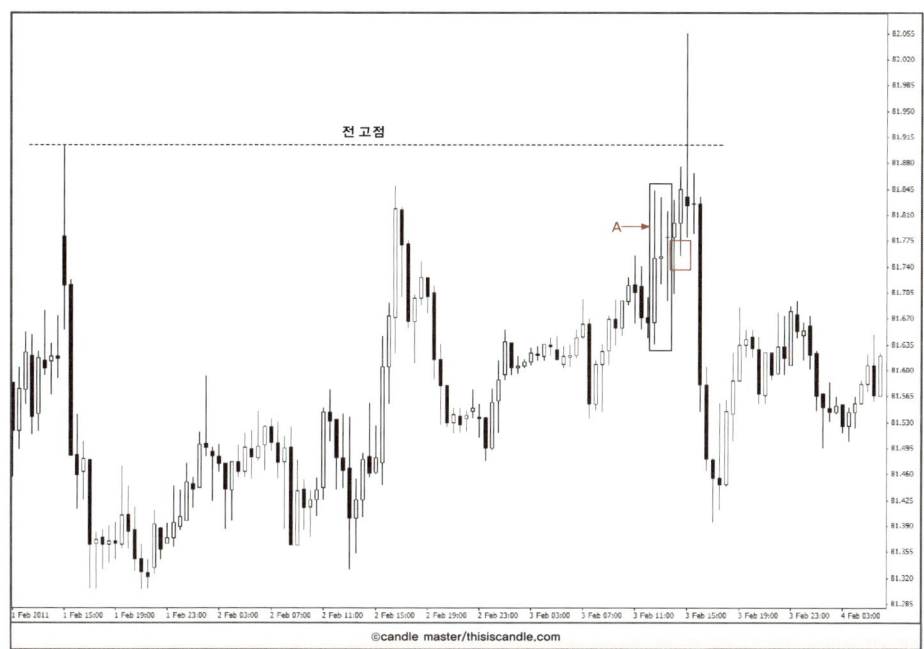

〈그림 3-70〉 달러/엔 30분 차트

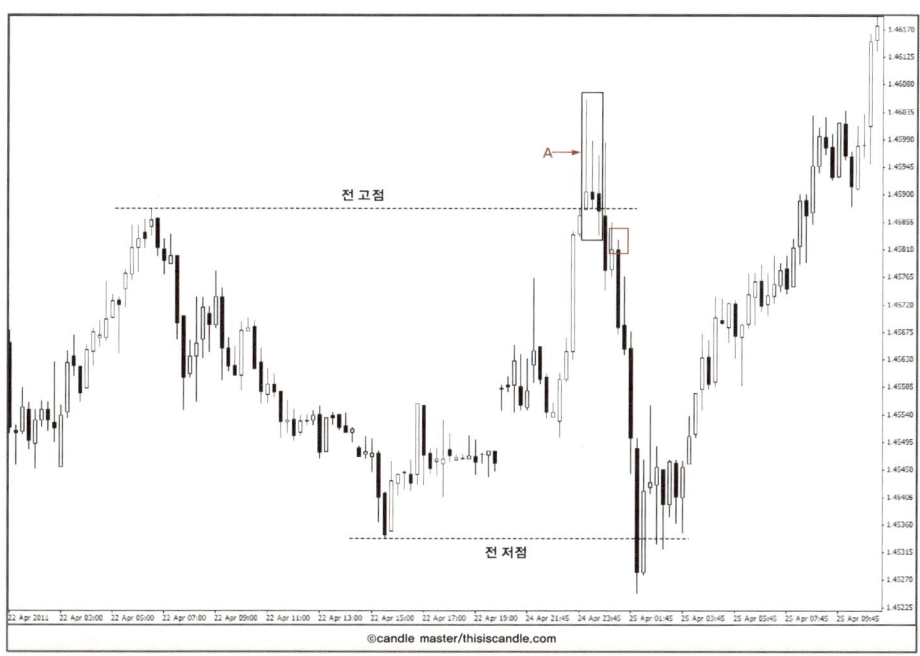

〈그림 3-71〉 유로/달러 15분 차트

〈그림 3-71〉에서 이전 흐름은 상승 후 보합세였다.

전 고점을 돌파한 위치의 A는 유효하지 않으며 오히려 연속된 긴 위꼬리는 매도세의 강한 반발일 가능성이 크다. 더군다나 첫 번째 캔들을 제외하고 음봉 캔들군으로 구성되어 형태적인 신뢰성 또한 매우 낮다. 따라서 A 직후 다음 캔들이 현저한 음봉으로 완성되면 즉각적인 매도 대응이 요구된다.

26. 상승 샅바형

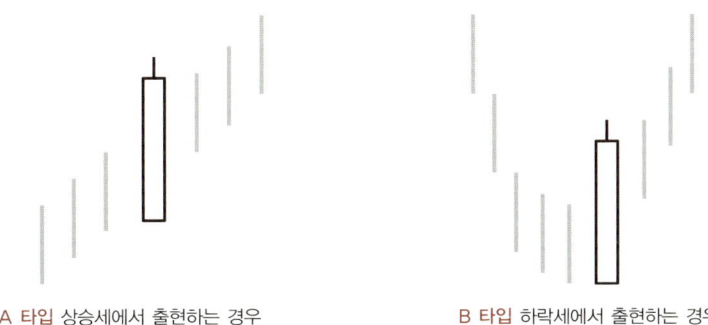

A 타입 상승세에서 출현하는 경우   B 타입 하락세에서 출현하는 경우

상승 샅바형은 아래꼬리가 없거나 극히 짧고 위꼬리 또한 매우 짧은 캔들이다. 다른 여느 캔들과 마찬가지로 몸통의 크기가 너무 작아서는 안 되며 적당히 두꺼울수록 좋다. 출현 빈도가 비교적 높은 캔들로서 유사 형태 또한 자주 출현하므로 출현 위치 및 위꼬리 길이의 미세한 차이를 고려하여 유효성을 가릴 필요가 있다.

상승 샅바형 자체만으로 유효한 상승 신호가 되기도 하지만 때에 따라 다른 신호와 조합하여 대응할 필요가 있으며, 그런 조합 및 유효 위치 여부에 따라 일반적인 패턴보다 좀 더 강한 신호가 된다. 예를 들어 상승 샅바형이면서 동시에 상승 장악형이거나 상승 자매형이면 보다 강한 상승 신호가 되는 식이다.

상승세 초기나 중기, 전 고점 돌파를 앞둔 위치에서 출현 시 유효하며, 강한 상승세의 일직선상에서는 특별한 조정 없이 상승하는 경우가 흔하므로 캔들 완성 직후 진입이 유리하다.

하락 우세 구간의 상승 샅바형은 원칙적으로 대응이 불가하며, 현저한 몸통 크기로서 이전의 상승 신호와 조합일 경우에만 유효한 것으로 본다. 하지

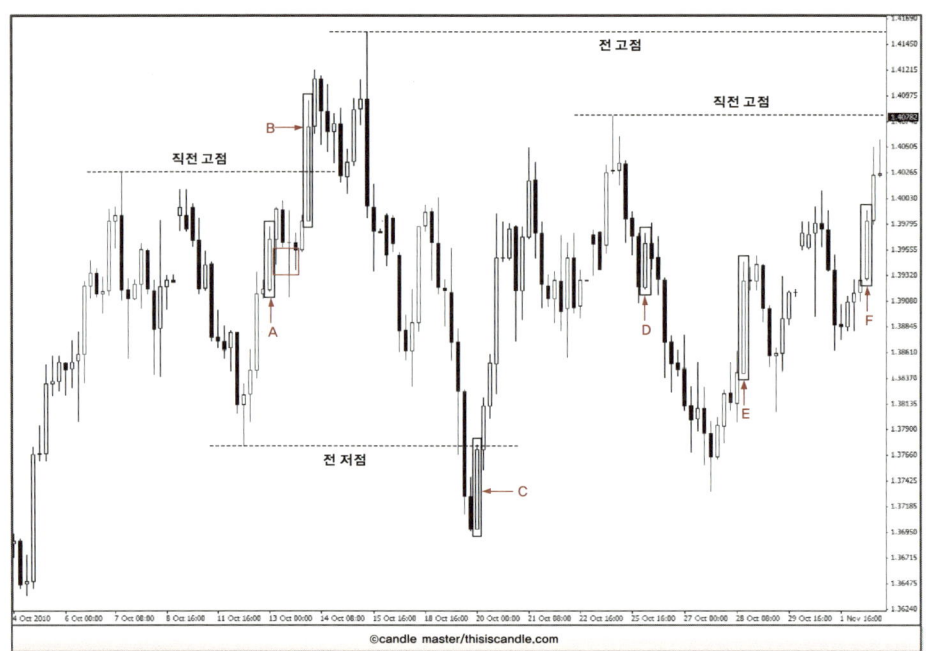

〈그림 3-72〉 유로/달러 4시간 차트

만 이마저도 충분한 조정 시에만 진입해야 안전하다. 하위 차트보다는 1시간 이상의 상위 차트에서 신뢰성이 높다.

〈그림 3-72〉에서 이전 흐름은 강한 상승세였다.

직전 고점 돌파를 두 번째 시도하는 위치에서의 A는 유효한 상승 신호이다. 전 고점을 이미 돌파한 위치의 B는 A에 비해 신뢰성이 떨어지지만 여전히 유효하다고 볼 수 있다.

상승 우세 구간에서 전 저점 돌파 직후 완성된 C와 같이 상승 샅바형이면서 동시에 현저한 상승 장악형은 강한 상승 신호가 된다(하지만 다음 캔들 2~3개 내에서 상승하지 못하면 하락이 깊어질 가능성이 크다).

단순 보합 구간의 D는 해석과 대응이 불필요하다. 저점을 높인 위치이지만 여전히 보합 구간으로 볼 수 있고 전 고점과의 거리가 비교적 먼 E는 추가 관망하거나 시가 부근과 같이 과도한 조정 시에만 대응해야 안전하다.

E 이후 직전 고점을 앞두고 저점과 고점을 지속적으로 높이며 일종의 작은 파동으로 상승하는 위치에서의 F는 신뢰할 수 있는 상승 신호가 된다.

〈그림 3-73〉에서처럼 상승세의 조정 구간에서 출현한 A는 상승 샅바형이자 상승 장악형으로 강한 상승 신호이다. 저 정도의 장대 양봉이라면 다음 캔들이 몸통 중앙 아래까지 내려와서는 곤란하므로 하위 차트를 참고하여 과감한 진입이 필요하다.

전 고점 부근에서의 B는 캔들의 크기도 작고 부딪히는 구간에 있으므로 해석의 대상이 아니다.

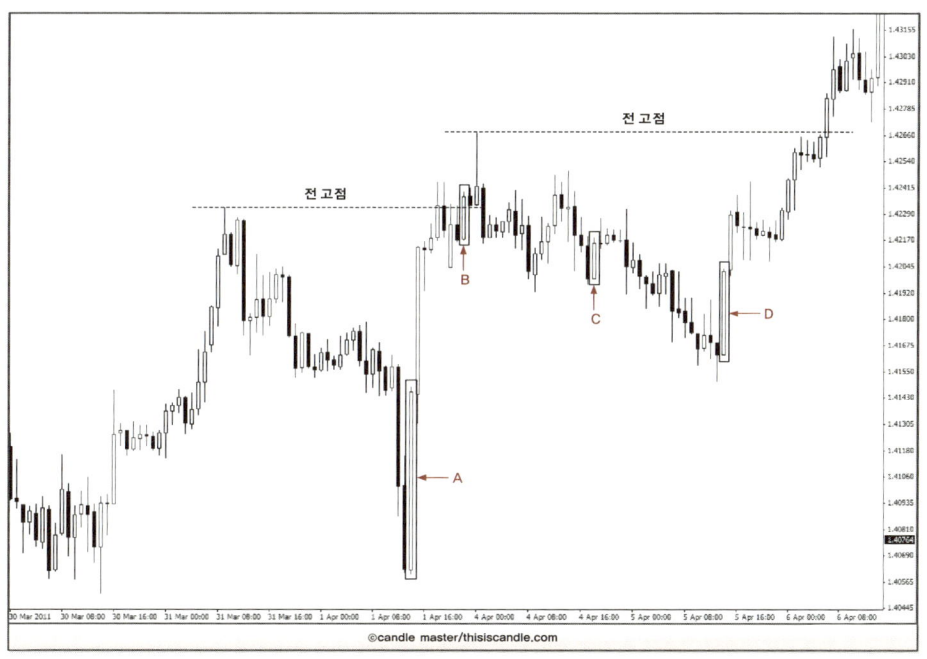

〈그림 3-73〉 유로/달러 1시간 차트

단순 횡보 구간의 C는 이전 음봉과 더불어 상승 자매형을 완성했지만 현저한 직전 저점을 돌파한 위치가 아니기 때문에 유효하지 않다. 오히려 단시간 내 작은 캔들군으로 상승 자매형을 허물 경우 매도 관점으로 대응할 필요가 있다.

비록 하락 스프링형에 가깝지만 힘없는 단기 하락 조정 구간을 허무는 현지한 크기의 상승 샅바형인 D는 유효한 상승 재개 신호로 볼 수 있다. 이때 D와 함께 D 직후 출현한 캔들이 해당 구간의 방향성을 결정짓는 중요한 분기점이 된다. 따라서 다음 캔들을 확인한 후 그림과 같이 현저한 양봉이면 시가 부근까지 조정 시 매수 대응하는 것이 유리하다.

〈그림 3-74〉에서 이전 흐름은 보합 후 하락세였다.

〈그림 3-74〉 파운드/달러 1시간 차트

단기 하락세에서 상승 장악형 형태로 출현한 A는 몸통의 크기가 작고 이전에 조합할 수 있는 상승 신호 또한 없어 유효하지 않다.

크기는 A와 비슷하지만 직전 캔들과 함께 상승 맞대기형을 완성한 B는 유효한 상승 신호이다. 하지만 특별한 전 저점이 없고 이전 흐름이 작은 캔들군으로 이어졌기 때문에 성공 가능성이 크다고는 볼 수 없다(이후 그림과 같이 갑작스런 급등은 오히려 매수세의 진의를 의심케 한다).

C는 유효한 상승 자매형을 구성한 상승 장악형이므로 매수 대응이 가능하다. 하지만 빠른 시간 내 현저한 크기의 캔들군으로 상승하지 못하고 그림과 같이 작은 음봉 캔들군으로 이어질 경우 매도 관점으로 즉각 전환할 필요가 있다.

매도세의 하락 여력을 의심케 하는 ①의 하이웨이브 도지(위·아래꼬리가 동시에 매우 긴 캔들) 이후 출현한 D는 상승 샅바형이자 유사 하락 다람쥐형에 대한 음 자리 양 패턴으로서 강한 상승 신호가 된다.

27. 하락 샅바형

A 타입 상승세에서 출현하는 경우   B 타입 하락세에서 출현하는 경우

하락 샅바형은 상승 샅바형과 반대되는 패턴으로, 형태는 반대지만 출현 위치는 상승 샅바형보다 좀 더 까다롭다.

음봉 망치형과 마찬가지로 상승세의 전 고점을 돌파한 위치에서 첫 번째나 두 번째 음봉일 경우 하락 우세 신호가 된다. 하락세에서는 전 저점을 앞둔 위치나 강한 하락세의 일직선상에서 출현 시 유효한 하락 신호이다. 하지만 이전 흐름상 과도한 하락 구간으로 의심되거나 장대 음봉일 때에는 주의해야 한다. 그 외 위치는 잦은 출현 빈도 및 다양한 유사 형태에 따라 혼선이 있을 수 있으므로 유효하지 않은 것으로 본다.

상승 샅바형과 마찬가지로 1시간 이상의 차트에서 신뢰성이 높다.

〈그림 3-75〉에서 작은 파동 구간의 전 저점을 돌파하는 위치의 A는 유효한 하락 신호이다.

하락세 중도에서 상승 인력거형이 출현했지만 곧 B와 같은 하락 샅바형이 저녁별형을 완성할 경우 상승 인력거형에 대한 일종의 양 자리 음 패턴으로서 강한 하락 지속 신호가 된다.

〈그림 3-75〉 파운드/달러 주간 차트

    비교적 과도한 하락세에서 장대 음봉 형태의 C는 추가 하락보다는 상승 조정을 이끌어낼 가능성이 크다. 따라서 반드시 과도한 조정 시에만 진입하거나 현저한 파동 형성 시까지 추가 관망이 유리하다.

    〈그림 3-76〉에서 단순 보합 구간에서의 A는 해석과 대응의 대상이 아니다.
    상승세의 고점에서 첫 번째나 두 번째 음봉이 아닌 B 또한 해석과 대응이 불필요하다.
    이전 흐름에 비추어 전 저점을 돌파할 가능성이 큰 구간에서 출현한 현저한 크기와 형태의 C는 하락 우세 신호이다. 만약 전 저점에 좀 더 가까웠거나 직전 캔들군의 저가 아래에서 종가가 형성되었다면 신뢰성이 보다 높았을 것이다.

〈그림 3-76〉 달러/프랑 4시간 차트

〈그림 3-77〉 유로/달러 30분 차트

242 실전 캔들 매매법

전 고점을 몸통으로 돌파한 위치에서 저녁별형을 완성한 두 번째 음봉인 D는 저녁별형을 보조하여 강한 하락 신호가 된다. 직전 캔들 또한 하락 우세 신호인 상승 돌격형 직후의 유사 교수형이었기 때문에 신뢰성이 높았다.

〈그림 3-77〉에서 이전 흐름은 단기 상승세였다.

일단의 횡보 후 직전 고점을 몸통으로 돌파한 위치의 유사 저녁별형을 구성한 A는 강한 하락 신호가 된다.

하락 우세 구간에서 출현한 B는 유효한 하락 신호이다. 하지만 직전에 짧은 횡보 구간이 있었고 장대 음봉에 가까우므로 과도한 조정 시에만 대응할 필요가 있다.

하락세의 일직선상의 C 또한 유효한 하락 신호이다.

28. 상승 장악형

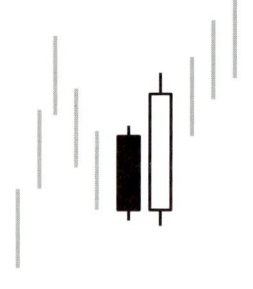

A 타입 상승세에서 출현하는 경우

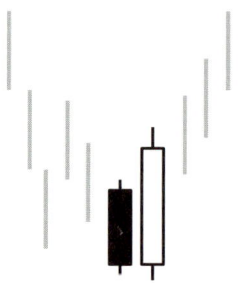

B 타입 하락세에서 출현하는 경우

상승 장악형은 이전 음봉과 더불어 두 번째 양봉이 반드시 현저한 크기여야 한다. 매우 가시적이고 자주 출현하는 패턴이지만 그 자체만으로 상승 반전 신호가 되는 경우는 드물며, 다음과 같은 조건하에서만 상승 신호로서 유효하다.

첫째, 이전에 현저한 상승 신호가 있을 경우
둘째, 상승세나 하락세의 전 저점 돌파 직후 현저한 크기로 완성될 경우
셋째, 하락세의 저점에서 연속으로 출현할 경우

이 외에도 상승세나 하락세의 저점을 높이는 구간에서도 유효할 수 있지만 반드시 현저한 상승 우세 구간이어야만 한다.

〈그림 3-78〉에서 이전 흐름은 상승 후 보합세였다.
단기 보합 구간에서 전 저점을 앞둔 위치의 상승 자매형을 구성하는 A는 유효하지 않다.

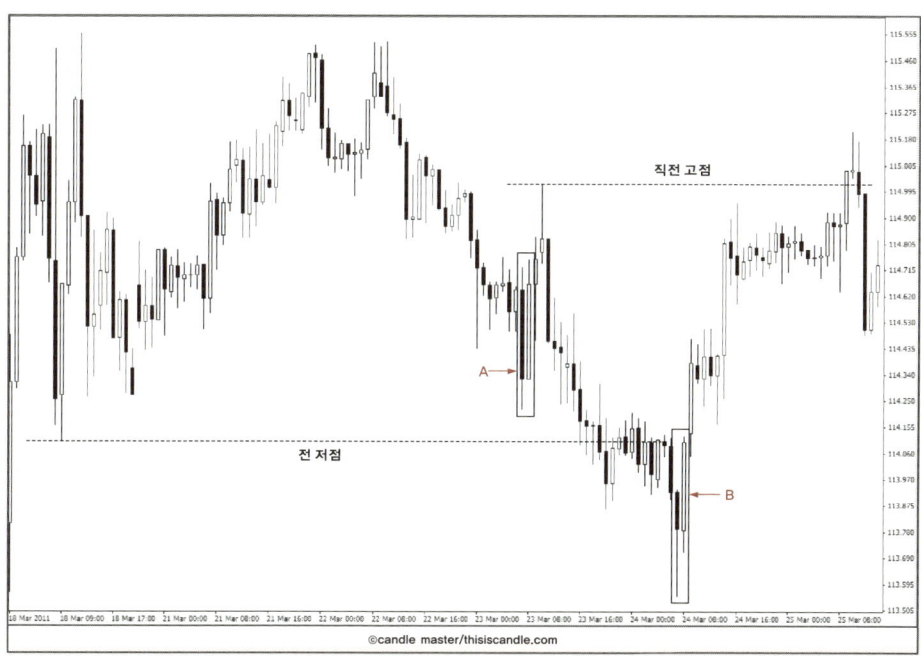

〈그림 3-78〉 유로/엔 1시간 차트

B와 같이 전 저점을 돌파한 직후 현저한 양봉으로 완성된 상승 장악형은 유효한 상승 신호가 된다. 특히 직전 캔들이 긴 아래꼬리 음봉 망치형으로(해당 위치의 긴 아래꼬리 음봉 망치형은 상승 우세 신호에 가깝다) 지지 가능성 또는 추가 하락 가능성이 상존하는 상황에서 출현했기 때문에 해당 구간의 방향을 결정짓는 중요 캔들이 되었다.

〈그림 3-79〉에서 이전 흐름은 보합세였다.

단기 하락 구간의 A와 같은 상승 장악형은 매도세를 저지하는 역할을 한다. 하지만 작은 크기의 상승 장악형만으로 매수 대응은 불가하다.

전 저점을 앞둔 위치의 B는 유효하지 않다. B 이후 저점을 높이며 상승하는 구간의 C는 확률적으로 우세하나 신뢰성이 높지 않다.

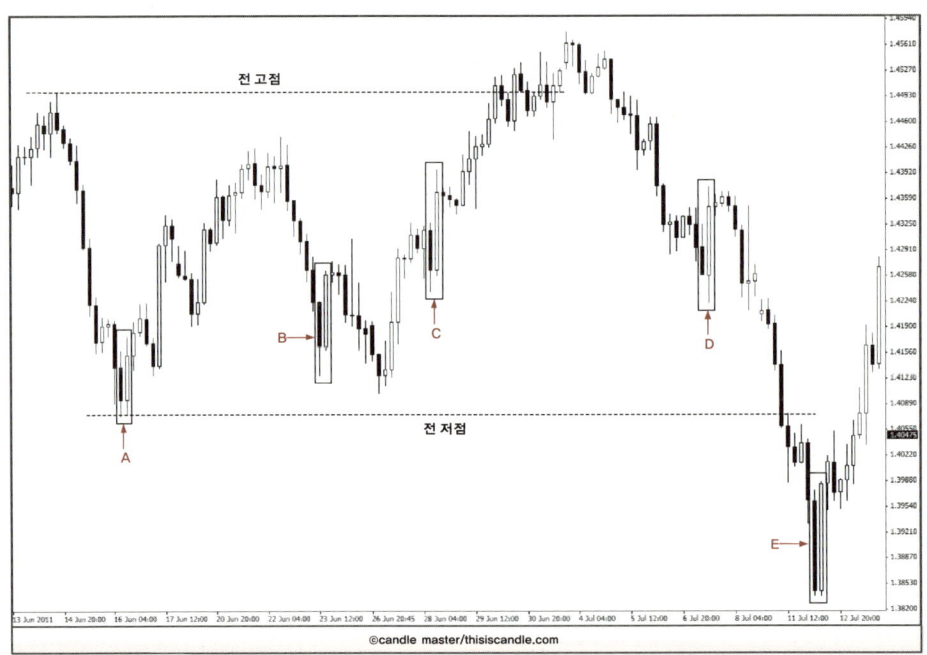

〈그림 3-79〉 유로/달러 4시간 차트

전 고점 돌파 후 단기 하락하는 구간에서의 D는 유효하지 않다.

전 저점 돌파 후 하락이 깊어질 수 있던 구간에서 상승 자매형을 구성한 현저한 크기의 E는 강한 상승 신호가 된다. 상승 신호로서 의심스러울 때에는 다음 캔들을 확인하여 작은 양봉이나 양봉 팽이형 캔들로 완성될 경우에만 대응하는 것이 안전하다.

〈그림 3-80〉에서 이전 흐름은 보합세였다.

단기 급락하는 과정에서 출현한 몸통의 크기가 비교적 작은 A는 유효하지 않다. 오히려 A와 같이 힘없는(아래꼬리로 저가를 갱신하지 못한) 양봉 망치형 형태일 경우 추가 하락 가능성이 큰 것으로 본다.

이후 하나의 파동으로 저점을 높이는 위치에서 출현한 현저한 크기의 B는

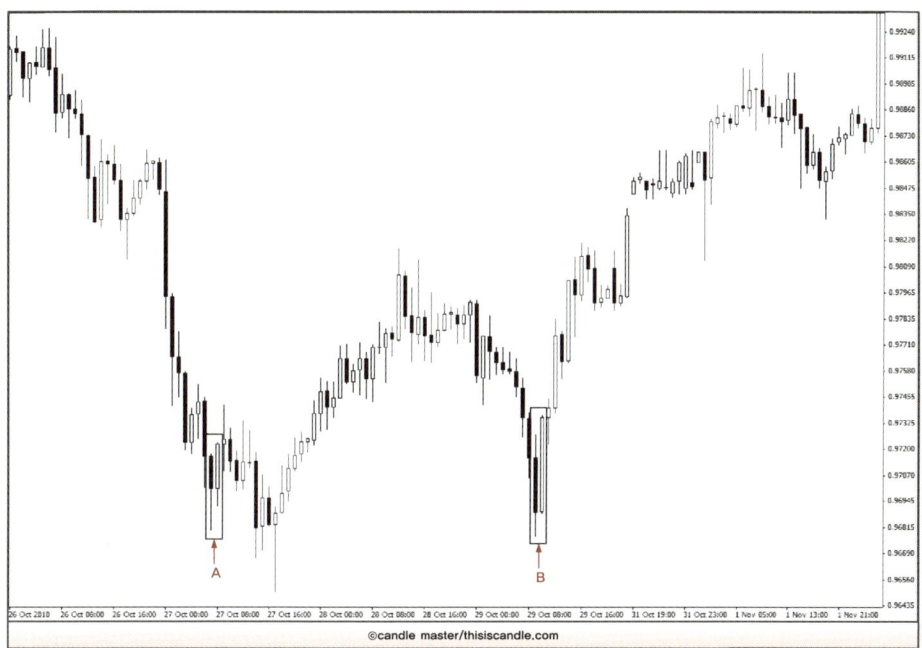

〈그림 3-80〉 호주달러/달러 1시간 차트

유효한 상승 신호가 된다. 지지 가능성이 있던 최저점의 잠자리 도지에 가까운 교수형의 아래꼬리 부근에서 형성되었고, 특히 직전 캔들이 하락 음봉으로서 일종의 음 자리 양 패턴이었기 때문에 신뢰할 수 있었다.

29. 하락 장악형

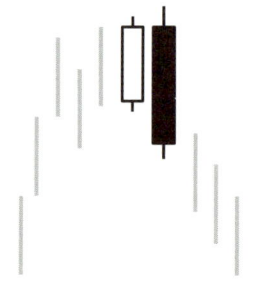

A 타입 상승세에서 출현하는 경우

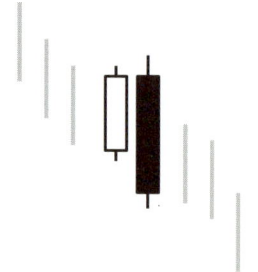

B 타입 하락세에서 출현하는 경우

    하락 장악형은 상승 장악형과 마찬가지로 패턴 하나의 단편적인 해석보다는 전체적인 흐름과 출현 빈도에 따라 판단하고 대응할 필요가 있다.
    다음과 같은 경우에만 하락 신호로서 유효하며, 그 외에는 이전 흐름과 신호의 조합에 근거하여 대응하거나 보조 신호로서만 활용해야 한다.

첫째, 이전에 조합할 수 있는 현저한 하락 신호가 있을 경우
둘째, 작은 파동, 강한 하락세에서 출현할 경우
셋째, 상승세의 고점에서 연속으로 출현할 경우

〈그림 3-81〉에서 이전 흐름은 하락세였다.
    하락 후 첫 반등하는 구간에서의 A는 해석과 대응이 불필요하다.
    A 이후 출현한 B는 현저한 크기로서 어느 정도 유효한 하락 신호이다. 하지만 즉각적인 진입보다는 다음 캔들이 현저한 음봉이나 음봉 팽이형으로 완성될 경우 해당 캔들의 고가 부근까지 조정 시 진입이 유리하다.
    B 이후 일단의 매도세를 확인하였고 (다른 의미로는 매수세가 강하지 못함을 확인하였고) B의

〈그림 3-81〉 유로/달러 30분 차트

현저한 몸통이 저항이 될 가능성이 있던 구간에서 연속된 상승 피스톤형 직후 출현한 C는 B를 보조하여 보다 신뢰할 수 있는 하락 신호가 된다. 따라서 그림과 같이 다음 캔들이 도지나 음봉 팽이형으로 완성될 경우 적극적인 매도 대응이 필요하다.

현저한 하락 우세 구간에서 전 저점을 앞둔 위치의 D는 비록 하락 지속을 암시하지만 신뢰성이 높지는 않다.

전 저점 돌파 후 상승 전환을 시도하는 초기 구간에서 출현한 E는 하락 장악형이 아니라 하락 자매형으로서 저점에서 현저한 상승 신호가 없었고 비교적 작은 캔들군으로 이어지는 구간이었기 때문에 하락이 보다 우세하다. 만약 E가 현저한 크기의 하락 장악형으로 완성되었다면 해석과 대응이 불필요했을 것이다.(일반적으로 하락 장악형은 단순 조정 캔들일 가능성이 크다).

〈그림 3-82〉 유로/파운드 30분 차트

〈그림 3-82〉에서 이전 흐름은 상승세였다.

현저한 상승세에서 직전에 하락 신호나 단기 보합 구간이 없던 A는 유효하지 않다. 하지만 연속선상에서 출현한 B는 A를 보조하여 매수세의 약화를 암시하므로 과도한 조정 시에 진입하거나 이후 매도 타이밍을 주시할 필요가 있다.

힘없는 하락 스프링형 직후 완성된 현저한 크기의 C는 다소 불확실했던 해당 구간을 정리하는 강한 하락 신호가 된다.

전 저점을 다소 멀리 앞둔 위치의 D는 매도세의 지속적인 하락 압력을 암시하지만 다음 캔들을 확인한 후 대응할 필요가 있다. D의 신호가 유효해지기 위해서는 그림과 같이 다음 캔들이 음봉 도지나 팽이형, 또는 작은 음봉이어야 한다. 단 너무 현저한 크기의 음봉으로 완성될 경우 오히려 단기 상승

〈그림 3-83〉 파운드/달러 1시간 차트

조정을 유발할 수 있으므로 주의한다.

전 저점 돌파 후 상승을 시도하는 위치에서의 단순 하락 장악형인 E는 유효하지 않다.

〈그림 3-83〉의 작은 파동, 강한 하락세에서 출현한 현저한 크기의 A와 B는 지속적인 하락을 암시한다.

30. 상승 푸쉬형

A 타입 일반형   B 타입 징검다리형

상승 푸쉬형은 위꼬리가 없거나 짧고 아래꼬리가 매우 긴 3개의 연속된 캔들이 저가를 점점 높이는 패턴이다. 자주 출현하지는 않지만 상승세나 하락세의 전 저점을 돌파한 위치나 상승세 초기 저점을 높이는 구간에서 출현 시 상승 전환 또는 일단의 상승 조정을 이끌어낸다.

어떤 경우이든 해당 구간에서 저가를 갱신한 위치여야 하며, 상승 푸쉬형의 아래꼬리는 이후 단기 지지선이 될 가능성이 크다.

〈그림 3-84〉에서 상승 우세 구간의 전 저점을 돌파한 위치에서 출현한 A는 유효한 상승 신호이다. 이후 하락하더라도 그림과 같이 상승 푸쉬형의 꼬리가 단기적인 지지 가능 구간이 된다.

〈그림 3-85〉에서 이전 흐름은 상승세였다.

저점을 높이는 파동 구간에서 형성된 A는 상승 우세 신호이다. 이후 전 고점을 돌파했지만 ①과 같이 꼬리로만 살짝 돌파한 경우 단기 하락하더라도 상승을 이어갈 가능성이 큰 것으로 본다. 따라서 하락 조정 시 A의 꼬리 부근

〈그림 3-84〉 유로/달러 1시간 차트

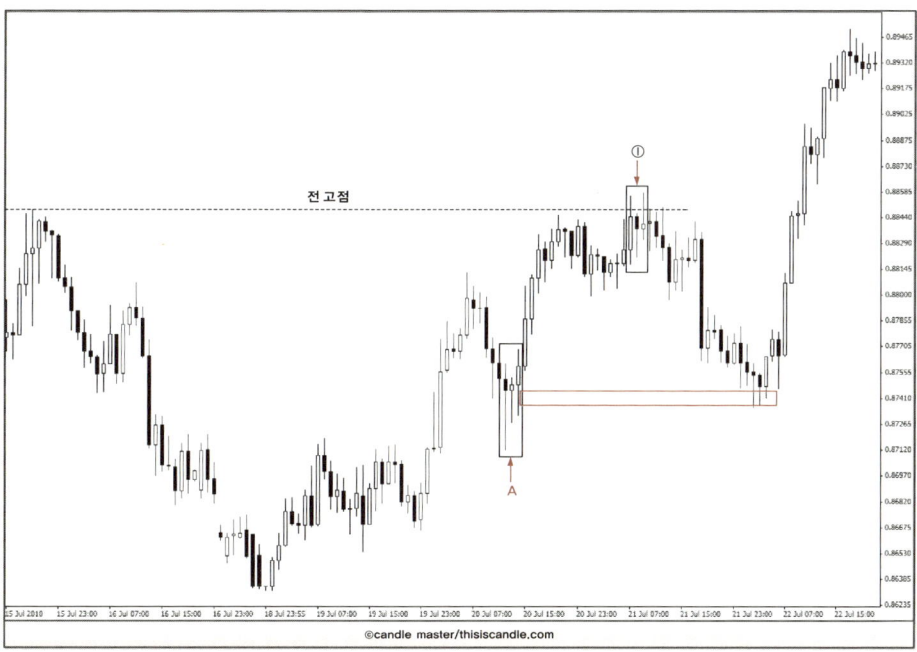

〈그림 3-85〉 호주달러/달러 1시간 차트

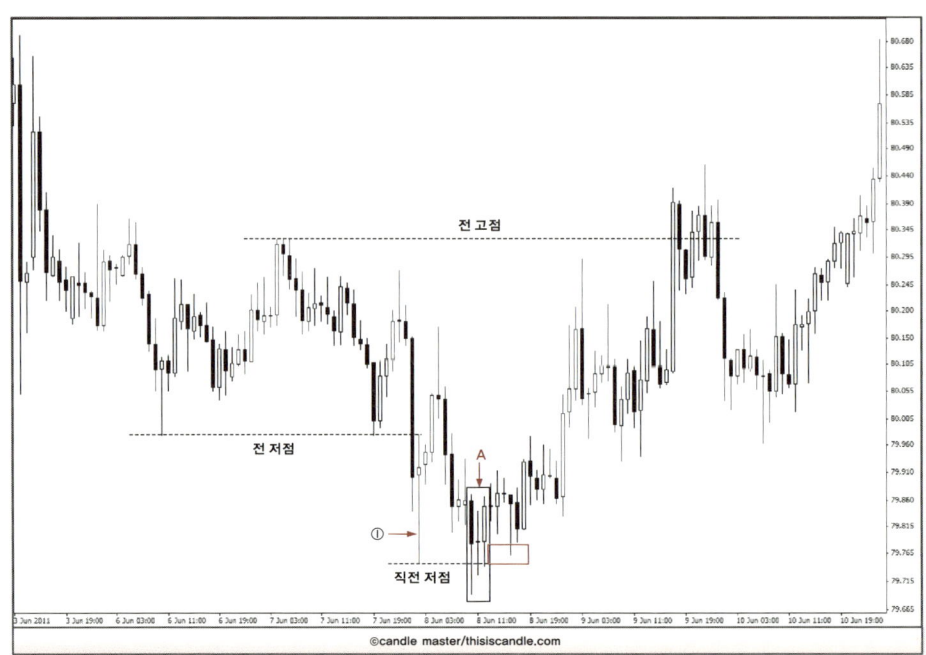

〈그림 3-86〉 달러/엔 1시간 차트

에서 매수 대응이 가능하다.

〈그림 3-86〉에서 이전 흐름은 단기 하락세였다.

직전 저점 돌파 직후 형성된 샛별형이면서 동시에 상승 푸쉬형인 A는 유효한 상승 신호이다.

전 저점 돌파 후 다시 급한 파동으로 직전 저점을 돌파한 위치인 점 그리고 ①과 같이 긴 아래꼬리 캔들로 부딪히는 구간이 있었기 때문에 보다 강력했다.

진입은 샛별형보다는 상승 푸쉬형의 진입 기준, 즉 마지막 캔들의 아래꼬리 부근이 적절하다.

31. 상승 펀치형

A 타입 유성형과 교수형의 조합   B 타입 교수형과 유성형의 조합

상승 펀치형은 비교적 긴 위꼬리를 가진 역망치형과 직후 망치형 형태의 긴 아래꼬리 캔들로 구성된다. 위꼬리 캔들이 하락 압력을 유발하지만 곧 아래꼬리 캔들이 이를 밀어내고 상승세를 이어가는 개념이다.

　상승세 초기나 상승세의 일직선상에서 출현 시 유효하며 상승세의 전 고점을 돌파한 위치에서는 신뢰성이 떨어진다. 또 현저한 하락세에서는 오히려 하락 우세 신호이므로 주의한다. 몸통이 너무 두꺼워서는 안 되고 음봉과 양봉으로 구성될 수는 있지만 연속된 음봉일 경우 유효하지 않은 것으로 본다.

　B 타입보다는 A 타입의 성공 확률이 보다 높다.

〈그림 3-87〉에서 이전 흐름은 상승세였다.

일단의 파동으로 상승하며 전 고점을 앞둔 위치의 A는 유효한 상승 신호이다.

〈그림 3-88〉에서 이전 흐름은 상승 후 보합세였다.

직전 저점을 2~3차례 돌파한 위치에서 현저한 상승 장악형 이후 출현한 A는 강한 상승 신호가 된다.

〈그림 3-87〉 유로/달러 15분 차트

〈그림 3-88〉 유로/달러 30분 차트

32. 하락 펀치형

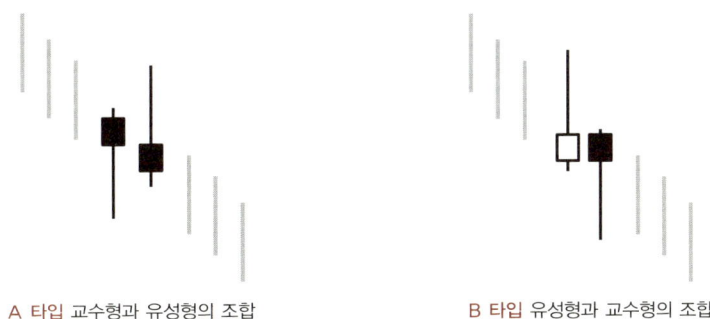

A 타입 교수형과 유성형의 조합   B 타입 유성형과 교수형의 조합

상승 펀치형과 반대되는 패턴으로 하락세 초기나 하락세의 일직선상에서 출현 시 유효한 하락 신호이다. 상승세의 전 저점 돌파를 앞둔 위치에서도 유효하지만 짧은 구간만 대응할 필요가 있다.

〈그림 3-89〉 파운드/달러 1시간 차트

〈그림 3-89〉의 단기적인 하락세에서 전 저점을 앞둔 위치에서 출현한 A의 전형적인 하락 펀치형과 B의 'B 타입' 모두 유효한 하락 신호이다. C의 경우 출현 위치는 물론, 첫 번째 음봉의 아래꼬리가 긴데 반해 두 번째 음봉의 크기가 너무 작아 유효하지 않다.

〈그림 3-90〉에서 이전 흐름은 하락세였다.

하락세의 일직선상에서 ①과 같이 작은 상승 인력거형 직후 음봉이 완성되면 추세 역전의 개념, 즉 일종의 양 자리 음으로 볼 수 있다. 그런 선상에서 출현한 A는 비록 캔들의 크기가 작지만 하락 지속을 암시한다.

작은 파동 구간에서 직전 저점을 앞둔 위치의 B는 유효한 하락 펀치형이다. 하지만 직전 캔들군에서 하락 브레이크형과 유사한 형태를 형성했기 때문에 저점 돌파 후 상승 조정의 가능성 또한 무시할 수 없다.

〈그림 3-90〉 유로/달러 15분 차트

33. 상승 편대형

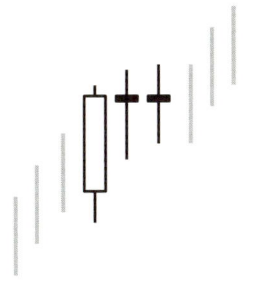

A 타입 일반형

상승 인력거형 직후 상승하지 못하고 1~3개의 도지 캔들이 추가로 형성되더라도 여전히 유효한 상승 신호로 본다. 상승 편대형은 현저한 상승세의 일직선상에서 출현할 때에만 유효하다.

상승 우세 구간일지라도 급한 파동 구간이나 직전 고점을 앞둔 위치에서 다음 캔들 1~2개 내에서 상승하지 못하고 현저한 음봉으로 완성되는 경우에는 하락 조정이 깊어질 가능성이 크므로 즉각적인 매도 관점으로의 전환이 요구된다.

위꼬리 또는 아래꼬리만 긴 도지가 3개 연속으로 구성되면 유효하지 않은 것으로 본다.

〈그림 3-91〉 달러/프랑 1시간 차트

〈그림 3-91〉에서 이전 흐름은 상승 후 보합세였다.

비록 유효한 출현 위치는 아니지만 단기 하락 조정 구간에서 형성된 A는 이전 샛별형과 조합하여 유효한 상승 신호로 해석될 수 있다. 직전 저점을 돌파한 위치에서 A와 같이 3개 이상의 연속된 도지로 구성된 상승 편대형의 출현은 매도세가 하락 타이밍을 놓치고 있다는 암시이다(크랩형과 유사한 개념으로 볼 수 있다).

현저한 상승세의 일직선상에서 출현한 B는 전형적인 상승 편대형이다.

〈그림 3-92〉에서 이전 흐름은 하락세였다. 별다른 상승 신호 없이 단순 상승 장악형 직후 출현한 A는 신뢰성이 떨어지므로 관망이 유리하다. ① 구간의 샛별형과 잠자리형 도지 이후 상승 우세 구간으로 전개되었다. 따라서 전

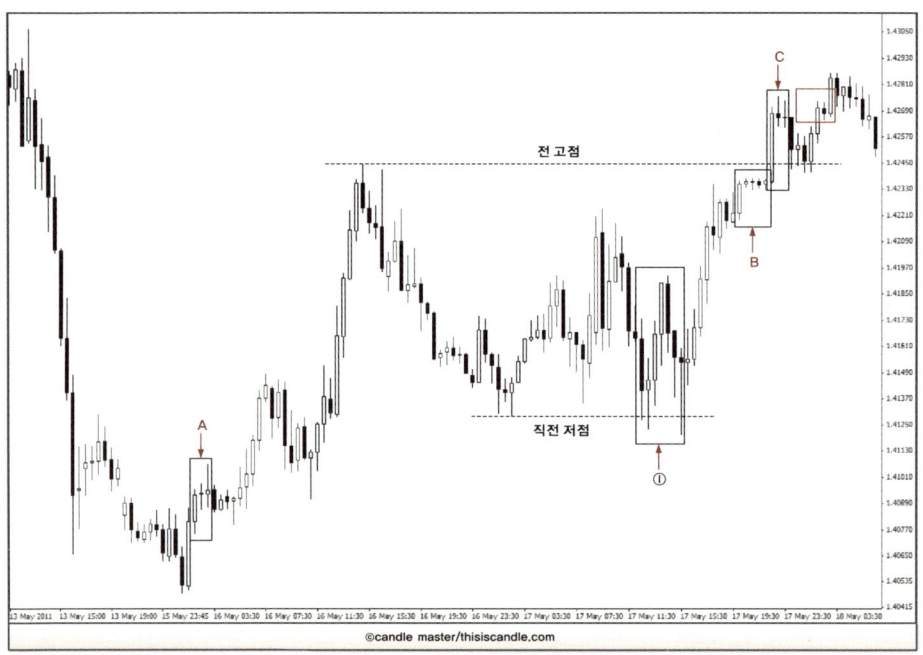

〈그림 3-92〉 유로/달러 30분 차트

고점을 앞둔 위치의 B는 유효한 상승 신호가 된다.

　전 고점을 돌파한 위치의 C는 연속된 도지가 오히려 브레이크로 작용할 수 있으므로 충분한 조정 시에만 대응하거나 추가 관망이 유리하다.

　C 직후 상승하지 못하고 음봉이 출현하면 하락 압력이 강하다는 암시이다. 하지만 하락 신호인 저녁별형으로 보기에는 형태적으로 다소 불충분하다. 그러므로 일반적인 기준보다 좀 더 보수적으로, 즉 과도한 조정 시에만 매도 대응할 필요가 있다.

34. 하락 편대형

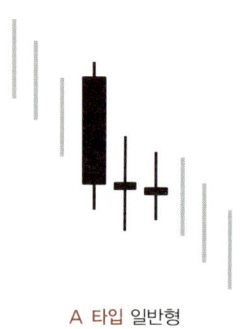

A 타입 일반형

상승 편대형과 반대되는 패턴으로 현저한 하락세의 일직선상에서 출현할 때에만 유효하다. 상승세의 전 저점을 돌파한 위치에서는 오히려 상승 우세 신호이므로 주의한다.

하락 편대형은 현저한 음봉과 2~4개의 도지 또는 팽이형 캔들로 구성되며 아래꼬리만 긴 도지 캔들의 연속일 경우 유효하지 않은 것으로 본다. 상위 차트보다는 하위 차트에서 주로 목격되며 출현 빈도가 매우 낮다.

〈그림 3-93〉에서 일단의 하락세에서 출현한 A는 하락 신호로서 유효하다.

〈그림 3-93〉 파운드/달러 15분 차트

단, 작은 파동의 강한 하락세나 급락세의 일직선상일 때에는 별다른 조정 없이 하락하는 경우가 많지만 일반적인 하락 우세 구간에서는 일단의 상승 조정 가능성 또한 염두에 둘 필요가 있다.

B는 비록 캔들의 크기가 매우 작지만 유효한 하락 신호로 볼 수 있다. 하지만 형태적인 면에서 다소 불충분하기에 충분한 조정 시에만 대응해야 안전하다.

저점에서 별다른 상승 신호가 없었고, 유효하지 않은 위치의 ① 상승 편대형은 오히려 하락 우세일 가능성이 크다(이전의 하락세에 비추어 상승 전환을 위해서는 즉각적이고 강한 상승 움직임이 필요함에도 불구하고 연속된 도지 캔들의 출현은 상승 타이밍을 놓치고 있다는 암시이다).

〈그림 3-94〉에서 이전 흐름은 상승세였다.

〈그림 3-94〉 유로/달러 15분 차트

최고점에서 하락 전환파동 3과 유사하게 진행됨에 따라 하락 우세 구간으로 볼 수 있는 위치의 A는 유효한 하락 신호가 된다. 하지만 그림과 같이 다음 캔들이 양봉으로 샛별형을 완성할 경우 단기 조정 가능성이 있으므로 일단 빠져나와야 한다(물론 저 위치의 샛별형은 유효하지 않으며 결국 하향 돌파될 가능성이 매우 크다).

비록 중요한 분기점이지만 B는 유효한 출현 위치로 보기 어렵다.

B 이후 상승 타이밍을 놓치며 직전 저점을 돌파한 장대 음봉으로 구성된 C는 하락 펀치형과 유사한 개념으로서 유효한 하락 신호가 된다.

35. 상승 반격형

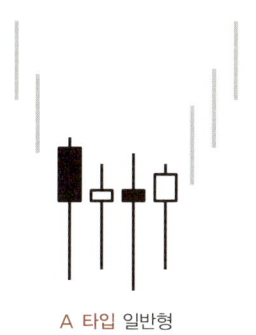

A 타입 일반형

상승 반격형은 아래꼬리가 길고 몸통이 짧은 3~4개 이상의 캔들이 단구간에서 밀집 대형으로 구성되는 패턴이다. 전체적인 형태로 보면 긴 아래꼬리 캔들군이 계란 형태의 유선형 바닥을 형성하게 된다.

상승세의 하락 조정 구간이나 현저한 하락세에서 출현 시 단기 상승을 이끌어내지만 곧 하락 전환되는 특성이 있다. 따라서 단기 매수 후 상승 반격형의 저가 아래를 목표로 매도 전환이 유리하다.

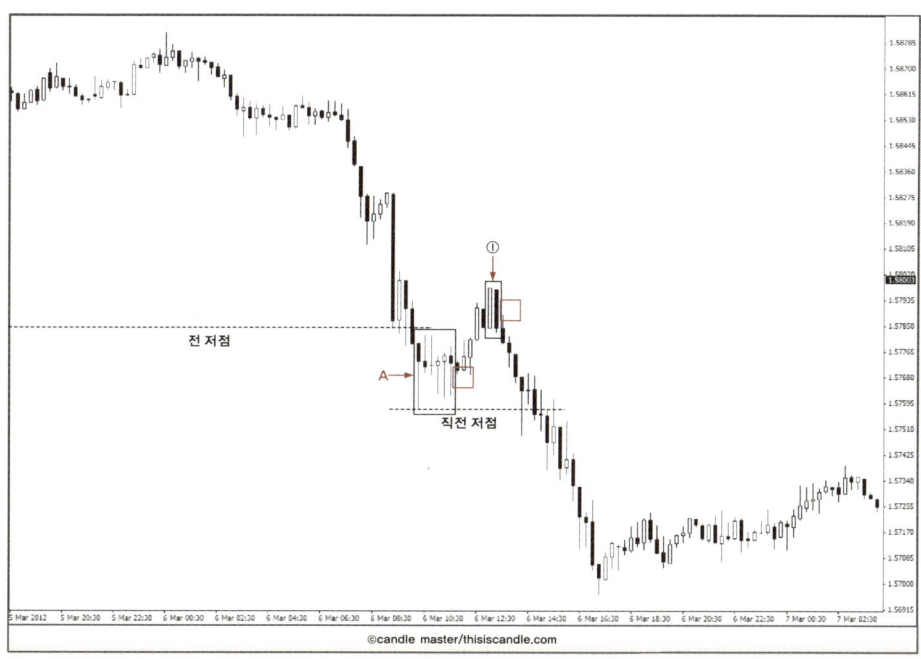

〈그림 3-95〉 파운드/달러 15분 차트

〈그림 3-95〉에서 전 저점 돌파 후 A의 출현으로 일단의 상승 조정이 예상 되므로 아래꼬리 부근에서 단기 매수가 가능하다. 하지만 잠시 후 ① 하락 자매형의 출현으로 매도 관점으로의 전환이 요구된다.

일반적인 경우 상승 반격형의 저점을 돌파하게 되면 재상승할 확률이 높음에도 불구하고 그림과 같이 별다른 상승 신호 없이 하락할 경우 그만큼 하락세가 깊어질 가능성이 크다.

〈그림 3-96〉에서 전 저점을 앞둔 위치에서 출현한 A는 일단의 상승 조정 후 하락을 암시한다. 따라서 ① 상승 스프링형의 조정 시 매도 대응이 가능하다. 이때 1차 목표가는 A의 저가보다는 전 저점 아래가 적절하다.

대부분의 상승 반격형은 저점 돌파 후 반등하는 특성이 있으므로 전 저

〈그림 3-96〉 유로/달러 30분 차트

점을 돌파한 위치에서 출현한 ② 상승 인력거형은 비록 작은 크기에다 유효한 위치로도 보기 어렵지만 A의 영향력에 의해 신뢰할 수 있는 상승 신호가 된다. 하지만 상승 반격형 자체가 강한 상승 신호는 아니므로 목표가를 짧게 가져가는 것이 유리하다.

〈그림 3-97〉의 강한 하락세에서 출현한 A는 일단의 상승 조정을 암시한다. ① 음봉 역망치형 직후 매도 대응이 가능하지만 상승 반격형이자 상승 푸쉬형으로도 볼 수 있는 A의 꼬리 부근에서 지지받은 ② 양봉 망치형의 출현으로 상황이 반전되었다.

따라서 양봉 망치형 직후 매수 관점으로 전환할 필요가 있으며, 이후 A의 저점을 돌파하더라도 상승 전환될 가능성이 큰 것으로 본다.

〈그림 3-97〉 호주달러/달러 15분 차트

36. 상승 양봉

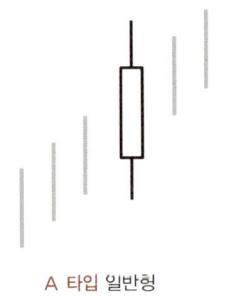

A 타입 일반형

상승 양봉은 몸통이 어느 정도 두껍고 위·아래 꼬리가 모두 적당히 긴 캔들로서 현저한 상승 우세 구간에서 출현 시 유효한 상승 신호이다. 하락세나 보합 구간에서는 대응의 대상은 아니지만 해당 구간에서 매수세와 매도세의 힘의 균형을 읽는 유용한 기준점이 될 수 있다.

어떤 구간이든지 상승 양봉 직후 다음 캔들은 양봉이어야 정상인 것으로 본다. 따라서 상승 우세 구간에서 다음 캔들이 현저한 음봉으로 완성될 경우 즉각적인 매도 관점으로의 전환이 요구된다. 그 외 구간은 보다 보수적으로 대응하거나 이후 추가적인 신호와 조합하여 해석할 필요가 있다.

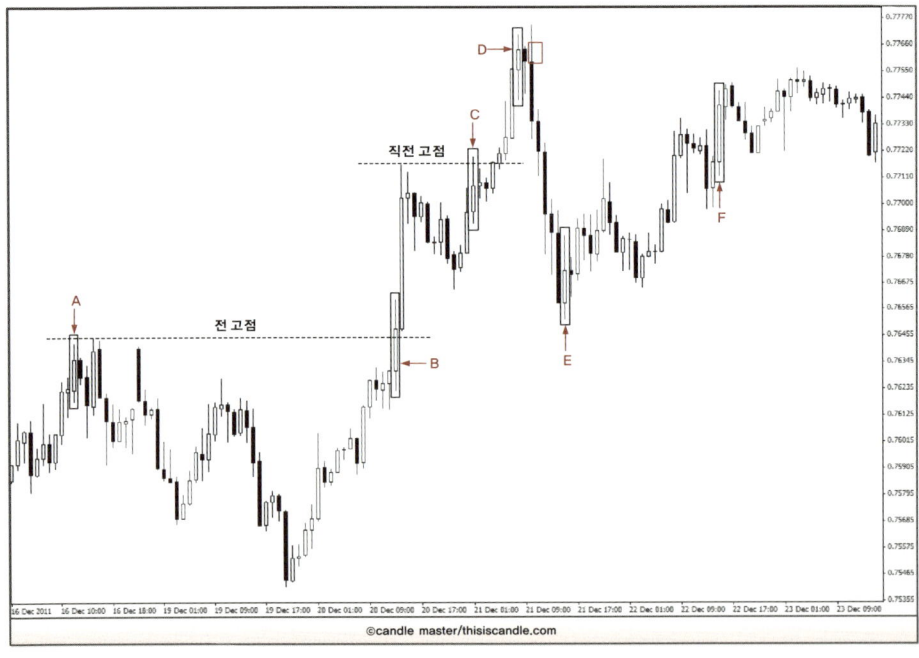

〈그림 3-98〉 뉴질랜드달러/달러 1시간 차트

〈그림 3-98〉에서 직전 캔들군과 함께 상승 다람쥐형과 유사한 형태를 구성한 A는 기본적으로 유효한 상승 신호이다. 하지만 다음 캔들이 양봉이어야 정상인 상황에서 A와 같이 연속된 음봉으로 완성되는 경우 충분한 조정 시 매도 관점으로 전환함이 유리하다.

전 고점을 돌파하는 위치의 현저한 크기와 형태의 B는 강한 상승 신호이다. 직전 고점을 돌파하는 위치의 C 또한 유효한 상승 신호다(다음 캔들이 곧바로 상승하지 못하고 도지로 완성되더라도 현저한 음봉이 출현하지 않는 한 그 다음 캔들을 추가 확인할 필요가 있다).

직전 고점까지 돌파한 위치의 D는 몸통의 크기가 비교적 작고 직전에 상승 돌격형까지 있어 신뢰성이 떨어진다. 이런 경우 다음 캔들이 음봉 망치형으로 완성되면 즉각적인 매도 관점으로의 전환이 요구된다.

하락 조정 구간에서 출현한 E는 대응의 대상이 아니다. 하지만 직전의 하락 돌격형을 보조하여 상승 전환 가능성을 암시한다고 볼 수 있다.

F는 몸통 크기에 비해 아래·위꼬리가 비교적 짧아 신뢰성이 떨어진다. 더군다나 D 구간에서 형성된 저녁별형의 저항 가능성이 큰 구간이므로 매도 관점으로 대응하거나 추가 관망이 유리하다.

〈그림 3-99〉에서 이전 흐름은 단기 하락세였다.

기본적으로 하락세나 보합 구간의 상승 양봉은 유효하지 않다. A는 출현 위치와 함께 〈그림 3-98〉의 F와 마찬가지로 몸통 크기에 비해 꼬리가 짧아 유효하지 않다. 따라서 다음 캔들이 연속된 음봉이거나 현저한 크기의 음봉일 경우 보수적인(과도한 조정 시) 매도 대응이 유리하다.

B, C는 A에 비해 현저한 보합 구간이므로 해석과 대응이 불필요하다.

D 또한 몸통의 크기가 너무 작아 해석이 불가하다.

〈그림 3-99〉 유로/엔 1시간 차트

　E는 직전 캔들이 도지이고 현저한 상승세의 일직선상으로 보기 어려우므로 유효하지 않다. 하지만 단기 하락세에서 하락을 이어가지 못하고 장시간 횡보 후 직전 고점을 돌파한 직후 완성된 ①과 같은 연속된 아래꼬리 음봉은 E를 보조하여 상승을 암시한다고 볼 수 있다.

　현저한 크기의 양봉 직후 출현한 F는 전형적인 상승 신호이다.

37. 하락 음봉

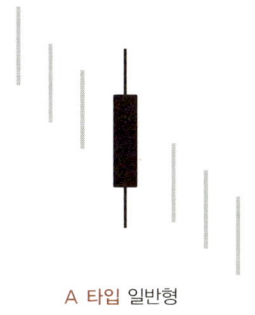

A 타입 일반형

상승 양봉과 반대되는 개념으로 위·아래꼬리가 모두 적당히 긴 음봉 캔들이다. 기본적으로 하락 우세 구간에서 출현해야만 하락 신호로서 유효하며, 상승 양봉과 마찬가지로 거의 모든 구간에서 매수세와 매도세의 힘의 균형을 읽는 유용한 기준점이 될 수 있다.

〈그림 3-100〉에서 이전 흐름은 상승세였다.

전 저점 돌파 후 상승 전환을 시도하는 타이밍에서 출현한 A는 강한 하락 신호이자 중요 분기점이 된다. 상승 전환을 위해서는 A 직후 반드시 장대 양

〈그림 3-100〉 달러/프랑 15분 차트

봉이나 현저한 크기의 양봉이 출현하여 상황을 반전시켜야만 한다.

하락 우세 구간에서 직전의 하락 다람쥐형의 음 자리 양 패턴을 허문 B 또한 강한 하락 신호가 된다.

C는 몸통에 비해 꼬리가 너무 길어 유효하지 않다. 오히려 직전 상승 자매형과 조합하여 상승 조정 가능성을 예상해볼 수 있다. 더불어 하락세 일직선상의 유효하지 않은 상승 자매형을 보조하는 C로 구성된 2차적인 상승 자매형이자 일종의 음 자리 양 패턴이므로 이후 흐름은 직전 저점을 돌파하더라도 상승 전환 또는 조정 가능성이 큰 것으로 본다.

D의 형태는 유효하나 C로 구성된 상승 자매형의 영향력에 갇혀 있으므로 신뢰성이 떨어진다. 따라서 D와 같이 직후 현저한 크기의 음봉이 아니라 양봉으로 완성되는 경우 해당 구간에서의 상승 전환 가능성이 보다 높아진다고 볼 수 있다.

그런 관점에서 직전 저점을 몸통으로 돌파한 위치의 E는 유효성이 의심되며, 그림과 같이 다음 캔들이 양봉으로 완성될 경우 즉각적인 매수 대응이 요구된다.

〈그림 3-101〉에서 이전 흐름은 강한 상승세였다.

상승세의 단순 조정 구간에서 출현한 A는 기본적으로 유효하지 않다. 오히려 그림과 같이 다음 캔들이 현저한 크기의 상승 샅바형이나 양봉으로 완성되는 경우 일종의 음 자리 양 개념으로서 상승을 지속할 가능성이 매우 크다.

상승세의 고점에서 그리 멀지 않고 하락 우세 구간이라 할 수 없는 B 또한 유효하지 않다.

일단의 횡보세 이후 전 고점을 재차 테스트하는 과정에서 출현한 C는 중요

⟨그림 3-101⟩ 유로/달러 1시간 차트

분기점으로서 추가 상승을 위해서는 다음 캔들이 현저한 양봉이나 장대 양봉이어야만 한다. 하지만 그림과 같이 도지 또는 음봉으로 완성될 경우 반대로 하락 조정이 깊어질 가능성이 그만큼 커진다.

전 저점을 장대 음봉으로 돌파했음에도 뒤이어 출현한 D는 하락 압력이 여전히 강하다는 암시이다. E 또한 C로부터 시작된 매도세가 건재하다는 신호로 볼 수 있다.

전 저점에서 너무 깊이 하락한 위치의 샛별형은 유효하지 않으므로 샛별형을 허문 F는 강한 하락 신호가 된다. 하지만 F 직후 현저한 양봉이 출현하며 상승 자매형을 완성하였으므로 이후 흐름은 빠른 시간 내 상승 전환되어야 정상인 것으로 본다. 하지만 G와 함께 연속된 하락 음봉이 상황을 재반전시켰으므로 이후 흐름은 하락세가 깊어지거나 단기 보합할 가능성이 크다.

4장

5가지 진입 포인트

"참고 인내해야 성공을 얻을 수 있다. 오랫동안 큰 소리로 계속 문을 두드리면 반드시 누군가가 일어나서 문을 열어준다."

−롱 펠로

5 가지 진입 포인트

● 우리가 앞장의 하이로우, 전환파동, 캔들 패턴 Top 37을 통해 배울 수 있었던 것은 유리한 구간과 불리한 구간을 구별하고 그 유리한 구간 내에서도 확률적 우위의 진입 포인트, 즉 일진포(일일 진입 포인트)를 찾아내는 것이라고 할 수 있다. 변화무쌍한 차트에서 전체적, 혹은 부분적 흐름을 파악하고 캔들을 통해 힘의 균형을 읽는 것도 사실상 이 일진포를 찾아내기 위한 과정인 것이다.

일진포는 하이로우, 전환파동 및 캔들 패턴에 의한 모든 성공 확률이 높은 현저한 신호를 통칭한다. 캔들 패턴 Top 37은 물론 긴 꼬리 캔들이나 일반적인 도지 캔들조차 이 일진포에 포함될 수 있다. 이러한 일진포를 실시간 차트에서 효과적으로 찾아낼 수 있을 때에야 비로소 성공적인 트레이더가 되기 위한 첫 단추를 꿴 것이다. 그 다음 단계이자 최종 단계는 예상대로 갔을 때와 반대로 갔을 때에 대한 대응 능력과 경험을 쌓는 데 달려 있다.

일반적인 일진포를 찾아내는 기술을 앞장의 하이로우, 전환파동 및 캔들 패턴 Top 37을 통해 배웠다면 이번 장에서는 일진포의 범주에 포함되기는 하지만 앞에서 자세히 소개하지 못했던 부차적인 진입 포인트에 대해 살펴볼 것이다.

사실 캔들 매매법이 추구하는 궁극의 목표는 추세 상관없이 매수, 매도의 관점을 자유자재로 가져가는 것이다(주식 거래자에게는 언제 매수하고 언제 빠져나와야 할지 아는 것이라 할 수 있다). 하이로우와 전환파동의 깊은 이해 없이 캔들 패턴 Top 37만으로도 얼마든지 이러한 성공적인 매매가 가능하다. 하지만 모든 트레이더에게 공통적으로 적용되기는 어려울 것이다. 예를 들어 거래 시간은 부족하지만 자금이나 심리적 여유가 충분한 트레이더에게는 지정가 예약 매매 방식이나 스윙거래가 보다 적합할 수 있다. 또 복잡한 공부를 생략하는 대신 특정 구간에서 심플한 매매를 추구하는 트레이더도 많을 것이다(물론 이 경우에도 먼저 유리한 구간과 불리한 구간을 구별할 수 있어야 한다). 따라서 나의 성향과 환경에 맞는 매매 방식을 트레이더 스스로 찾아내고 최적화하는 노력이 필요하다.

  이번 장에서 소개하는 5가지 진입 포인트는 일종의 취사 선택권으로 볼 수 있다. 예를 들어 길잡이 캔들과 무주공산의 개념을 이해한다면 지정가 예약 매매가 가능함으로써 차트를 지켜볼 시간적 여유가 없는 트레이더에게 좋은 옵션이 될 수 있을 것이다. 캔들 지지저항 또한 보다 심플한 매매 방식을 선호하는 트레이더에게 유용한 해법을 제시해줄 것이다.

  물론 캔들 매매법에서 소개하는 모든 것을 공부하고 이해한다면 취사 선택의 폭은 훨씬 넓어지고 차트의 흐름을 여유롭게 관조하면서 어떠한 상황에서도 대처 가능한 능력을 갖추게 된다. 따라서 한두 가지 방식만 고집하기보다는 전체적인 내용을 먼저 이해하고자 하는 노력이 선행되어야만 한다. 결국 모든 것은 서로 유기적으로 연결되어 있기 때문이다.

11 길잡이 캔들

길잡이 캔들은 상승 또는 하락해야 할 위치, 패턴, 타이밍에서 해당 구간의 흐름을 반전시키는 캔들이나 직전의 반전 패턴이 허수가 아니었음을 증명하는 현저한 크기의 캔들을 말한다.

  단순 보합 구간이 아닌 추세의 중요 분기점(전 고점, 전 저점 부근이나 유효한 전환파동의 선상)에서 이전 추세와 패턴 신호를 무시하고 반대로 움직이는 어떤 캔들이 있다고 가정해보자. 이 경우 해당 캔들에 이전 흐름을 바꾸고자 하는 반전 세력의 강한 의지가 녹아 있다고 볼 수 있다. 따라서 해당 캔들의 시가 부근이 일종의 마지노선, 즉 지지저항 역할을 할 가능성이 크며, 시가가 무너지면 반대로 강하게 가거나 또는 방향성을 잃고 단기 보합할 가능성이 커진다.

  길잡이 캔들은 음 자리 양/양 자리 음과 개념을 일부 공유하고 현저한 음 자리 양/양 자리 음 캔들이 곧잘 길잡이 캔들이 되곤 한다. 1시간 이상의 차트에서 신뢰성이 높으며 유효한 길잡이 캔들이 될 수 있는 경우는 다음과 같다.

- **음 자리 양 직후 출현한 현저한 크기의 양봉 캔들**(양 자리 음은 반대)

  음 자리에서 양 캔들이 출현했다는 그 자체만으로 해당 구간에서 추세의 전환이나 조정을 암시한다. 하지만 이 신호가 보다 강력하고 확실해지기 위해서는 다음 캔들이 현저한 크기의 동종 캔들일 필요가 있다.

- **전환파동을 허무는, 즉 오르거나 내려야 할 타이밍을 허무는 현저한 크기의 캔들**

  패턴 신호의 유무에 관계없이 전환파동의 관점에서 상승이나 하락 타이밍을 허물거나 다음 움직임으로 증명된 현저한 크기의 캔들은 이후 조정 시 중요한 버팀목이 될 가능성이 크다. 형태보다는 전환파동을 참고하여 이전 흐름상의 중요 분기점인지가 중요하다.

> **길잡이 캔들의 주요 특징**
> - 흐름을 반전시키는 길잡이 캔들의 특성상 조정이 뒤따라오는 경우가 많다. 따라서 길잡이 캔들 직후 진입보다는 시가 부근까지 조정을 기다리는 것이 유리하다.
> - 단구간에서는 길잡이 캔들 자체가 중요 지지, 저항이 될 수 있다.
> - 길잡이 캔들의 시가를 깊이 돌파하면 해당 방향의 우세를 예상해볼 수 있다.
> - 길잡이 캔들 이후 흐름을 번복하면 단기 보합할 가능성이 크다.
> - 단구간에서 상승 길잡이와 하락 길잡이가 연속으로 출현하면 단기 보합할 가능성이 크다.

〈그림 4-1〉에서 비록 유효한 위치는 아니지만(대응의 대상은 아니지만 다음 흐름을 위한 해석의 대상은 될 수 있는) ① 하락 자매형 직후 이전 흐름상 하락 조정세가 깊어질 수 있는 상황에서 출현한 ② 양봉 망치형은 단구간에서 지지선이 될 가능성이 크다. 양봉 망치형 자체의 신뢰성은 떨어지지만 직후 ①을 허무는 강한 상승 움직임이 확인되었기 때문에 일종의 길잡이 캔들로 볼 수 있다.

이때 ②와 같이 아래꼬리가 길 경우 시가보다는 꼬리를 기준으로 지지선을

〈그림 4-1〉 파운드/달러 1시간 차트

설정하는 것이 적절하다.

　전 고점 돌파 후 상승을 지속하기 위해서는 ③ 샛별형 직후 상승했어야 함에도 불구하고 ③을 허무는 ④는 유효한 길잡이 캔들이 된다(③ 샛별형은 ①과 마찬가지로 유효한 상승 신호가 아니므로 대응의 대상이 아니라 다음 흐름을 위한 해석용으로만 활용된다. 따라서 ④는 전형적인 양 자리 음은 아니지만 직후 강한 하락 움직임까지 확인되었으므로 유효한 길잡이 캔들의 범주에 포함시킬 수 있다).

　직전 저점 돌파 후 재상승을 시도하는 과정에서 2개의 작은 음봉 직후 출현한 ⑤ 현저한 장대 음봉은 매수세의 의도를 꺾는 중요 캔들로 볼 수 있다(길잡이 캔들이 아니라 캔들 지지저항에 가깝다). ⑤는 직전에 특별한 패턴이 있거나 전환파동 구간 또한 아니기 때문에 그림과 같이 직후 하락 움직임이 확인되어야만 비로소 의미 있는 캔들(본격적인 하락세를 유도하는 시발점이 된 중요 캔들)이 된다.

<그림 4-2> 골드 4시간 차트

〈그림 4-2〉에서 ① 긴 아래꼬리 망치형과 그 꼬리 부근에서 형성된 직전의 긴 아래꼬리 캔들을 허무는 ③은 신뢰성 높은 길잡이 캔들이다. ③은 ①의 상승 신호 및 상승 전환파동 1의 진행 가능성을 동시에 허물었으며, 정상적인 경우 ②의 궤적으로 상승했어야만 했다.

길잡이 캔들은 아니지만 직전의 하락 음봉을 보조하여 하락세를 부추기는 ④는 단구간에서 저항선 역할을 할 가능성이 큰 중요 캔들이다.

상승 전환파동 1의 전개 과정에서 출현한 ⑤ 상승 자매형을 허무는 ⑥은 전형적인 길잡이 캔들이다. ⑥ 직후 흐름 또한 상승 전환파동 1을 무력화시켰으므로 저점에서 현저한 상승 신호에 의한 강한 상승 움직임(현저한 크기의 캔들 군으로 단기간에 상승하는 움직임)이 없는 한 ⑥의 시가 부근까지 조정 시 매도 대응이 유리하다.

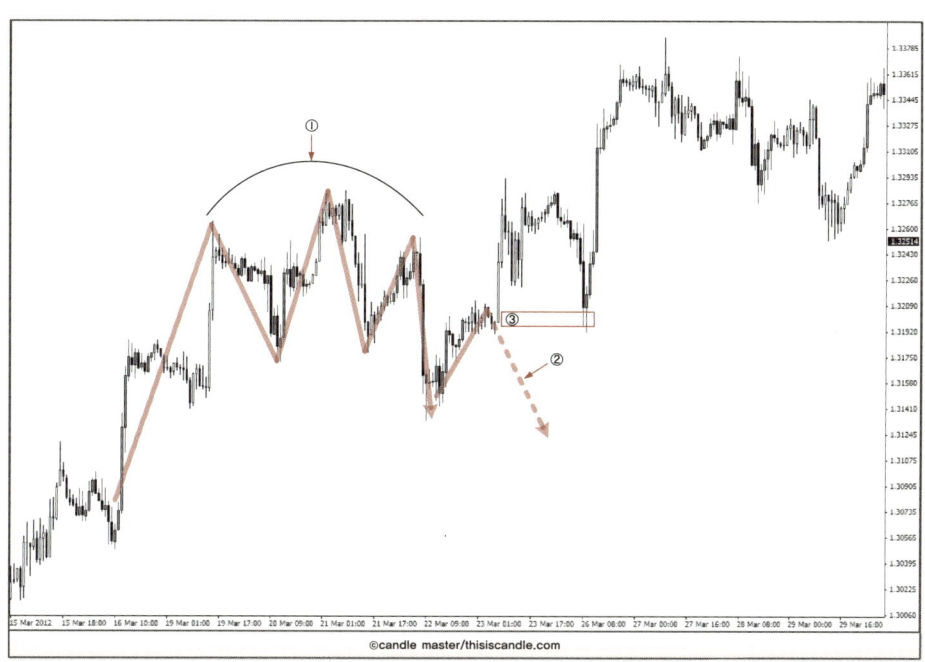

〈그림 4-3〉 유로/달러 1시간 차트

　〈그림 4-3〉에서 이전 흐름은 상승세 초기였다. 상승세의 최고점이 아니기 때문에 ① 하락 전환파동 3이 유효하지는 않지만 하락세로 전환되기 위해서는 ②와 같은 궤적으로 하락해야 정상적인 타이밍으로 본다.

　그런 관점에서 출현한 현저한 캔들인 ③은 직후 흐름 또한 하락 전환파동 3의 형태를 허물었기 때문에 유효한 길잡이 캔들로 볼 수 있으며, 시가 부근까지 조정 시(가능한 시가 부근에서의 상승 신호 확인 후) 매수 대응이 가능하다. 만약 시가 아래에서 종가가 형성될 경우 하락 조정이 깊어지거나 단기 보합할 가능성이 크므로 추가 관망이 유리하다(물론 이런 경우에도 중·장기적으로는 여전히 상승 가능성이 크다).

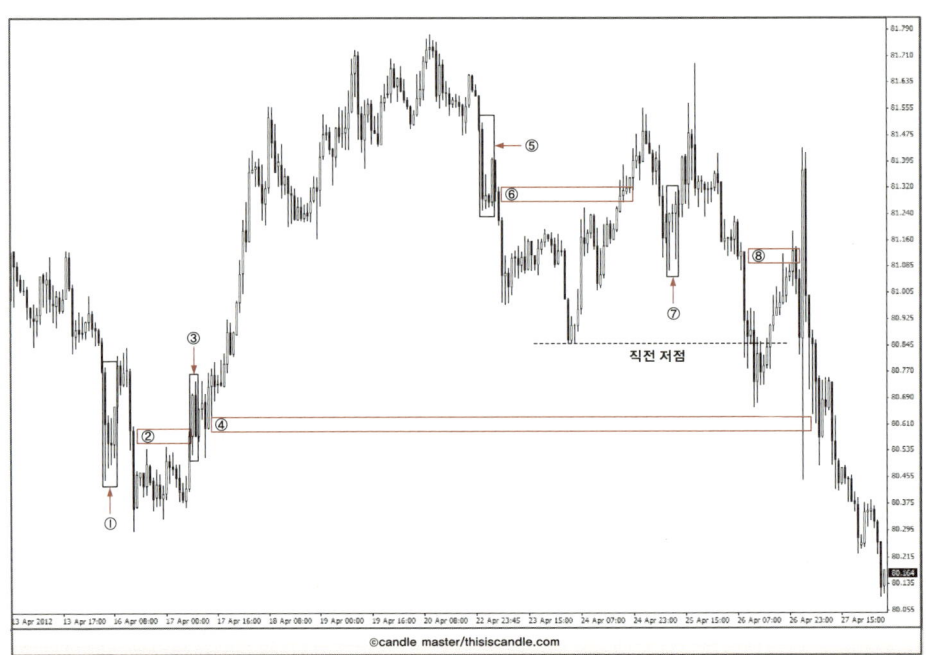

⟨그림 4-4⟩ 달러/엔 1시간 차트

⟨그림 4-4⟩에서 상승 신호인 ① 상승 푸쉬형을 허문 현저한 캔들인 ②는 강한 하락을 암시하는 길잡이 캔들이다. 하지만 즉각적인 하락 움직임을 이어가지 못하고 그림과 같이 길잡이 캔들을 허물 경우 거꾸로 강한 상승세로 전환되거나 단기 보합할 가능성이 큰 것으로 본다.

그런 상황에서 출현한(유효한 위치는 아니지만) ③ 하락 자매형을 허문 ④는 해당 구간의 방향성을 정리하는 길잡이 캔들로 볼 수 있다.

고점에서 하락 전환파동 3과 유사한 형태로 전개되는 과정에서 출현한 ⑤ 샛별형을 허무는 ⑥ 또한 단구간에서의 길잡이 캔들이다(유효하지 않은 위치의 ⑤와 같은 샛별형은 대응의 대상이 아니라 다음 흐름을 위한 해석의 대상이다). 이후 ⑥을 허문 움직임으로 인해 단기 보합 구간이 뒤따라올 가능성이 크다(이때 ⑥을 허물기 직전 일종의 '힘을 비축하는 과정' 이 있었기 때문에 매도 대응에 주의할 필요가 있다).

상승을 이어가지 못하고 ⑦의 긴 아래꼬리 캔들군을 허문 ⑧ 또한 길잡이 캔들로 볼 수 있다. 이후 특정 이벤트에 의해 단기 급등락하였지만, 전체적인 관점에서는 하락 전환파동 3 이후 하락 전환파동 5로 중·장기 대응이 가능한 흐름이다.

12 캔들 지지저항

캔들 매매법을 공부하다 보면 길잡이 캔들과 같은 중요 분기점에서의 중요 캔들이 점차 눈에 들어오게 될 것이다. 앞에서 말했듯이 그런 중요 캔들에는 세력의 강한 의도가 숨어 있기 때문에 해당 구간에서 지지저항 역할을 수행하는 경우가 흔하다.

따라서 시중의 일반적인 지지저항선과는 개념이 다른, 훨씬 효과적이고 강력한 지지저항선을 중요 캔들만으로 그려낼 수 있게 된다.

캔들 지지저항은 길잡이 캔들은 물론, 길잡이 캔들만으로 설명할 수 없는 중요 캔들을 포함한다. 길잡이 캔들은 대부분 직전에 현저한 상승 또는 하락 신호가 있어야 하고 현저한 크기여야 한다. 하지만 길잡이 캔들을 제외한 중요 캔들은 패턴 유무와 크기에 관계없이 중요 분기점에서의 캔들 및 이전 또는 이후 지지저항 움직임이 확인된 캔들이라는 차이점이 있다.

때에 따라 긴 꼬리 캔들과 함께 작용할 때 신뢰성이 높아지며, 다음과 같은 2가지 경우로 구분될 수 있다.

첫째, 현저한 길잡이 캔들인 경우

둘째, 길잡이 캔들을 제외한 중요 캔들로서 이전 또는 이후 지지저항 구간으로 증명되는 경우

유효한 캔들 지지저항은 기간을 따로 정할 수는 없으나 수개월 후에도 지속적인 지지저항 구간으로 작용할 가능성이 크다. 따라서 신뢰도에 따라 조기 진입하거나 해당 구간에서 유효한 패턴 신호를 찾아 대응이 가능하다. 캔들 지지저항을 돌파하더라도 특성상 다시 조정을 주는 경우가 대부분이다. 하지만 종가(몸통)로 깊이 돌파할 경우 일단 빠져나오는 것이 안전하며, 이후 단기 보합 가능성이 크므로 해당 지지저항선 부근에서의 매매는 자제할 필요가 있다.

캔들 매매법에서는 '백미러'라는 표현을 자주 쓴다. 현재 보이는 신호가 아무리 강력하다고 할지라도 백미러를 통해 확인하듯 이전 흐름을 잘 살펴 대응해야만 한다는 뜻이다. 캔들 지지저항도 마찬가지로 다음과 같은 경우 신뢰성이 떨어지므로 주의한다.

첫째, 이전 최고점이나 최저점에서 현저한 전환파동이 존재할 경우(해당 추세 우세 구간일 경우)

둘째, 캔들 지지저항을 앞두고 작은 캔들군, 즉 작은 파동이나 급한 기울기로 접근하는 경우

셋째, 캔들 지지저항을 앞두고 힘을 비축하는 구간이 있을 경우

위의 3가지 경우 중 힘을 비축한다는 의미에 대해 지면으로 설명하긴 쉽지

않다. 다만 단구간에서 작은 캔들이나 파동으로 뭉쳐 있는 듯한 모양새로 설명될 수 있다.

캔들 지지저항은 캔들 매매법의 다양한 진입 포인트 중 하이로우, 전환파동, 캔들 패턴 Top 37에 대한 전반적인 깊은 이해 없이도 적용 가능한 방식으로 지정가 예약 매매와 같은 보다 심플한 매매를 가능하게 한다. 하지만 캔들에 대한 기초적인 지식과 이해 없이 캔들 지지저항만으로 매매하려는 시도는 종합적인 판단력을 흩트리고 섬세한 진입 포인트를 찾는 노력을 등한시하게 할 수 있다.

또 유효한 캔들 지지저항을 가려내는 기초 실력과 앞뒤 흐름을 잘 살펴 예상과 반대로 갔을 때의 대응 시나리오에 익숙해 있지 않는 한 큰 효과를 기대하기는 어렵다. 오히려 비효율적인 반대 매매에 익숙해질 수 있으므로 주의한다.

〈그림 4-5〉 유로/엔 1시간 차트

〈그림 4-5〉와 같은 일단의 상승세에서 유사 상승 다람쥐형의 전의를 꺾은 두 번째 하락 음봉인 ①은 하락세의 본격적인 시작을 알리는 신호탄으로 볼 수 있는 중요 캔들이다(이때 ①의 크기가 비교적 작으므로 길잡이 캔들로는 볼 수 없으며, 사실상 길잡이 캔들과 중요 캔들을 구분 짓는 것은 무의미한 경우가 많다).

이전에 특별한 패턴 신호도 없고 전 저점이나 전환파동의 선상이 아닌 위치의 ② 장대 음봉은 중요 캔들로 볼 수 없다. 이런 경우 ②의 시가 부근에서 이후 저항 움직임이 확인되어야만 일부 유효해지므로 A와 같이 별다른 지지저항 움직임이 없는 경우 무의미한 캔들선으로 단정한다.

상승 전환파동 1 예상 구간에서 형성된 긴 아래꼬리 캔들군인 ③은 직후 정상적인 상승 움직임 또한 확인됨에 따라 유효한 캔들 지지저항으로 볼 수 있다. 이때 아래꼬리 중간 부근으로 지지선을 설정함이 적절하다.

〈그림 4-6〉에서 직전의 긴 위꼬리 캔들을 허문 현저한 캔들이자 이후 상승 움직임이 확인된 ①은 유효한 캔들 지지저항선이다. 이후 그림과 같이 두 차례 지지 후 ①을 하향 돌파할 경우 단기 보합할 가능성이 크므로 패턴 신호 확인 없는 B 구간에서의 대응은 자제되어야 한다.

상승해야 할 타이밍에서 직전 아래꼬리 캔들군을 허문 ②는 비록 신뢰성이 높은 편은 아니나 단구간에서 지지저항선 역할을 할 가능성이 농후하다. 하지만 단기 저항 이후 상향 돌파 및 하향 돌파를 반복할 경우 A와 같이 혼조세가 뒤따라올 가능성이 크므로 A 구간에서의 대응은 자제하고 무의미한 캔들 지지저항선으로 단정한다.

참고로 ①은 비록 B와 같은 혼조 구간이 있었지만 이전에 수차례 현저한 지지 움직임이 확인되었기 때문에 ②에 비해 신뢰성이 높다고 볼 수 있다. 따

〈그림 4-6〉 호주달러/달러 1시간 차트

라서 이후 ① 부근에서 새로운 전 고점이나 전 저점이 형성되기 전까지 지속적인 캔들 지지저항선으로 작용할 가능성이 크다.

〈그림 4-7〉에서 ①은 신뢰성이 높은 편은 아니나 직전 고점을 돌파한 상승 편대형 직후 출현한 음봉을 보조하는 현저한 크기의 음봉으로서 위꼬리까지 길고 상승 편대형을 무력화시켰기 때문에 길잡이 캔들 및 중요 캔들로 볼 수 있다.

이후 ②에서 일단의 상승 신호로 상승 후(비록 ① 이후 하락이 우세였지만 ②에서 상승 우세 또는 보합세의 움직임으로 바뀐 후) ①을 별다른 저항 없이 돌파했지만 강한 상승세에서 전 저점이 너무 멀리 있을 경우 그림과 같이 ①이 단기적인 지지선이 될 가능성이 크다. 따라서 설령 초기 대응에서 손실을 입더라도 이후 만회할 기회는

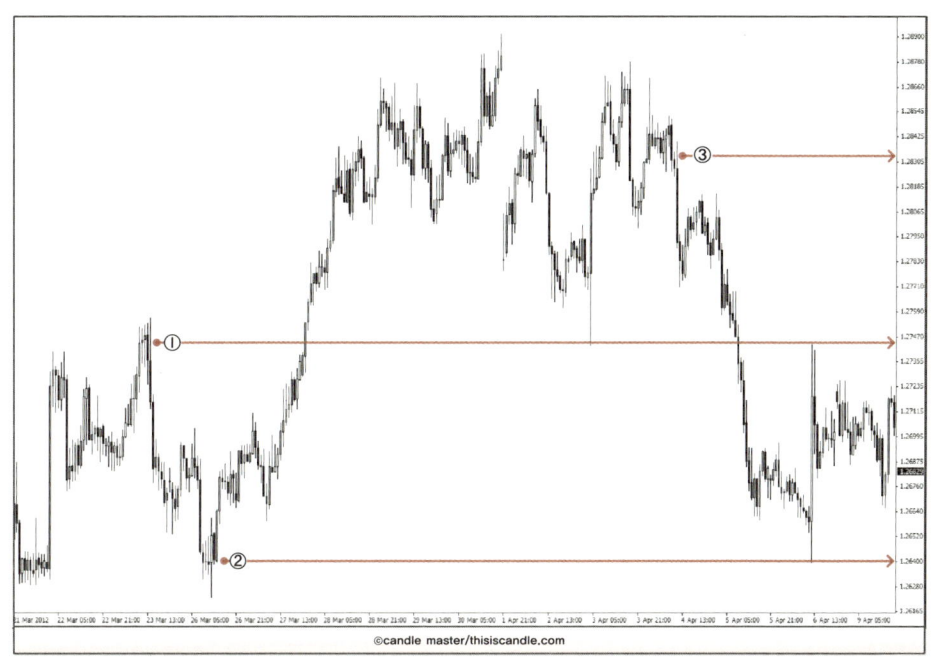

〈그림 4-7〉 유로/호주달러 1시간 차트

충분하므로 유리한 구간까지 기다리는 습관을 들이도록 한다.

②는 하락 조정이 깊어질 수 있는 상황에서 직전 상승 양봉을 보조하여 상승세를 이끌어낸 중요 캔들로서 유효한 캔들 지지저항선으로 설정이 가능하다(②는 직전에 뚜렷한 음 자리 양 패턴이 없었기 때문에 길잡이 캔들이 아니라 중요 캔들로만 본다).

이전의 현저한 크기의 음봉 캔들에 갇혀 있던 일단의 긴 꼬리 캔들군의 종가를 벗어남과 동시에 이후 하락 움직임이 확인된 ③ 긴 위꼬리 음봉은 이전의 혼조 구간을 정리하는 중요 캔들이자 캔들 지지저항이 될 수 있다. 상승을 위해서는 ③의 위치에서 현저한 크기의 양봉이 출현해야만 한다.

〈그림 4-8〉에서 유효한 위치는 아니지만 직전의 작은 양봉 망치형을 허문 현저한 크기의 ①은 이후 캔들 지지저항선으로 작용할 가능성이 크다.

〈그림 4-8〉 달러/프랑 1시간 차트

　강한 하락세 이후에도 별다른 상승 움직임이 없는 상황에서 출현한 긴 위꼬리 캔들인 ②는 직후 장대 음봉의 움직임을 사전 증명하는 중요 캔들로 볼 수 있다. ②와 같이 긴 꼬리 캔들과 현저한 캔들이 연속으로 출현할 경우 첫 번째 긴 꼬리 캔들을 중요 캔들로 설정하는 것이 적절하다.
　이전 최저점에서의 샛별형을 허문 현저한 캔들인 ③은 중요 캔들이자 이후 유효성이 증명된 캔들 지지저항이다.

13 음 자리 양/양 자리 음

음 자리 양, 양 자리 음은 길잡이 캔들과 함께 캔들 매매법에서 매우 중요한 비중을 차지하며 캔들 패턴 Top 37의 각각의 특성을 이해해야만 접근할 수 있는 영역이다. 하지만 기본 개념은 단순하다. (과거 차트의 통계에 기초한 확률적 개념으로) 음봉이 나와야 할 자리에서 양봉이 나오는 것, 즉 내려야 할 위치와 캔들, 타이밍에서 내리지 못하면 추세의 반전이든 단기적인 조정이든 일단 반대로 갈 가능성이 큰 것으로 본다.

음 자리 양, 양 자리 음은 곧잘 중요 캔들이나 길잡이 캔들의 직전 캔들이 되곤 하므로 다음 예제를 통해 개념 이해와 함께 눈으로 외우는 노력이 필요하다.

캔들 패턴 Top 37 중 음 자리 양, 양 자리 음을 사전 정의해놓고 적용할 수 있는 대표적인 캔들 패턴은 다음과 같다.

- 상승 다람쥐형
- 하락 다람쥐형

- 저녁별형
- 상승 돌격형
- 하락 돌격형
- 하락 자매형
- (하락세의) 상승 인력거형
- (급한 파동 구간의) 상승 인력거형, 상승 편대형
- 상승 펀치형
- 하락 펀치형
- 역브레이크형
- 상승 양봉
- 하락 음봉

음 자리 양

① 하락 다람쥐형을 허무는 음 자리 양

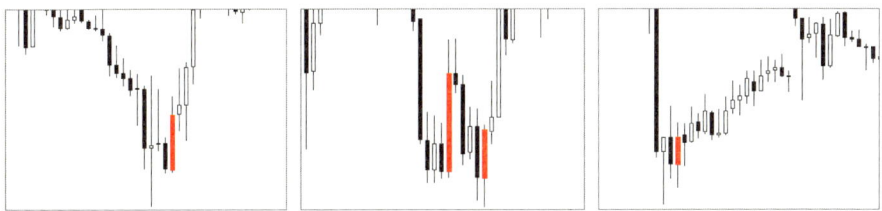

- 음 자리 양을 대입할 수 있는 하락 다람쥐형은 하락 신호로서의 전형적인 형태뿐 아니라 유사 형태까지 포함한다.
- 음 자리 양 직후 다음 캔들이 양봉 팽이형이나 꼬리가 있는 작은 양봉이면 신뢰성이 높다.
- 너무 현저한 크기일 경우 오히려 즉각적인 조정이 뒤따라올 가능성이 크므로 이때는 과도한 조정 시 진입이 유리하다.

② 상승세의 저녁별형을 허무는 음 자리 양

- 상승세에서 유효한 위치가 아니거나 작은 크기의 저녁별형을 절반 이상 관통하는 현저한 양봉으로서 아래꼬리가 길 경우 신뢰성이 높다.
- 위꼬리가 너무 길거나 너무 큰 크기의 상승 장악형일 경우 신뢰성이 떨어진다.

③ 하락 돌격형을 허무는 음 자리 양

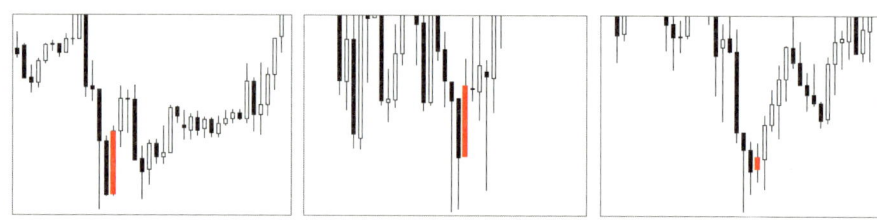

- 전형적인 하락 돌격형 외에도 유사 형태를 포함하며 상승 우세 구간의 단순 조정 구간이나 상승 전환 가능성이 큰 구간에서 출현 시 유효하다.

④ 하락세의 저녁별형을 허무는 음 자리 양

- 강한 하락세에서는 최소한 관통형 이상이어야 하며, 팽이형 같이 너무 작은 양봉 캔들일 경우 유효하지 않은 것으로 본다.

⑤ 상승세 횡보 구간의 하락 음봉을 허무는 음 자리 양

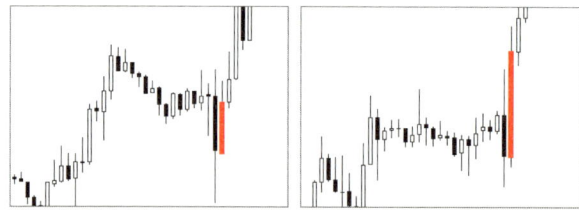

- 상승세 고점의 횡보 구간의 끝에서 출현한 하락 음봉은 중요 분기점으로서 다음 캔들이 현저한 크기의 양봉일 경우 상승을 이어갈 가능성이 크다.

⑥ 상승세의 하락 자매형을 허무는 음 자리 양

- 상승세의 하락 자매형을 허무는 현저한 크기의 양봉은 추가적인 강한 상승을 암시한다.
- 상승 장악형 또는 상승 장악형에 가까워야만 유효하다(단순 양봉일 경우 다음 캔들 확인 필요).

양 자리 음

① 상승 다람쥐형을 허무는 양 자리 음

- 상승세의 고점이자 횡보 구간에서 출현 시 강한 하락 신호가 된다.
- 위꼬리가 긴 음봉이거나 현저한 크기의 하락 샅바형일 때 신뢰성이 높다.
- 상승세의 일직선상에서 출현할 경우에는 단순 조정 캔들일 가능성이 크므로 주의한다.

② 상승세의 상승 돌격형을 허무는 양 자리 음

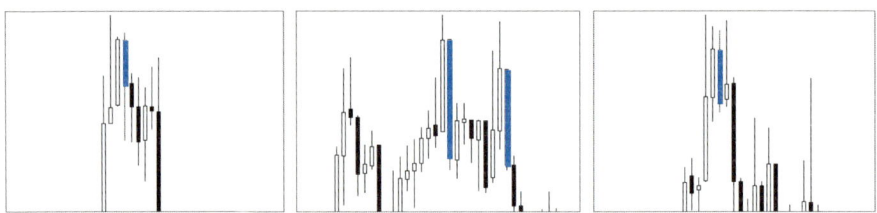

- 상승세의 고점, 즉 전 고점이나 직전 고점을 돌파한 위치에서 출현해야만 유효하다.
- 전형적인 상승 돌격형보다는 첫 번째 캔들의 몸통이 두꺼운 유사 형태일 때 신뢰성이 높다.

③ 상승세의 상승 양봉을 허무는 양 자리 음

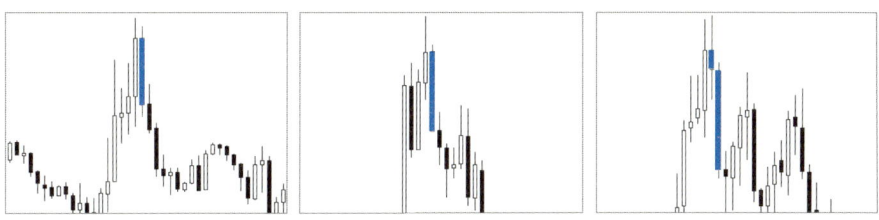

- 상승 우세 구간의 상승 양봉을 현저한 크기로 허물거나 위꼬리가 긴 음봉일 경우 유효하다.
- 상승 양봉 자체가 힘이 없는 형태일 때(몸통 크기에 비해 꼬리가 짧거나, 또는 꼬리 길이에 비해 몸통이 짧을 때) 신뢰성이 높다.

④ 급한 파동 구간의 상승 인력거형을 허무는 양 자리 음

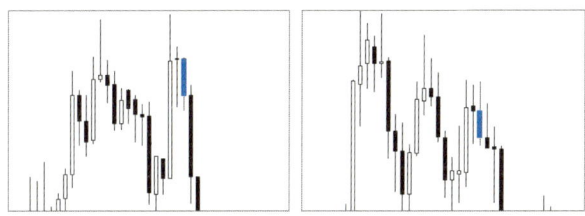

- 급한 파동 구간의 상승 인력거형이나 상승 편대형은 기본적으로 하락 우세이므로 즉각적인 상승 움직임 없이 작은 크기일지라도 음봉이 출현하면 매도 신호가 된다.

⑤ 상승세의 상승 펀치형을 허무는 양 자리 음

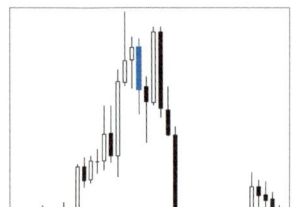

- 전 고점이나 직전 고점을 돌파한 위치에서 출현 시 유효하다.
- 아래꼬리가 긴 음봉 망치형 형태일 경우 추가 관망하거나 과도한 조정 시에만 대응해야 안전하다.

⑥ 음 자리 양을 허무는 양 자리 음

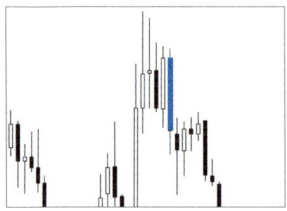

- 음 자리 양을 다시 허무는 현저한 크기의 음봉인 경우 하락이 한층 깊어질 가능성이 크다.

14 궁진포 : 궁극의 진입 포인트

궁진포는 '궁극의 진입 포인트'의 준말이다. 전 고점이나 전 저점 부근에서 매수세와 매도세의 팽팽한 힘의 균형이 특정 캔들 패턴에 의해 한쪽으로 기울거나 무너지는 순간으로 이때 대부분은 전 고점이나 전 저점을 강하게 돌파하게 된다.

예를 들어 현저한 상승세에서 큰 파동으로 전 고점을 2~4번째 돌파를 시도하는 구간에서 상승 우세 패턴이나 캔들이 출현하게 되면 전 고점을 돌파할 가능성이 큰 것으로 본다.

이러한 현저한 패턴 신호를 궁진포로 통칭할 수 있으며 진입 시점은 캔들 완성 직후가 된다. 궁진포는 순간적인 급락이나 급등으로 단시간 내 수익을 안겨주는 특징이 있다. 하지만 대부분의 유효한 궁진포는 단순 스톱-헌팅(Stop-hunting)일 가능성이 크므로 짧은 수익 구간만 취하는 것이 유리하다.

궁진포 위치에서의 대표적인 패턴 신호는 다음과 같다.

- 상승세: 상승 인력거형, 상승 다람쥐형, 상승 삽바형, 양봉 역망치형, 양봉 망치형, 상승 피스톤형, 역브레이형 등
- 하락세: 하락 인력거형, 하락 다람쥐형, 하락 삽바형, 하락 피스톤형, 긴 아래꼬리 캔들군 등

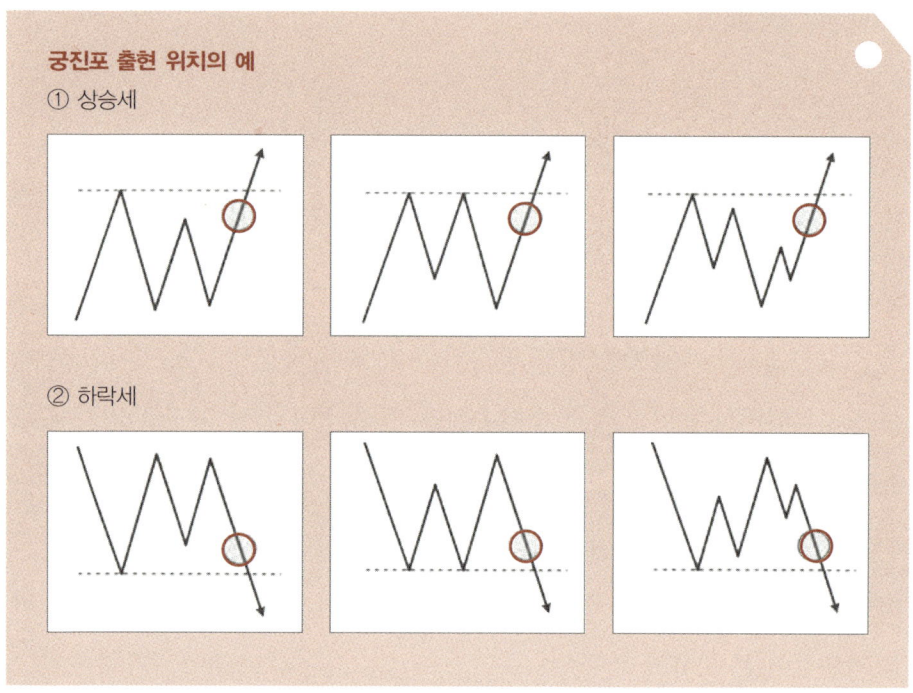

궁진포의 출현 위치

〈그림 4-9〉 크루드오일 1시간 차트

〈그림 4-9〉에서 전 고점 돌파 후 하락하는 과정에서 전 저점 돌파를 세 번째 시도하는 위치에서의 ① 하락 다람쥐형은 전형적인 궁진포로 볼 수 있다
(첫 번째와 두 번째 구간에서는 유효한 하락 신호가 없었다).

이때 궁진포의 특성상 전 저점 돌파 직후 수익 청산하는 것이 바람직하다.

〈그림 4-10〉 유로/호주달러 15분 차트

〈그림 4-10〉에서 상승 전환파동 1 형성 후 전 고점 돌파를 두 번째 시도하는 ① 구간에서 현저한 상승 신호가 있을 경우 매수 대응이 가능하다(이때 1차 목표가는 전 고점 바로 위에 두는 것이 적절하다).

이후 작은 캔들군으로 상승, 전 고점을 앞둔 위치에서 출현한 ② 상승 인력거형은 신뢰할 수 있는 궁진포가 된다.

이때 수익 목표가는 완연한 상승 우세 흐름임을 감안하여 ① 구간에 비해 길게 설정할 수 있다(예 현저한 하락 신호 출현 시까지).

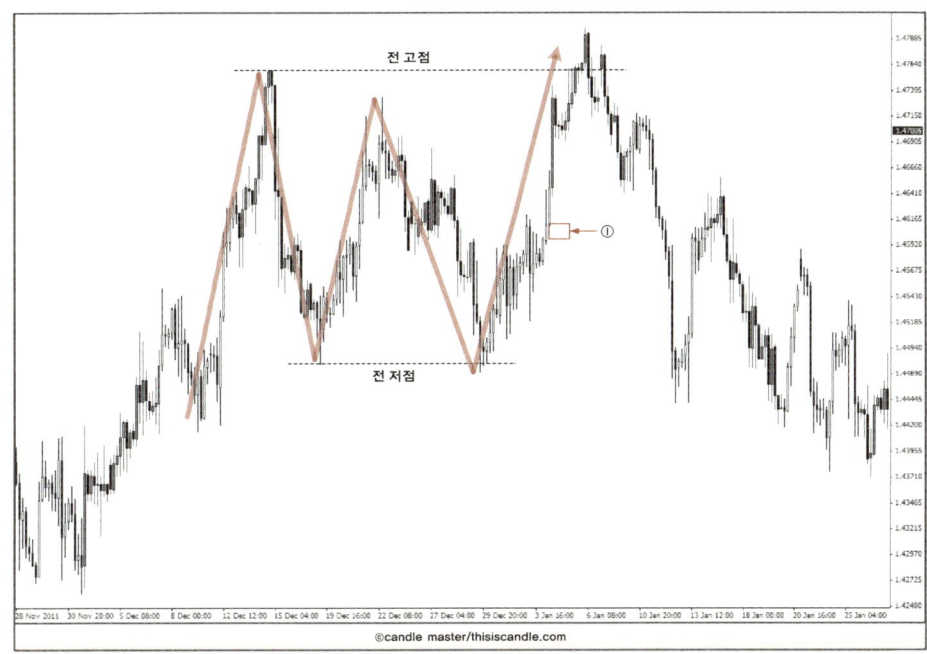

〈그림 4-11〉 파운드/프랑 4시간 차트

〈그림 4-11〉과 같이 현저한 상승세에서 전 저점 돌파 후 상승 와블형으로 전개되는 과정에서 출현한 ① 양봉 역망치형은 유효한 상승 신호이자 궁진포이다.

비록 전 고점에서 멀지만 이전 두 번째 고점이 전 고점에 매우 가깝고(이는 전 고점 돌파 가능성이 매우 크다는 것을 의미한다), 상승 우세 구간에서의 현저한 상승 신호이므로 궁진포를 미리 예상하고 진입이 가능하다(사실상 궁진포인지 아닌지 구분하는 것은 별 의미가 없다).

〈그림 4-12〉 달러/엔 1시간 차트

〈그림 4-12〉는 〈그림 4-11〉과 마찬가지로 상승 와블형의 진행이 예상되는 구간에서 출현한 ① 양봉 역망치형은 유효한 상승 신호이자 궁진포가 된다.

전 고점을 목전에 둔 위치에서의 ② 상승 인력거 또한 궁진포로 볼 수 있다. 하지만 궁진포의 특성상 즉각적인 돌파가 이루어져야 함에도 불구하고 ②와 같이 음봉으로 완성될 경우 일종의 양 자리 음으로 해석하여 매도 관점으로 전환할 필요가 있다.

그림과 같이 궁진포가 실패하면 반대로 강하게 움직일 가능성이 크다.

15 무주공산

무주공산(無主空山, 주인이 없는 텅 빈 산)은 매수세와 매도세 중 어느 한쪽이 직전 고점이나 직전 저점과 같은 특정 선을 넘게 되면 힘의 균형이 급격히 무너지는 구간을 의미한다. 예를 들어 강한 상승세에서 전 고점을 갱신하지 못하고 전 저점 근처까지 너무 깊이 하락한 후, 재차 직전 저점을 돌파하게 되면 그 직전 저점에서부터 전 저점까지 추가 하락할 가능성이 매우 큰 것으로 본다. 또한 이전 상승세가 너무 가파른 상태에서 고점에서부터 급락 시 이를 지지해줄 특별한 전 저점이 없는 경우에도 특정 구간이 무주공산이 될 가능성이 커진다.

  무주공산의 시작점은 간혹 궁진포와 겹치기도 하지만 궁진포는 캔들 패턴 Top 37에 기반을 둔 데 반해, 무주공산은 주로 전환파동에 기반을 둔다. 또한 궁진포는 진입 직후 즉각적인 움직임이 있어야 하지만, 무주공산은 시간에 크게 구애받지 않는다는 특징이 있다. 무주공산은 캔들 지지저항과 마찬가지로 거래 시간이 충분치 않을 때 지정가 예약 매매 등을 통해 유용하게 활용될 수 있다. 하지만 궁진포와 마찬가지로 비교적 짧은 수익 구간만 취하는 것이 유리하며 철저한 사전 분석이 선행되어야만 한다.

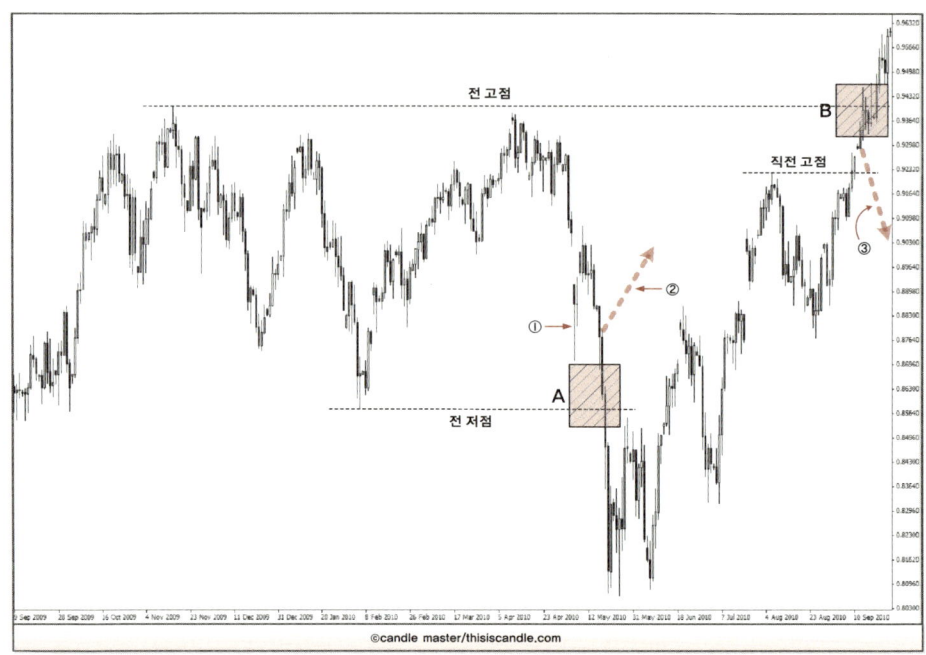

〈그림 4-13〉 호주달러/달러 일간 차트

〈그림 4-13〉에서 전체적인 흐름은 상승 와블형의 전개 가능성이 컸다.

전 고점 돌파를 위한 마지막 상승 타이밍이었던 ①의 긴 아래꼬리 부근에서 ②와 같은 궤적으로 상승하지 못하고 하락할 경우 A 구간은 무주공산이 될 가능성이 크다.

이후 하락세가 깊어질 수 있었음에도 불구하고 상승하여 직전 고점을 돌파, 전 고점에 근접할 경우 B 구간 또한 무주공산으로 설정하는 것이 가능하다.

하락세로 전환되기 위해서는 직전 고점 돌파 직후 ③과 같은 궤적으로 즉각 하락해야 한다.

〈그림 4-14〉 유로/달러 1시간 차트

〈그림 4-14〉에서 큰 파동으로 전 저점을 급히 돌파한 후 상승을 시도하는 구간에서 ①, ②와 같이 하락 타이밍을 놓치며 상승할 경우 A 구간을 무주공산으로 설정이 가능하다.

이전에 긴 위꼬리 캔들군과 같이 사후 증명된 강한 저항 구간이 있었음에도 불구하고 ①과 같은 궤적으로 하락하지 못하고 직전 고점을 돌파하게 되면 전 고점 돌파는 결국 시간문제일 가능성이 크다.

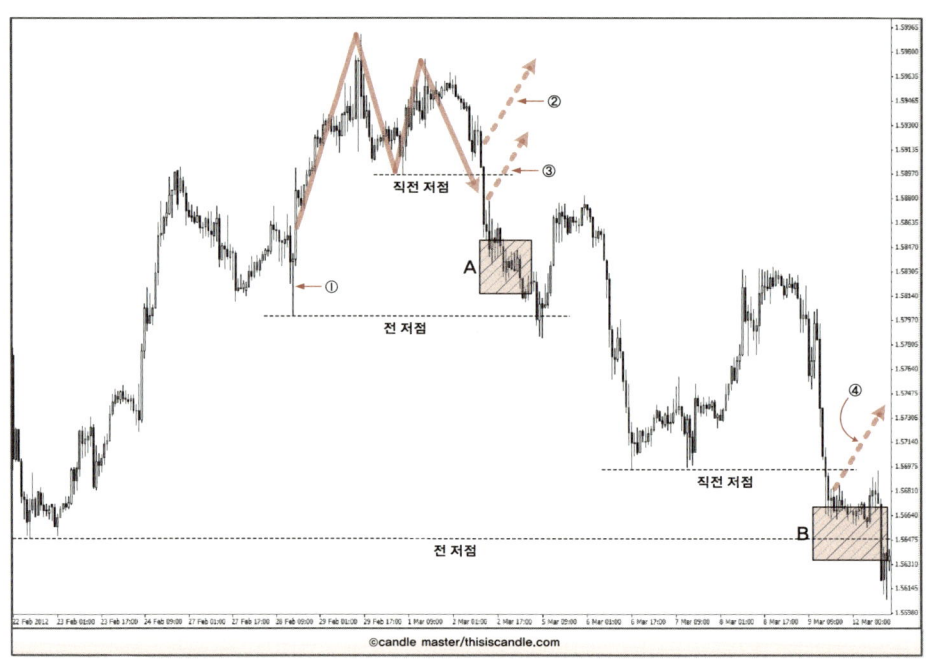

〈그림 4-15〉 파운드/달러 1시간 차트

〈그림 4-15〉에서 하락 전환파동 1을 형성하며 하락 우세 구간으로 전개되고 있다. 하락 전환파동 1을 무력화시키고 상승세를 이어가기 위해서는 ② 또는 ③과 같은 궤적으로 상승할 필요가 있다.

그러나 그림과 같이 하락할 경우 지지 가능성이 큰 ①의 꼬리 부근까지 추가 하락할 가능성이 매우 크다. 따라서 A 구간을 무주공산으로 설정이 가능하다.

하락세가 깊어지는 상황에서 직전 저점을 급히 돌파한 후에도 ④와 같은 궤적으로 즉각 상승하지 못하면 B 구간 또한 무주공산이 될 가능성이 크다.

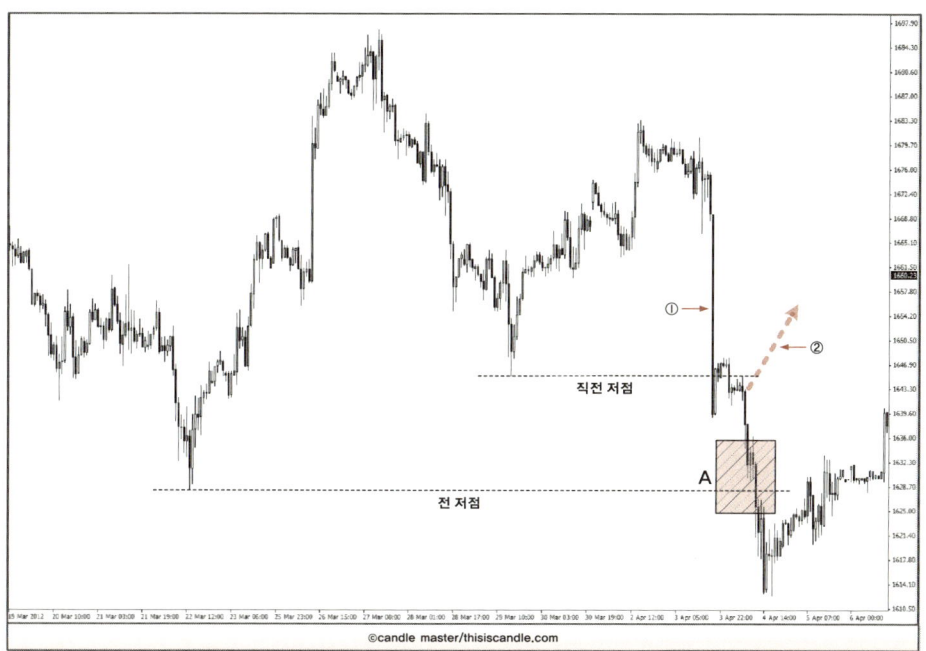

⟨그림 4-16⟩ 골드 1시간 차트

⟨그림 4-16⟩에서 직전 저점을 ①과 같은 장대 음봉으로 돌파한 직후에도 ②와 같은 궤적으로 즉각 상승하지 못하면 전 저점 아래까지 추가 하락할 가능성이 매우 크므로 A 구간을 무주공산으로 설정하는 것이 가능하다.

5장
실전 활용

"어느 길을 갈지는 당신이 어디로 가고 싶은가에 달려 있다."
—루이스 캐롤

실 전 활 용

16 시간 차트별 비교

캔들 매매법에서는 기본적으로 상위 시간 차트의 신호가 우선시된다. 이는 15분 차트보다는 1시간 차트가, 1시간 차트보다는 4시간 차트에서의 신호가 신뢰성이 높다는 의미이다. 만약 1시간 차트에서는 매수 우세지만 15분 차트에서는 매도 신호가 나왔다고 가정해보자. 여러분은 어떻게 할 것인가? 답은 간단하다. 15분 차트에서 매수 신호가 나올 때까지 추가 관망하는 것이 기본 원칙이다.

물론 때에 따라 하위 시간 차트의 신호가 더 정확하고 앞설 때가 있다. 따라서 상위 시간 차트에서는 매매 신호의 출현 빈도수가 낮고 거꾸로 하위 시간 차트에서는 빈도수가 높음에 따라 판단 착오를 줄이고 정확도를 높이기 위해 몇 개의 각기 다른 시간 차트를 동시에 비교 분석할 필요가 있다. 이는 특정 시간 차트, 특히 하위 시간 차트로만 대응할 때보다 신중함과 성공 확률을 높여준다. 참고로 하이로우와 전환파동은 대부분 1시간 이상의 상위 시간 차트에서만 유효하므로 시간 차트별 비교는 캔들 패턴을 위주로 할 필요가 있다.

⟨그림 5-1⟩ 유로/달러

⟨그림 5-1⟩에서 4시간 차트를 먼저 살펴보면 전 저점 돌파 직후 하락 인력 거형의 완성으로 하락이 깊어질 수 있던 상황에서 출현한 ④ 하이웨이브 도지는 추세의 중요 분기점에 와 있음을 시사한다. 이때 ⑤ 지점에서 매수 진입이 보다 우세하나 신뢰성이 높다고는 볼 수 없다. 이런 경우 하위 시간 차트의 신호를 동시 확인할 필요가 있다.

1시간 차트에서는 상승 푸쉬형 형태(하지만 전형적인 상승 푸쉬형으로 보기에는 출현 위치상 부족함이 있다)의 긴 아래 캔들군으로 4시간 차트와 마찬가지로 상승과 하락의 중요한 갈림길에서 (만약 하락한다면 하락세가 매우 깊어질 수 있던 타이밍에서) 상승 우세를 암시하는 ② 양봉 망치형이 출현하였다. 따라서 약 조정 시 ③ 구간에서 매수 진입이 가능하다.

15분 차트에서는 현저한 상승 신호나 하락 신호를 확인하기 어렵다. 단지 하이웨이브 도지에 가까운 ①의 작은 양봉에서 상승에 대한 의지를 읽을 수 있을 뿐이다. 따라서 ⟨그림 5-1⟩의 경우 1시간 차트의 신호가 가장 정확하고 빨랐음을 알 수 있다.

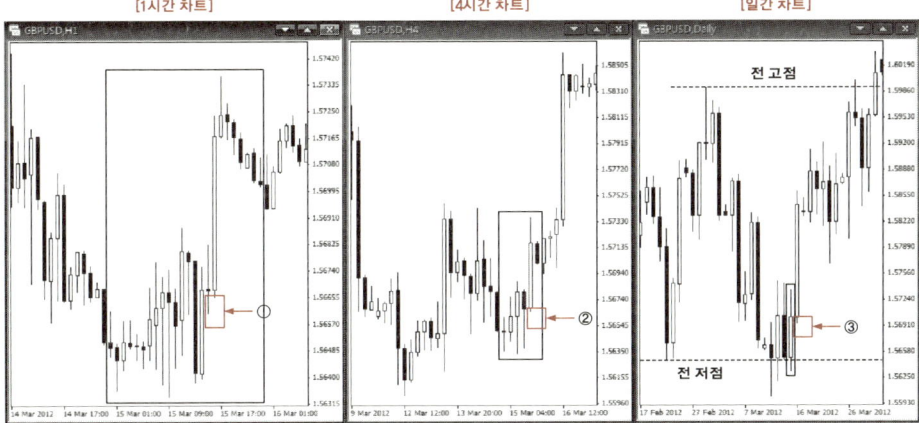

<그림 5-2> 파운드/달러

　일간 차트의 경우 완성봉 확인 후 진입하게 되면 대응이 다소 늦는 경우가 많다. 따라서 주간, 일간 차트와 같은 장기 차트를 먼저 확인한 후 별다른 신호가 없을 경우 15분, 1시간, 4시간과 같은 일중 차트의 신호로 거래함이 기본 원칙이다.

　<그림 5-2>의 경우 4시간 및 1시간 차트에서 거의 동시간대에 명확한 신호를 보여주고 있다. 먼저 4시간 차트에서는 유효한 상승 신호인 교수형 개념의 긴 아래꼬리 음봉 망치형이 출현함으로써 ②에서 매수 진입이 가능하다.

　동시간대 1시간 차트에서는 일종의 저녁별형을 허무는 음 자리 양 패턴에 의해 ①에서 매수 진입이 가능하다. 이처럼 시간 차트별 신호가 겹치게 되면 보다 강력한 신호가 된다.

　이후 일간 차트를 확인하여 그림과 같이 전 저점 돌파 직후 위꼬리 음봉인 하락 피스톤형을 허무는 양봉으로 완성되면 일간 차트의 기준으로 수익 목표가를 길게 가져가는 것이 적절하다.

17 캔들 연상

지금까지 살펴본 각종 진입 기술이 이전 흐름과 이미 만들어진 패턴 신호에 근거한 대응이라면 캔들 연상은 앞으로 전개될 흐름을 미리 연상하고 대응 시나리오를 준비하는 방식으로 캔들 매매법의 근간을 차지하는 매우 중요한 개념을 내포하고 있다.

이전 신호가 아무리 현저한 상승이라 할지라도 다음 흐름이 이에 반하거나 미약하면 매수 관점을 단념하고 매도 관점으로 전환하거나 추가 관망할 수밖에 없다. 또 한 번 진입했으면 다음 흐름을 눈으로 확인해야 알 수 있기 때문에 미리 부정적 사고를 하거나 실시간 캔들의 움직임에 현혹될 필요 또한 없다. 단지 중요한 것은 다음 흐름이 예상대로 가지 않을 경우 사전 준비한 시나리오대로 대응하면 그뿐이라는 것이다. 한마디로 자유로운 관점의 전환을 위한 기준을 사전에 정의해놓으면 그만이다.

만약 어떤 중요 분기점에서 상승 신호가 출현하면 다음 캔들은 반드시 양봉이거나 단시간 내 특정 상승 움직임이 있어야만 한다는 전제하에 진입하게 된다. 하지만 예상과 달리 반대로 갈 가능성 또한 늘 존재하므로 다양한 대응 시나리오를 진입 전에 미리 준비할 필요가 있다. 그래야만 실제 반대로 갈 경우에도 당황하거나 흥분하지 않고 관점을 자유롭게 전환할 수 있는 것이다.

또 정상적으로 움직일 경우에도 당초 목표가까지 보유할 것인지, 아니면 짧은 수익 구간만을 취할 것인지 다음 흐름에 따라 계획을 수정해나갈 필요가 있다. 무엇보다 진입 후 실시간 캔들 하나하나에 촉각을 곤두세우고 조마조마해 할 게 아니라 이후 흐름을 느긋하게 확인하겠다는 자세로 차트를 관조해야만 한다. 그럴 때야 비로소 심리적 여유와 평상심이 따라오고 더불어 자유로운(하나의 관점만을 고집하거나 얽매이지 않는) 관점의 전환이 가능해지는 것이다.

캔들 연상은 다음 캔들이 양봉이냐, 음봉이냐만을 따지는 것이 아니다. 때에 따라 작은 캔들군이냐, 큰 캔들군이냐 하는 것도 중요하다. 또한 캔들 한 두 개만으로 예상할 수 있는 경우도 있지만 장시간 관망해야만 하는 경우도 있다. 따라서 예제를 통해 기본 개념을 파악하고 이후는 꾸준한 공부를 통해 각 상황에 맞는 대응 시나리오를 써내려가야만 한다. 캔들 패턴 Top 37을 기본으로 전환파동, 음 자리 양, 양 자리 음 패턴 등이 좋은 지침서가 될 수 있을 것이다.

누누이 강조하지만 캔들 매매법은 추세를 예측하는 기법이 아니라 오로지 유리한 구간과 안전한 진입 포인트를 찾아내는 기법이다. 진입할 자리에서 진입하고, 다음 흐름이 예상대로 움직이면 그때야 비로소 중·장기 추세추종을 할 수 있는 것이다. 또 유리한 구간은 추세 전환이나 지속 가능성이 큰 추세의 중요 분기점과 일맥상통한다. 전환파동과 캔들의 연결을 통해 그런 중요 분기점을 파악함으로써 예상과 달리 반대로 움직일 경우(추세 전환 타이밍을 놓치거나 혹은 한계선을 넘어 이전 추세가 무너질 경우) 관점을 전환할 수밖에 없는 것이다.

하지만 그에 앞서 이전 관점만을 고집하거나 함몰되어서는 안 되며 다음 흐름을 확인하기도 전에 미리 부정적 사고와 판단을 해서도 안 된다. 진입 후 흐름을 눈으로 끝까지 확인하라. 그리고 중요 분기점일수록 예상과 반대로 움직일 경우 지체 없이 빠져나오거나 관점을 전환하라.

시장은 언제, 어떠한 일이든 벌어질 수 있는 곳이므로 추세(방향)에 대한 관점은 스위치를 껐다 켜듯이 늘 자유로워야 한다.

캔들 연상의 기본 단계

- 현재까지 완성된 신호에 따라 대응 시나리오를 준비하고 진입한다.
- 현재 만들어지고 있는 실시간 캔들은 철저히 무시한다(오로지 완성된 캔들만 유의미하다).
- 반대로 갈 경우 대응 시나리오를 준비한다(예) 1. 반대로 진입, 2. 관망 후 재진입, 3. 추가 관망).
- 예상대로 갈 경우 대응 시나리오를 준비한다(예) 1. 단기 수익 청산, 2. 현저한 반대 신호가 나올 때까지 보유).
- 대응 시나리오 외 계획에 없는 충동 진입은 원칙적으로 불가하다.

캔들 연상 시나리오 예제

① 캔들 연상 시나리오 예제 1

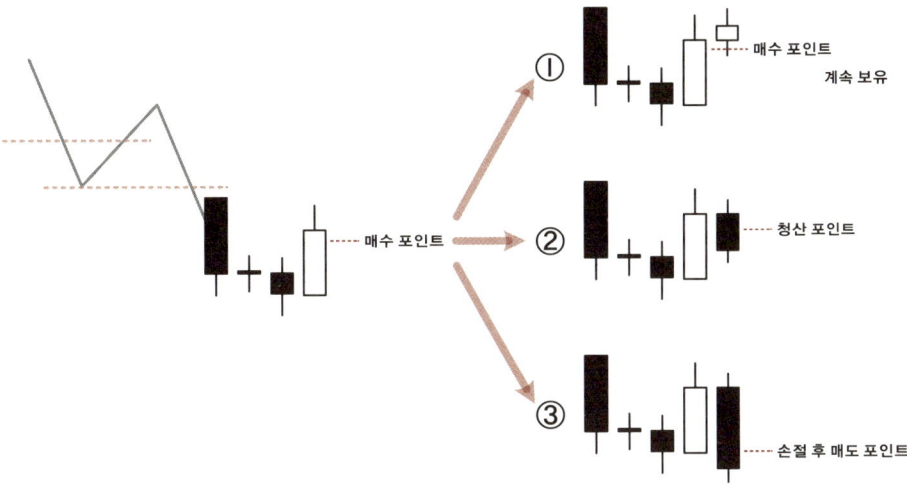

〈그림 5-3〉 캔들 연상 시나리오 예제 (1)

〈그림 5-3〉과 같이 하락세의 전 저점 돌파 후 다시 파동으로 직전 저점을 돌파한 위치(상승 전환파동 2의 전개 가능성이 있는 위치)에서 하락 다람쥐형 후 음 자리 양 패턴이 출현했다고 가정해보자. 일단은 약 조정 시 매수 진입이 유리하다. 하지만 진입에 앞서 다음 캔들과 흐름에 따라 어떻게 대응할 것인지 시나리오를 미리 준비해놓아야만 한다.

먼저 ①과 같이 양봉 팽이형이나 작은 양봉, 또는 도지 캔들이 출현하면 정상적으로 상승할 가능성이 크므로 현저한 하락 신호 출현 전까지 보유함이 타당하다. 단 빠른 시간 내(대략 다음 캔들 3~5개 내에서) 큰 캔들군으로 상승하지 못하고 작은 캔들군으로 보합할 경우 조기 청산함이 적절할 것이다(상승/하락 타이밍에서의 작은 캔들군은 대부분 해당 매수/매도세가 충분히 강하지 못함을 암시한다).

②와 같이 양봉이 나와야 정상인 자리에서 음봉이 출현하면 일단 빠져나온 후 추가 관망하는 것이 안전하다. 하지만 ③과 같이 현저한 음봉으로 이전 캔들군의 종가를 허물 경우(이는 음 자리 양을 완성시킨 일단의 매수 세력을 무력화시켰다는 의미이므로) 하락세가 깊어질 가능성이 크므로 약 조정 시 이전 매수 포지션을 정리하고 매도로 즉각 전환하는 것이 필요하다.

만약 매도 직후 하락하지 못하고 거꾸로 손절 라인에 터치하게 되면 해당 구간에서 매수세와 매도세가 혼전양상을 보일 가능성이 크므로 현저한 파동 형성 시까지 관망해야만 추가적인 손실을 피할 수 있다.

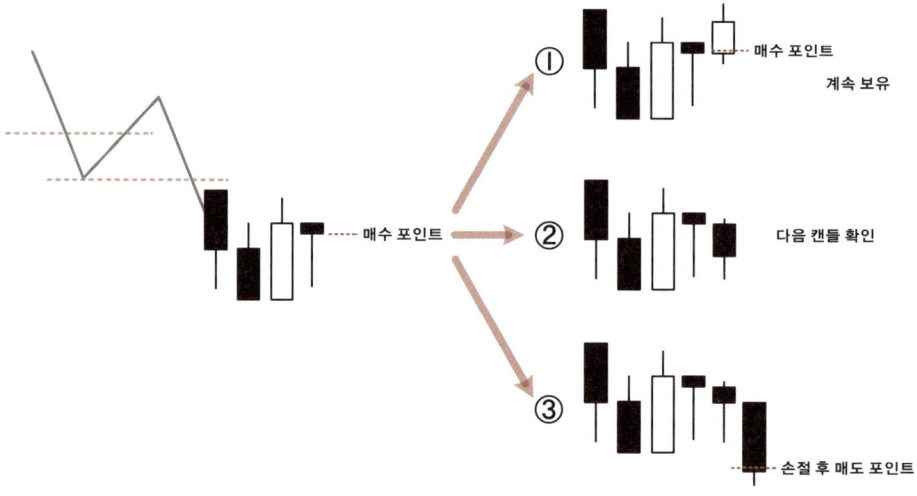

〈그림 5-4〉 캔들 연상 시나리오 예제 (2)

일단의 하락세에서 유효한 교수형의 출현으로 캔들 완성 직후 매수 진입이 가능하며, ①과 같이 다음 캔들이 양봉일 경우 지속적인 보유가 유리하다.

교수형 자체의 강력함으로 인해 다음 캔들이 ②와 같은 음봉일지라도 저가 아래에서 종가를 형성하지 않는 한 여전히 상승 가능성이 크다. 그러므로 다음 캔들 2~3개의 추가 확인이 필요하다.

기본적으로 교수형 같은 현저한 상승 신호가 실패하면 반대로 강하게 하락할 가능성이 크다. 따라서 ③과 같이 매수 진입 직후 손실 한도 설정과 동시에 동일선상에서 지정가 예약 매도를 설정하는 것이 가능해진다.

③ 캔들 연상 예제 시나리오 3

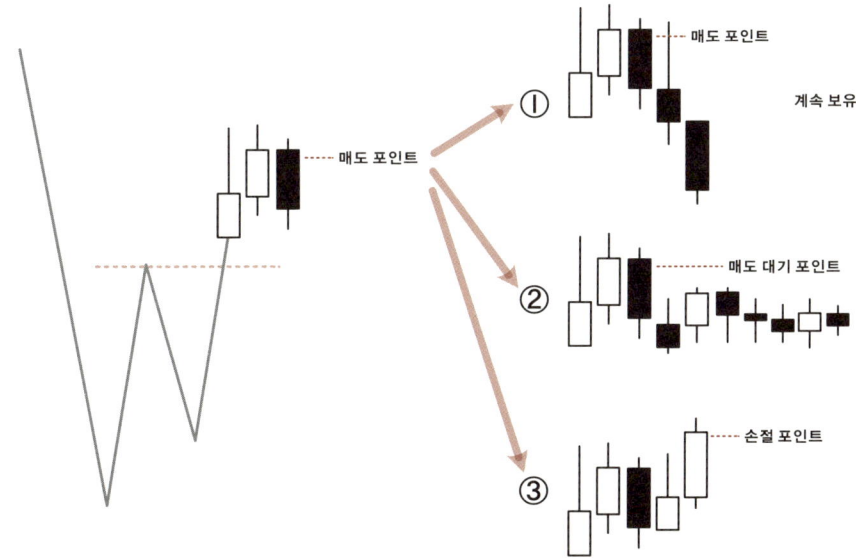

〈그림 5-5〉 캔들 연상 시나리오 예제 (3)

강한 하락세에서 별다른 상승 전환파동이나 상승 신호 없이 직전 고점 돌파 후 그림과 같이 상승 돌격형에 대한 양 자리 음 패턴이 완성되면 충분한 조정 시 매도 대응이 가능하다.

이후 ①과 같이 다음 캔들 2~3개 내에서 정상적으로 하락할 경우 전 저점 아래를 목표로 포지션을 길게 보유하는 것이 적절하다.

하지만 ②와 같이 작은 캔들군으로 이어질 경우 매도세의 약화를 의심하고 매도 관점을 포기할 필요가 있다. 하락 타이밍에서 하락하지 못하면 대부분 상승 후 하락 조정받거나, 아니면 일단의 하락 조정 후 상승할 가능성이 크기 때문이다(상승 타이밍은 반대).

따라서 ②의 경우 하락 조정 시 직전 저점 부근에서 상승 신호를 찾아 매수 대응함이 유리하다(정상적인 상승/하락 타이밍에서의 작은 캔들군은 해당 구간에서 추세 전환을 이끌어내는 경우가 많으므로 항상 주의 깊게 살펴볼 필요가 있다).

③과 같이 다음 캔들 2~3개 내에서 음 자리 양을 허물 경우 그만큼 상승세가 강하다는 의미이다. 따라서 즉각 빠져나온 후 매수 관점으로 전환하거나, ②의 경우와 동일하게 하락 조정 시 상승 신호를 찾아 대응하도록 한다.

18 보합 구간 감지

우리가 흔히 이야기하는 비추세 구간, 즉 보합 구간이나 방향성 없는 혼조세는 돌파 매매와 추격 매매를 선호하고 습관화되어 있는 일반적인 트레이더에게 손실과 좌절을 안겨주는 대표적인 구간이라 할 수 있다.

문제는 이러한 보합 구간이 현저한 추세 구간보다 훨씬 자주 출현하는데다 도대체 어디서부터가 보합의 시작인지, 끝인지 분간하기 어렵다는 데 있다. 어떠한 보조지표를 활용하든 보합 구간의 시작과 끝을 확률적으로 유추해내지 못하는 한 꾸준한 수익을 기대하기는 어렵다.

오히려 차트가 요동치는 혼조세의 경우 보조지표에 의해 말 그대로 혼란(Chaos)에 빠져 손실이 걷잡을 수 없이 누적될 가능성이 크다. 따라서 성공적이고 효율적인 매매를 위해서는 보합 구간이나 혼조 구간의 시작점을 가려내고 피해갈 필요성이 대두된다.

지금까지는 어떠한 기법이나 보조지표로도 보합 구간을 감지하는 것이 사실상 불가능했지만 캔들 매매법에서는 특정 위치의 파동 형태와 패턴 신호를 통해 보합 가능 구간을 감지하는 유용한 방법을 제시하고 있다. 단 명심해야 할 것은 보합 예상 구간을 찾아내는 주된 이유는 '회피하기' 위함이지 반대 매매나 헤지 매매를 위한 것이 아니다. 따라서 보합 가능성이 큰 구간으로 판단될 때에는 해당 구간에서의 매매는 자제하고 관망하는 것이 최선이다. 또 설령 진입했다고 하더라도 수익 목표가를 짧게 가져가는 것이 유리하다.

보합 구간을 감지하는 방법

① 상승 신호에서 급락 후 다시 급히 상승하는 경우(하락은 반대)

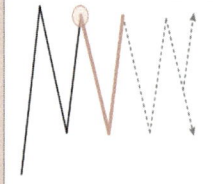 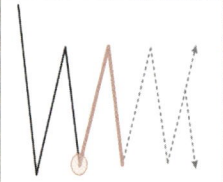

② 상승세의 고점 부근에서 급등 → 급락 → 재상승하는 경우(하락은 반대)

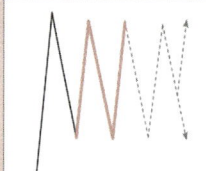 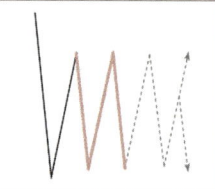

③ 양 자리 음을 2번 이상 번복하는 경우(음 자리 양은 반대)

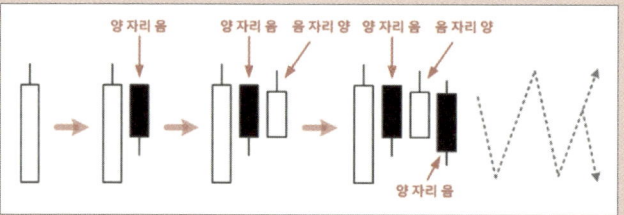

*세 번째 방법은 설명할 수 있는 상황이 너무 다양함에 따라 본 장에서의 설명은 생략하기로 한다.

보합 구간을 감지하는 방법

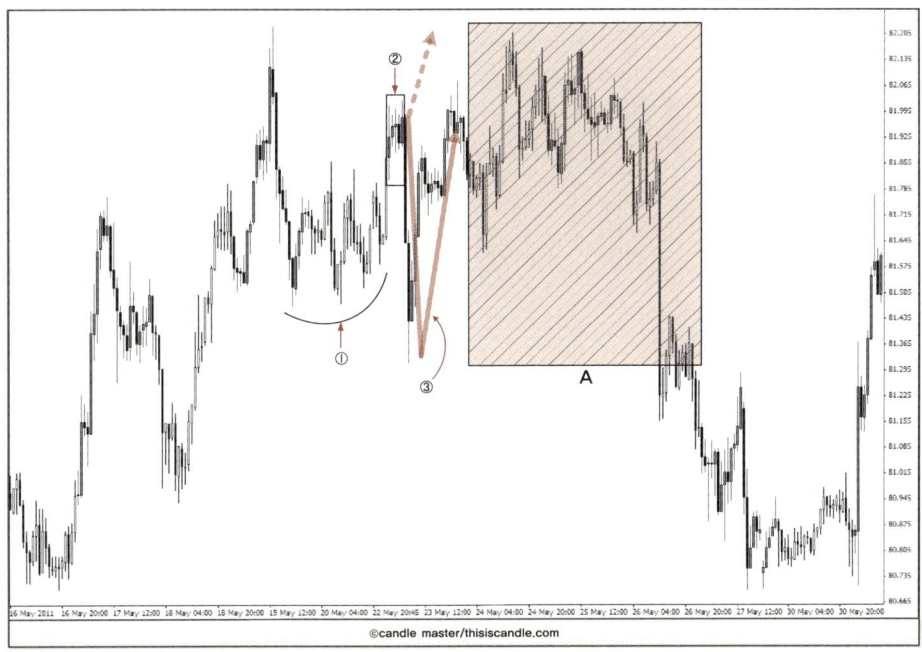

〈그림 5-6〉 달러/엔 1시간 차트

〈그림 5-6〉에서 급등세 후의 ①과 같은 작은 보합 구간은 단기적인 추세의 방향을 모호하게 만드는 경향이 있다.

이후 ② 음 자리 양의 상승 신호에서 상승하지 못하고 급락하였다가 다시 단시간 내 재상승하게 되면 추세의 방향은 더욱 불확실해지므로 A 구간에서의 매매는 자제되어야 마땅하다.

참고로 〈그림 5-6〉은 보합 구간을 감지하는 또 다른 방법인 상승세 고점에서의 급등락 후 재상승하는 경우와 동일하다고 볼 수 있다.

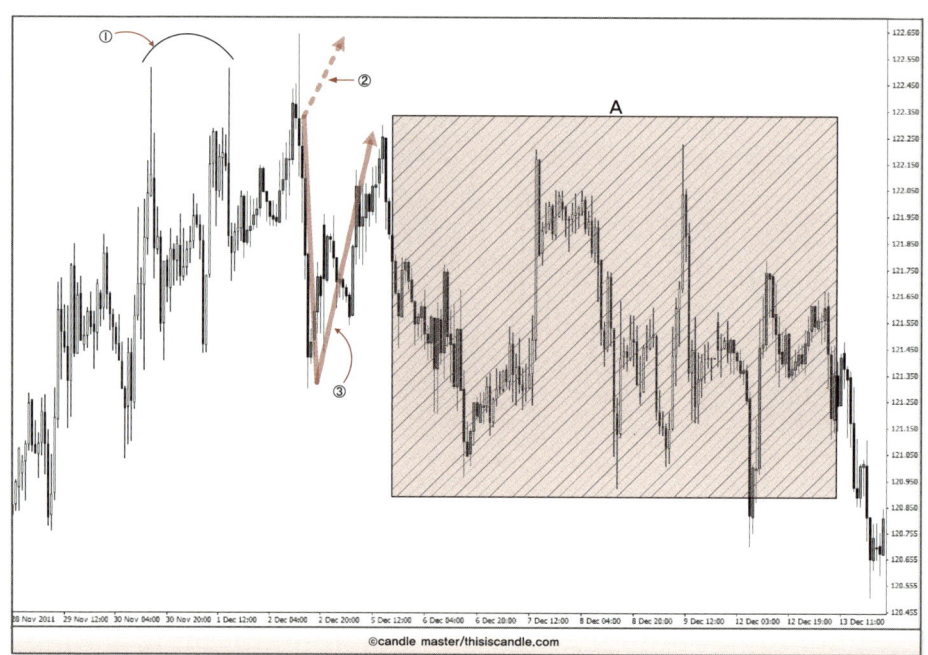

〈그림 5-7〉 파운드/엔 1시간 차트

　〈그림 5-7〉에서 현저한 상승세의 긴 위꼬리 캔들은 단기 조정이 뒤따라온다고 해도 결국 상승을 재시도하는 경향이 있다(단 상승세 고점의 횡보 구간의 끝에서 긴 위꼬리 캔들이 출현할 경우에는 하락 우세).

　그런 관점에서 ① 위꼬리 캔들군의 꼬리 부근에서 형성된 양봉 직후 상승하기 위해서는 ②와 같은 궤적으로 즉각 상승해야 함에도 불구하고 ③과 같이 급락 후 다시 단시간 내 재상승하게 되면 단기적인 추세의 혼돈이 예상된다.

　상승 타이밍을 놓친 ② 이후 현저한 하락세로 전환되기 위해서는 ③과 같은 급한 파동이 아니라 완만한 (어느 정도 시간을 두고) 상승 조정 후 하락하는 움직임이었어야 한다.

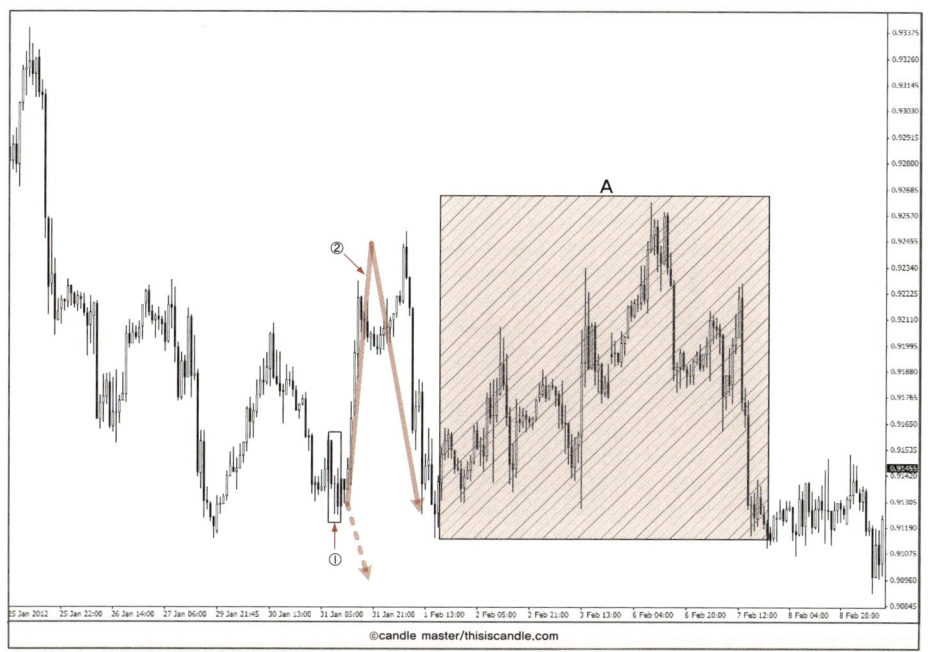

〈그림 5-8〉 달러/프랑 1시간 차트

　〈그림 5-8〉과 같은 현저한 하락세에서 ①과 같이 상승 전환파동 1의 진행 가능성이 있는 위치는 중요한 분기점이 된다. 이전 저점에서 현저한 상승 신호가 없던 상황에서 ① 하락 돌격형 및 유사 하락 다람쥐형 직후 음 자리 양 패턴의 출현으로 매수 대응이 가능했다.

　이후 급등까지는 정상이었으나 ②와 같이 단시간 내 급한 파동으로 너무 깊이 하락하게 되면 단기 보합 구간이나 혼조 구간이 뒤따라올 가능성이 크다.

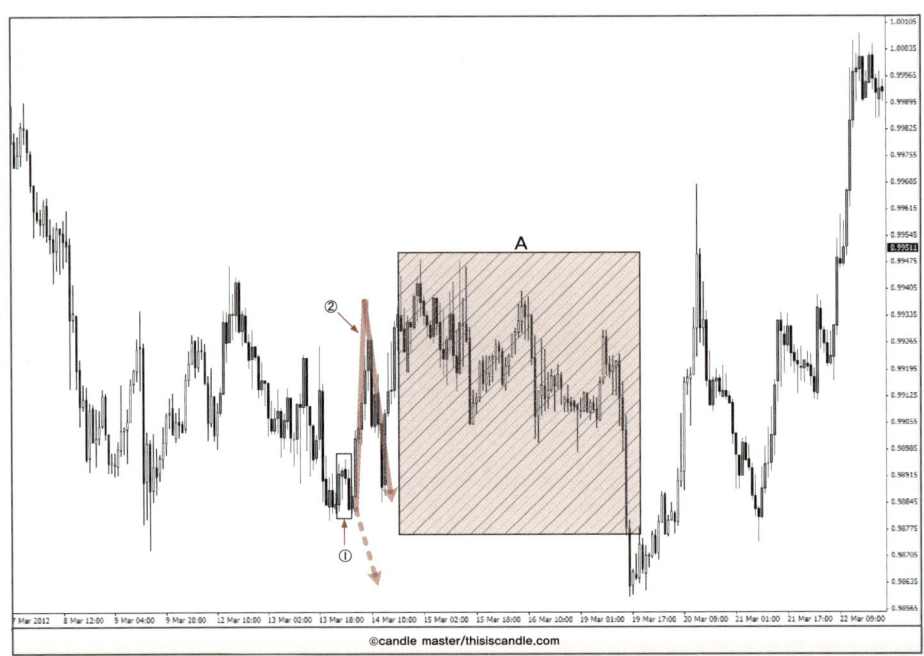

〈그림 5-9〉 달러/캐나다달러 1시간 차트

〈그림 5-9〉에서 이전 최저점의 긴 아래꼬리 캔들군 부근에서 형성된 상승 신호인 (비록 작은 크기지만) ① 저녁별형에 대한 음 자리 양 패턴은 상승 전환파동 1의 진행을 예상케 한다. 하지만 ②와 같이 너무 급한 파동으로 급등락하게 되면 A 구간에서의 추가 대응은 자제할 필요가 있다.

〈그림 5-10〉의 현저한 상승세에서 ①과 같이 단구간에서 갑자기 급등락 후 재상승하게 되면 이후 혼조세를 보일 가능성이 크다.

〈그림 5-11〉에서 이전 흐름은 하락세였다.
비록 상승세의 고점은 아니지만 ①과 같이 현저한 크기의 캔들군으로 급등락 후 다시 단시간 내 재상승하게 되면 해당 구간에서 보합할 가능성이 크다.

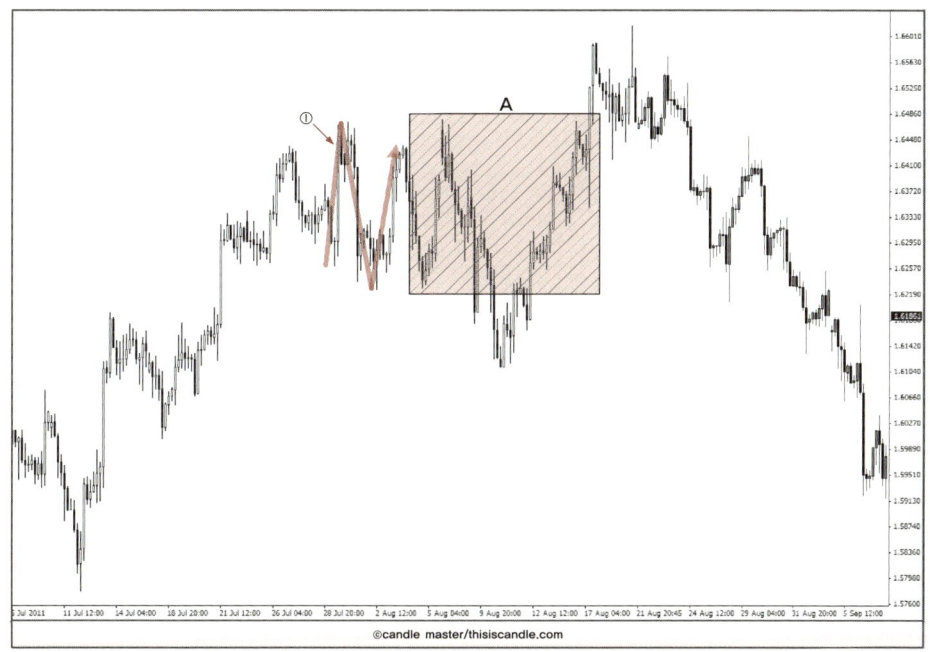

〈그림 5-10〉 파운드/달러 4시간 차트

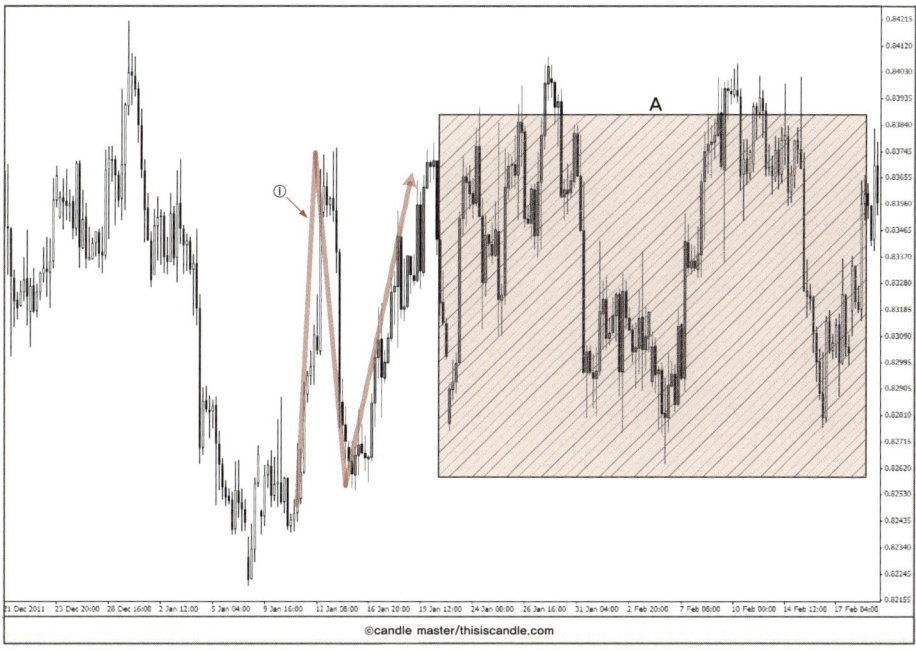

〈그림 5-11〉 유로/파운드 4시간 차트

5장 · 실전 활용 331

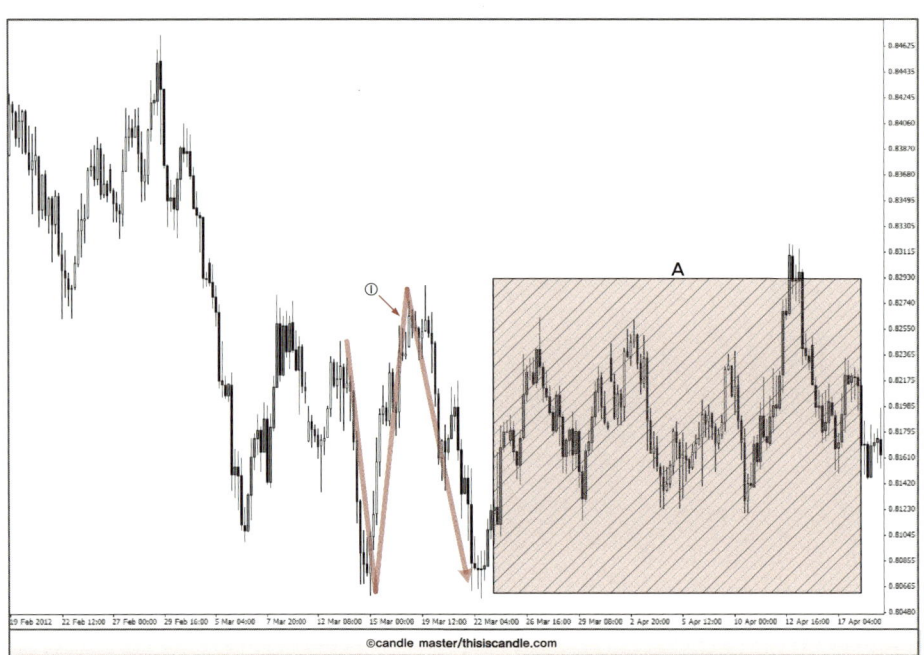

〈그림 5-12〉 뉴질랜드달러/달러 1시간 차트

이처럼 어떤 위치이든 급한 파동은 문제를 야기하는 경우는 많으므로 최소한 추격 매매나 돌파 매매는 삼가야 한다.

〈그림 5-12〉의 현저한 하락세에서 ①과 같이 단구간에서 급락 후 다시 급등락하게 되면 A 구간의 매매는 자제되어야 한다. ①은 상승 전환파동 1, 2보다는 단순히 급한 파동 구간에 가까우므로 현저한 패턴 신호 확인 없이 파동만으로 대응은 곤란하다.

〈그림 5-13〉에서 ②는 비록 큰 파동이자 급한 파동 구간이지만 ①과 같이 일단의 완충 구간이 있었기 때문에 보합 구간의 가능성 및 향후 흐름을 예상하기는 쉽지 않다.

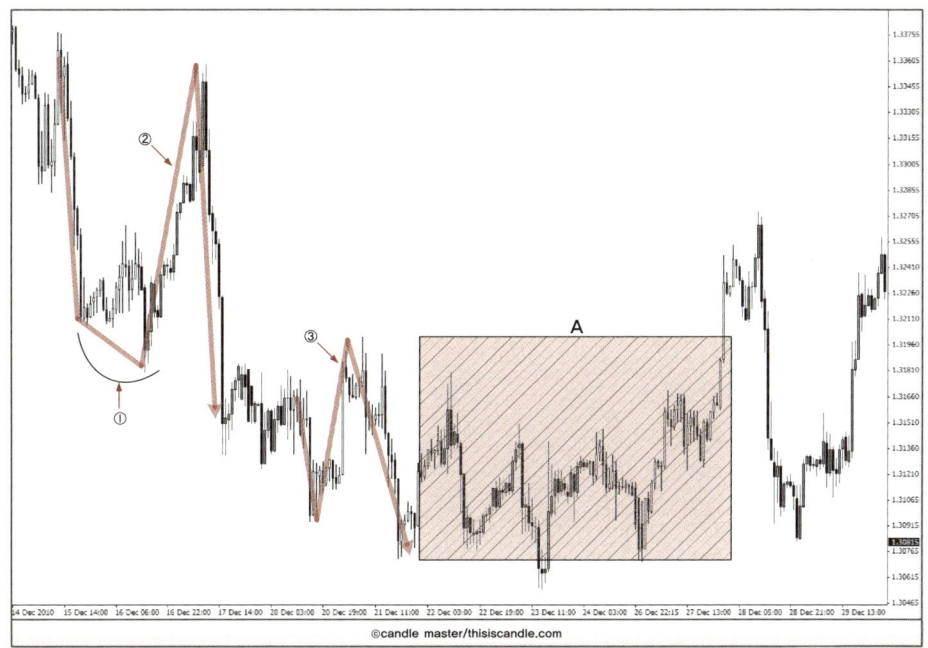

<그림 5-13> 유로/달러 1시간 차트

    대신 하이로우 하락 파동 3과 유사한 형태로 볼 수 있으므로 저점 아래에서 상승 신호를 확인할 필요가 있다. 하지만 고점에서부터 아무런 망설임 없이 강하게 하락했으므로 1~2차례 이상 저점을 추가 돌파할 가능성 또한 배제할 수 없다.

    이후 파동의 크기는 작지만 현저한 캔들군으로 ③과 같이 급등락하는 구간이 있을 경우 ② 유사 하이로우 하락 파동 3과 조합하여 해석, 단기 보합 후 상승 가능성이 큰 것으로 본다.

19 꼬리별 특성

상승세 및 하락세 관계없이 현저한 꼬리를 가진 캔들은 유용한 해석 대상이 될 수 있다. 중요 위치의 현저한 꼬리 캔들은 중요 분기점이 되기도 하고, 곧잘 지지저항 역할을 수행하곤 한다. 하지만 긴 꼬리를 가졌다고 해서 무조건적인 해석과 대응은 곤란하다. 단순 꼬리 형태보다는 이전, 이후 흐름과 출현 위치가 더 중요하기 때문이다.

사실 하이로우 파동 및 전환파동 상관없이, 심지어 캔들 패턴 Top 37에 대한 깊은 이해 없이도 각 꼬리 캔들군의 특성 분류와 응용 공식만으로 시세의 힘을 읽고 추세에 상관없는 매매가 가능하다. 이를 캔들 매매법의 한 요소인 '캔들 타이밍'이라고 하는데, 그 자체만으로 내용이 방대하므로 본 장에서의 소개는 생략하기로 한다.

다음 그림을 참고하여 상승세와 하락세에 따른 꼬리별 특성이 어떻게 변하는지, 왜 그러한 움직임을 보이는지 기본 개념을 살펴보도록 하자.

● 상승 우세 구간의 꼬리별 특성

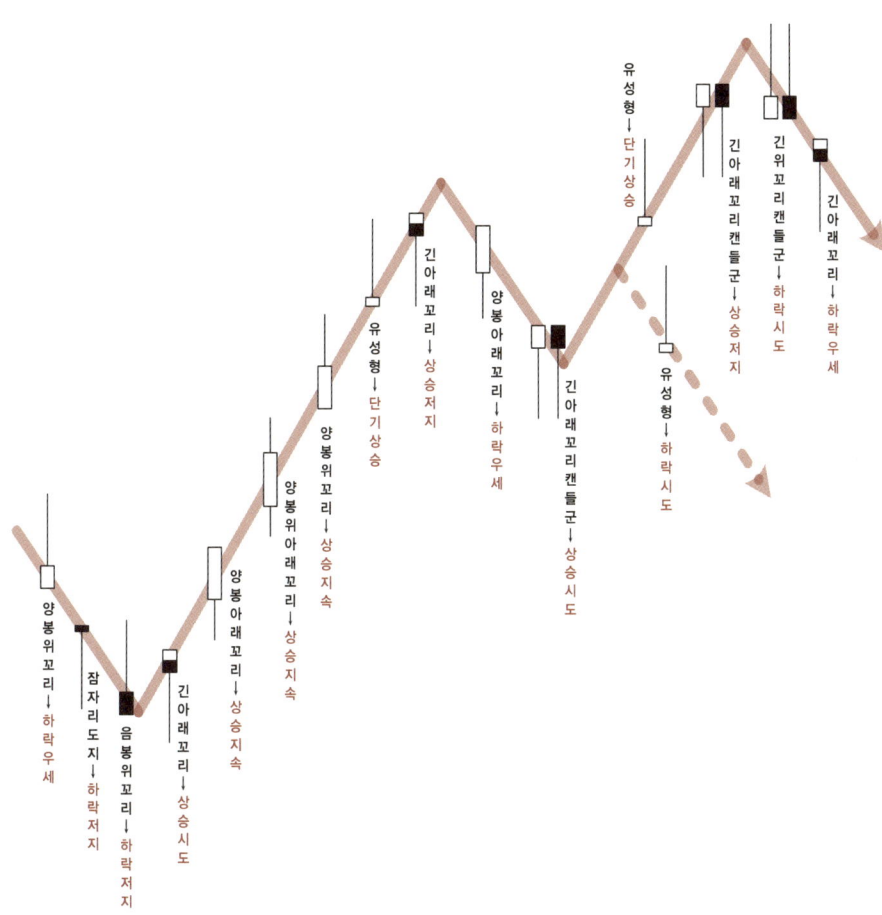

〈그림 5-14〉 꼬리별 특성 1

● 하락 우세 구간의 꼬리별 특성

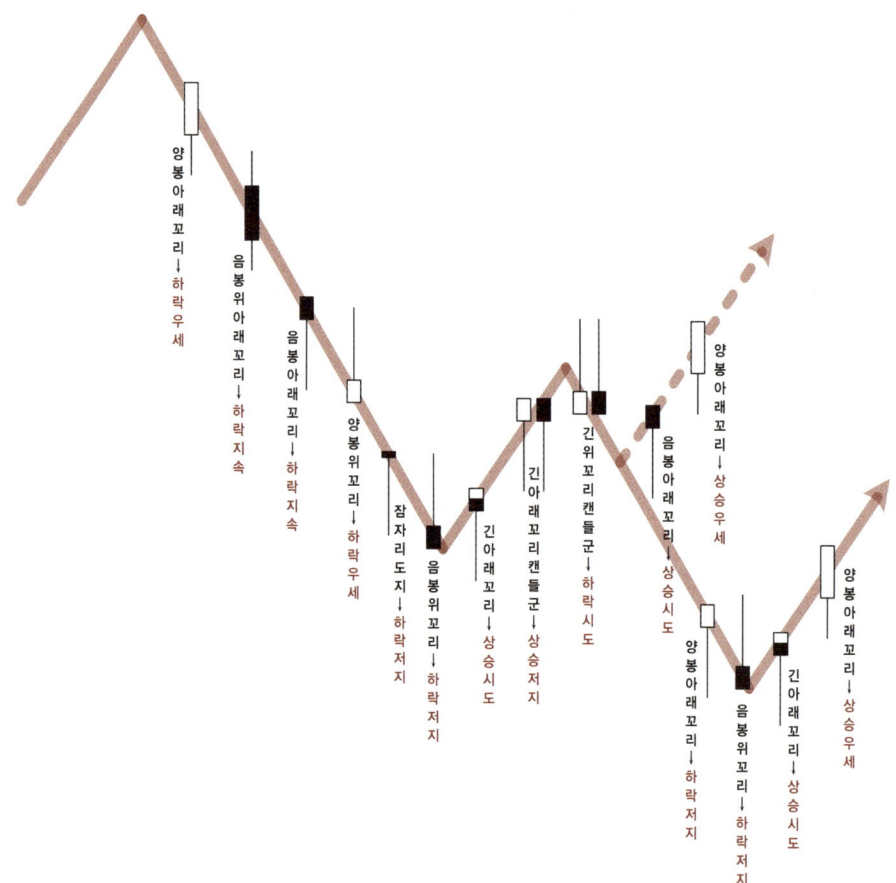

〈그림 5-15〉 꼬리별 특성 2

20 주식, 선물옵션 거래에서의 활용

현물, 선물 및 각종 파생거래에서 어떤 종목이 더 거래하기 쉽다거나 어렵다거나 하는 것은 개개인마다 약간의 차이는 있겠지만 뚜렷한 답은 없다. 굳이 이야기하자면 모든 종목이 다 어려울 것이다. 쉬운 흐름으로 전개될 때에는 쉽게 느껴지겠지만 복잡한 흐름일 때에는 어떤 종목을 막론하고 어렵게 느껴질 수밖에 없다.

개인적으로 나는 주식, 선물옵션시장이 다른 파생시장에 비해 좀 더 쉽게 느껴진다. 그 이유 중 하나는 바로 좋은 매매 포인트까지 기다리지 않으면 성공하기 어렵기 때문이다. FX 마진거래나 해외선물시장과 달리 유리한 구간과 좋은 진입 포인트가 자주 나오지 않기 때문에 섣불리 매매에 나섰다가는 큰 낭패를 당할 수 있기 때문이다. 역설적으로 들리겠지만 그렇기 때문에 보다 신중해져야만 하고 인내심을 기를 수밖에 없다. 그리고 그렇게 함으로써 보다 성공적인 매매가 가능해지는 것이다.

한마디로 주식, 선물옵션시장에서의 성공의 핵심(Key)은 바로 '기다림'이다. 기다려야만 한다. 실패 확률이 적고 성공 확률이 높은 자리까지 무조건적으로 기다려야만 하며, 그 외의 구간에서는 아무리 강한 추세라고 한들 관망이 최선이다. 시장이 공포를 조장하고 대부분의 트레이더가 자포자기하는 순간이 매매에 절대적으로 유리한 기회일 가능성이 크다. 그런 순간까지 끝까지 기다려야만 하는 것이다. 기다리기 지친다고? 어렵다고? 일주일에 한두 번만 매매하면 또 어떤가? 결국 수익이 목적이 아니던가?

주식, 선물옵션시장은 거의 매일같이 발생하는 크고 작은 갭(Gap)의 영향에 의해 유효한 캔들 패턴의 출현 빈도가 높지 않다. 따라서 하이로우 및 전환파동 위주의 관점으로 접근하고 때에 따라 세부적인 캔들 신호를 찾아 나서야 한다. 또한 진입 신호가 자주 나오지 않는 만큼 일간, 주간 차트를 활용한 중·장기 대응이 유리할 수 있다.

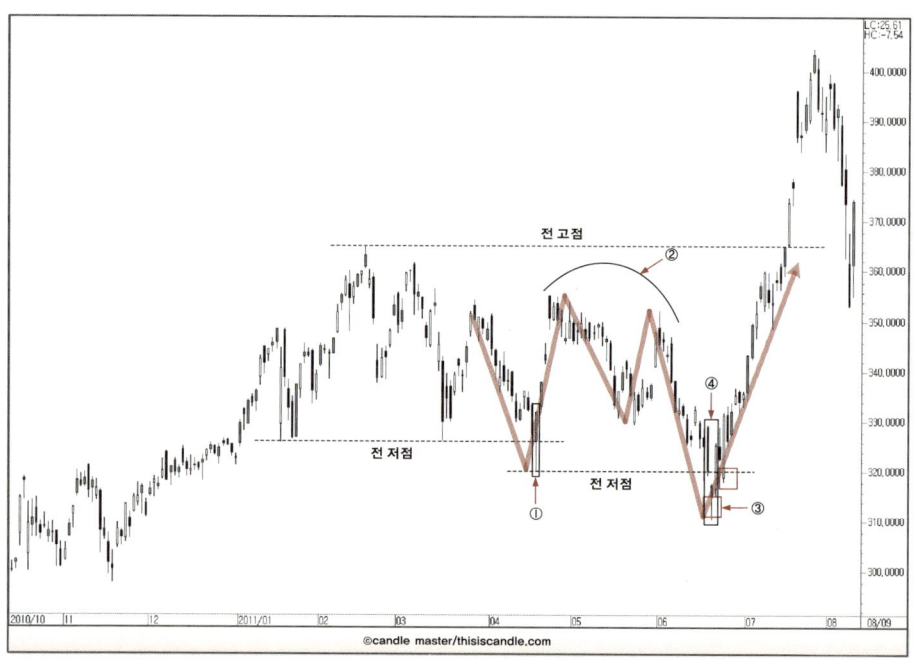

〈그림 5-16〉 애플 일간 차트

〈그림 5-16〉에서 이전 흐름은 상승세였다.

일단의 보합세를 거쳐 전 저점을 돌파한 위치에서 ① 양봉 망치형의 출현으로 약 조정 시 매수 대응이 가능하다. 이후 ②와 같이 상승 전환파동 5의 형태로 전개되었으므로 ③의 위치에서 파동의 진행을 예상하고 조기 대응이 가능하다(① 양봉 망치형의 영향력 또한 건재한 상황이다). 직후 ④와 같이 유효한 샛별형이 완성됨에 따라 상승 가능성이 매우 커졌다.

〈그림 5-17〉에서 이전 흐름은 상승세였다.

전 저점을 돌파한 위치가 아닌 ① 양봉 망치형은 기본적으로 유효하지 않으며 일단의 상승 조정 후 추가 하락할 가능성이 큰 것으로 본다.

상승 깃발형 및 ②와 같이 상승 전환파동 5의 형태로 전개되었으므로 전

〈그림 5-17〉 월트디즈니 일간 차트

저점을 돌파한 ③의 위치에서 매수 대응이 가능하다. 하지만 예상 궤적과 같이 상승해야 함에도 불구하고 하락이 깊어질 경우 손실 처리 또는 진입가에 청산 후 매수 관점을 포기할 필요가 있다.

이후 ④와 같은 긴 아래꼬리 캔들의 출현으로 매수세의 유입이 감지되었으므로 상승 전환파동 2의 진행을 예상하고 저점을 돌파한 완성봉 확인 후 다시 저가 돌파 시 매수 대응이 가능하다.

⑤에서 비록 작지만 양봉 망치형 및 직후 상승 움직임으로 매수세의 유입을 확인할 수 있었다. 따라서 저점을 다시 돌파하더라도 ⑥에서 추가적인 매수 대응이 가능하다.

〈그림 5-18〉에서 이전 흐름은 상승세였다.

〈그림 5-18〉 나이키 일간 차트

일단의 상승세에서 ①과 같은 긴 아래꼬리 캔들이 출현하면 현저한 파동 형성 시까지 관망하는 것이 유리하다. ②와 같이 현저한 파동 구간이라고 할 수 없는 위치의 양봉 망치형은 신뢰성이 떨어지므로 저점 부근에서의 상승 신호를 기다리도록 한다.

이후 ③의 유사 하락 다람쥐형 및 하락 음봉에 대한 음 자리 양 패턴 확인 후 ④에서 매수 대응이 가능하다.

⑤ 양봉 망치형은 ②의 경우와 달리 전 저점 돌파 후 일단의 파동으로 저점을 높인 위치이므로 유효한 상승 신호가 된다.

전 고점 돌파 직후에도 ⑥과 같이 작은 캔들군 및 작은 파동으로 횡보하거나 상승하게 되면 그만큼 상승세가 강하다는 암시이다. 따라서 현저한 파동 형성 후 고점 돌파 시까지 지속적으로 보유하는 것이 유리하다.

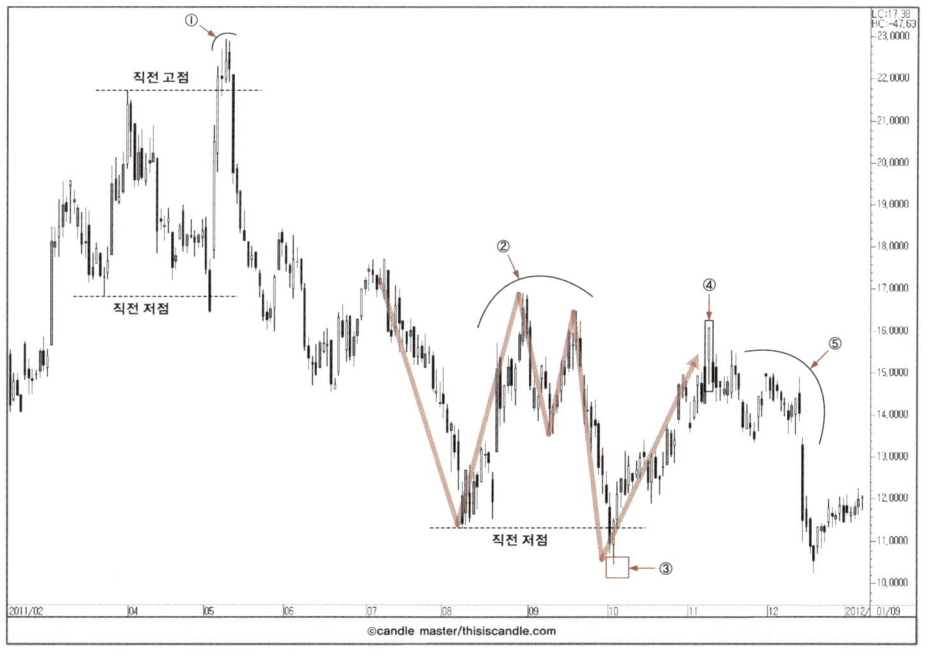

〈그림 5-19〉 실리콘그래픽스 일간 차트

〈그림 5-19〉에서 이전 흐름은 상승세였다.

급한 파동으로 직전 고점 돌파 직후 ①과 같이 상승 다람쥐형에 대한 양 자리 음 패턴이 출현하면 이익 청산 물량이 유입되고 있다는 암시이므로 이전의 매수 물량은 정리할 필요가 있다. 이후 강한 하락 움직임이 확인됨에 따라 현저한 파동 확인 없는 섣부른 매수 대응은 불가하다.

이후 ②에서 상승 전환파동 5의 형태로 전개됨에 따라 ③의 위치에서 매수 대응이 가능하다. 하지만 ④ 상승 피스톤형 직후 (이런 위치의 상승 피스톤형은 하락 우세 신호일 가능성이 크므로) 즉각적인 상승을 이어가야 함에도 불구하고 ⑤와 같이 작은 캔들군으로 시간을 끌 경우 추가 하락의 가능성이 점점 커진다.

〈그림 5-20〉은 강한 하락세에서 매수세의 유입에 의해 ①과 같이 현저한

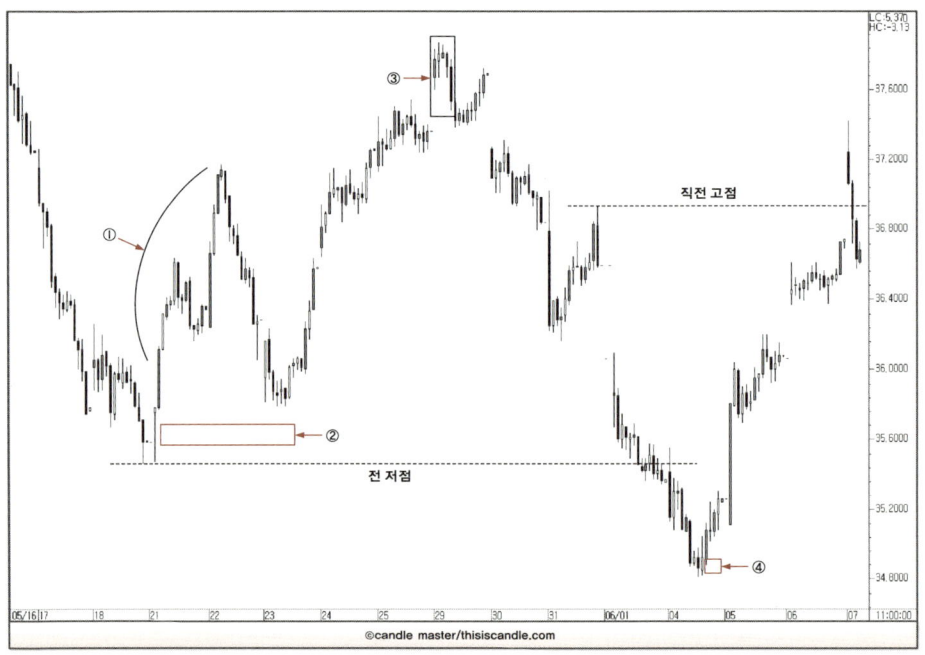

〈그림 5-20〉 무디스 30분 차트

크기의 파동이 확인되었으므로 하락 조정 시 지지 가능성이 큰 잠자리형 도지의 아래꼬리 부근인 ②에서 매수 대응이 가능하다.

만약 매수 주문이 체결되었다면 직전 고점을 돌파한 위치의 ③ 유사 저녁 별형 직후 조정 시 청산할 필요가 있었다.

비록 (별다른 지지 움직임 없이) 전 저점을 작은 캔들군으로 돌파했지만 이전의 큰 파동에 비추어 상승 조정 가능성이 여전히 존재하는 상황에서 출현한 하락 다람쥐형에 대한 음 자리 양 패턴인 ④에서 매수 진입이 가능하다. 이때 목표가는 직전 고점 위 또는 현저한 하락 신호 출현 시까지가 될 수 있다. 만약 ④ 직후 즉각 상승하지 못했다면 하락세가 매우 깊어질 수 있는 구간이다.

〈그림 5-21〉에서 이전 흐름은 상승세였다.

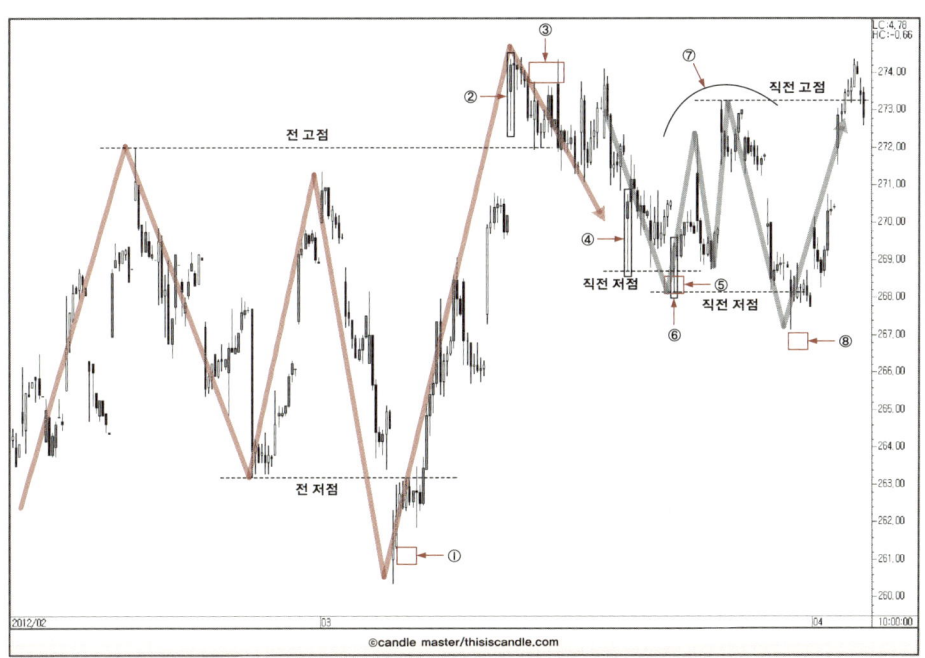

〈그림 5-21〉 KOSPI200 선물 1시간 차트

하이로우 상승 파동 4, 상승 와블형의 전개 가능성이 있던 구간에서 전 저점 돌파 후 하이웨이브 도지에 가까운 양봉의 출현으로 ①에서 매수 대응이 가능하다.

전 고점 돌파 후 하락 우세 신호인 ② 상승 피스톤형이 출현하고 이후 일단의 하락 움직임이 확인됨에 따라 ③에서 매도로 전환 후 중·장기 보유함이 유리하다(이전 상승 와블형의 진행 가능성이 큰 구간이었다). 상승 조정 가능성이 있는 ④ 긴 아래꼬리 양봉의 저가 돌파 시 ⑤ 지점에서 단기 매수가 가능하다.

직전 저점 아래에서 ⑥ 양봉 망치형이 완성되고 이후 ⑦ 상승 전환파동 5의 형태로 전개됨에 따라 ⑧ 지점에서 매수 대응이 가능하다. 이때 1차 목표가는 이전 상승 와블형의 영향으로 인해 (중·장기적으로는 하락 가능성이 여전히 크므로) 전 고점 위가 아니라 직전 고점 부근까지로 설정하는 것이 적절하다.

21 캔들과 보조지표

시장에는 수많은 보조지표, 즉 분석도구가 존재한다. 더불어 오늘날에도 각종 보조지표의 연구와 조합을 통해 어떤 비법이나 매매의 정점(頂點)을 찾아내려는 트레이더가 넘쳐난다. 하지만 거의 모든 보조지표는 말 그대로 '보조'일 뿐이다. 그 어떠한 보조지표의 조합으로도 모든 상황에 맞는, 높은 승률의 거래 기법을 완성하는 것은 불가능에 가깝다. 차트의 움직임에 일종의 정형화된 공식이나 과학 논리 같은 정답이 있을 수 없기 때문이다.

우리가 보조지표를 활용하는 주된 이유는 현 시세의 위치를 파악하고 향후 움직임을 효과적으로 예측하기 위해서이다. 하지만 단순 보조지표에 대한 지식과 활용만으로 성공적인 트레이더가 될 수 없다는 것은 시장에서 매일같이 증명되고 있고, 앞으로도 영원히 그러할 것이다.

그럼 보조지표 말고 무엇이 필요할까? 나는 '차트의 흐름을 두 눈으로 직접 읽는 눈'이 필요하다고 주장한다. 한 방향의 추세라고 할지라도 강한 것과 약한 것, 급한 것과 느린 것, 힘을 비축하는 것과 힘을 소진하는 것 등 다양한 특성이 숨어 있으며 수많은 휩소(Whipsaw) 구간과 비추세 구간을 반복하게 된다. 하지만 불행히도 대다수의 보조지표는 과매수, 과매도 같은 단편적인 정보만을 제공할 뿐, 현 차트의 움직임에 대한 특성을 세분화하거나 세부적인 정보를 제공하지 않는다. 이는 모든 보조지표의 소스(Source)이자 가장 현실적인 보조지표라 할 수 있는 '과거 차트'에서 여실히 말해주고 있다. 오히려 과거 차트를 분석하다 보면 보조지표를 농락하는 속임수가 얼마나 많은지 경악하게 될 것이다.(지나간 차트에 보조지표를 대입해보면 그럴싸하게 맞아떨어지는 듯 보이지만 실시간 차트에서는 후행성으로서 대부분 확연한 괴리감이 존재한다).

그 동안 당신은 보조지표의 도움 없이 순수한 백지 상태에서 차트의 흐름을 읽고 유리한 구간과 섬세한 진입 포인트를 찾아내는 기술을 소개한 그 어떠한 서적이나 참고 자료를 본 적이 없을 것이다. 따라서 캔들과 몇몇 부차적인 방식만으로 차트의 흐름을 읽고 매매에 적용한다는 사실 자체가 여전히 생소할지 모른다. 물론 일반적인 보조지표가 비록 낮은 확률일지라도 단순한 매수, 매도 신호를 던져주는 것에 반해, 캔들은 상당히 복잡하고 때로 주관적인 분석 과정을 거친다. 하지만 일단 캔들을 통해 시세의 균형을 읽고 느낄 수 있는 수준에 다다르게 되면 그 어떠한 보조지표도 한낱 방해물에 지나지 않음을 깨닫게 될 것이다.

물론 캔들만으로 차트의 흐름을 읽는 수준에 도달하지 못했거나 어려움을 느끼는 경우 몇몇 보조지표를 참고하는 것에 반대할 이유는 없다. 세상에서는 수많은 유용한 기법이 존재하고 트레이더 각자의 성향과 환경이 모두 다르기 때문에 한 가지 방법만을 고수할 필요도 없거니와 또한 캔들 매매법이 아무리 강력하다고 해도 만인에게 성공적으로 적용되기는 어렵기 때문이다. 따라서 본인에게 맞는 보조지표가 있다면 참고하고 적용하는 것이 좋다. 대신 어떠한 경우에도 캔들과 보조지표가 주객이 전도되어서는 안 된다.

추세선, 지지저항선을 포함한 수많은 보조지표, 보조도구 중 내가 경험하고 참고할 만한 보조지표는 오실레이터에 의한 디버전스(주가흐름과 보조지표의 움직임이 일치하지 않는 현상으로 주가는 하락하는데 보조지표가 상승하고 있다면 상승 디버전스, 주가는 상승하는데 보조지표가 하락하고 있다면 하락 디버전스라고 한다) 신호뿐이다. 나머지 유용한 보조지표를 찾아내는 것은 여러분의 몫이다(물론 이러한 작업에 시간과 노력을 허비하는 것을 추천하지 않는다). 다음에 나오는 예제를 통해 디버전스 신호가 어떻게 캔들의 참고 도구가 될 수 있는지 살펴보자.

캔들과 오실레이터(디버전스)

〈그림 5-22〉 골드 1시간 차트

〈그림 5-22〉는 오실레이터계 보조지표 중 가장 많이 쓰이는 상대강도지수 (Relative Strength Index, RSI, 상대강도지수는 두 지수의 상대적인 역학관계를 설명하기 보단 특정 종목의 내재된 움직임의 강도를 의미한다. 상대강도지수는 주가 변동에 따라 0~100까지의 값을 가지며, RSI가 70~80% 수준이면 경계신호로 과열을 의미하므로 매도가 적절하며, RSI가 20~30% 수준이면 경계신호로 침체를 의미, 매수하는 것이 적절하다)를 적용한 것이다.

일단의 상승세에서 직전 고점 돌파 직후 B 지점에서 유효한 하락 신호인 ① 저녁별형이 출현하였다. 이때 직전 고점인 A는 RSI에 의하면 과매수 상태에 있었다(70선을 넘었으니 과매수로 판단할 수 있다). 다시 차트를 보면 A에서 B의 고점은 높아졌지만 RSI는 A의 과매수 상태 후 오히려 고점이 낮아졌다. 즉 하락 디버전스(Divergence)가 출현한 것이다.

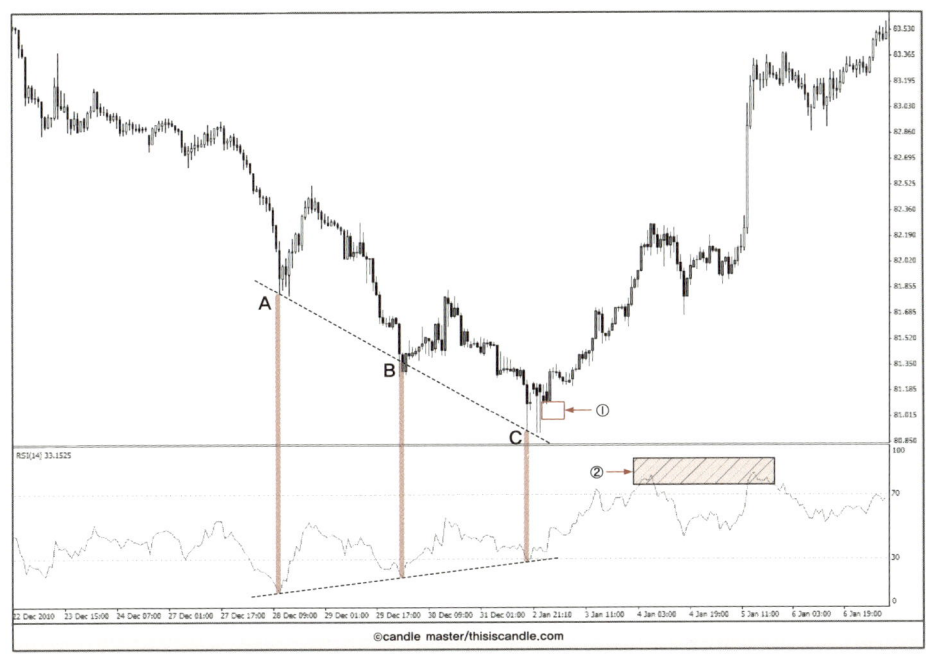

〈그림 5-23〉 달러/엔 1시간 차트

　단순히 디버전스만으로 단서를 잡기는 쉽지 않은 상황에서 B의 현저한 저녁별형이 디버전스 신호와 함께 하락 가능성을 강하게 암시한다고 볼 수 있다. 이후 RSI가 완연한 과매도 상태로 접어든 ② 구간까지(30 아래에 있기 때문) 청산을 미룰 수 있을 것이다(이는 지지 가능성이 있었던 이전 저점의 긴 아래꼬리 캔들 부근이기도 하다).

　〈그림 5-23〉을 살펴보면 A에서부터 C까지 저점을 낮추며 하락했지만 RSI에서는 오히려 저점을 높이며 상승 디버전스 신호가 출현하였다. 따라서 상승 디버전스를 참고하여 유사 하락 브레이크형인 ①에서 매수 대응이 가능하다. 이때 1차 목표가는 ②와 같은 과매수권 진입 시점까지가 될 수 있다.

22 캔들과 펀더멘털

펀더멘털(Fundamental, 기초 경제 여건)은 한 나라의 경제가 얼마나 건강하고 튼튼한지를 나타내는 용어로서 경제성장률, 물가상승률, 경상수지 등의 주요 거시경제지표 및 국제 경제 안정에 필요한 기초적인 조건들을 뜻한다. 펀더멘털은 주로 환율의 변동과 관련되어 사용되는데, 사실 중·장기적으로는 환율이 펀더멘털의 상태에 따라 좌우되지만 단기적으로는 펀더멘털의 변화를 예상하고 변동되는 경우가 많다. 이는 실제 경제 통계가 중요하긴 하지만 실제로는 시장이 수치에 대한 기대감 혹은 기대수치에 따라 영향을 받는 경우가 더 많다는 의미이다. 따라서 실제수치와 기대수치 간 차이가 미미하면 시장은 곧잘 안정을 유지하지만, 그렇지 못할 경우 롤러코스터 같은 들쭉날쭉한 변동장이 연출되곤 한다.

기본적으로 나는 일반적인 개인 트레이더가 이러한 펀더멘털 분석만으로 꾸준한 수익을 내기는 어렵다는 입장이다. 인터넷과 매체를 통해 접할 수 있는 경제 뉴스와 지표는 내가 아는 순간 이미 다른 이도 아는 것이고, 시장에 미리 반영되어 있는 경우가 많기 때문이다.

따라서 개인 트레이더가 펀더멘털 분석만으로 거래에 임한다는 것은 웬만

한 정보력과 자금력 그리고 인내력이 없으면 어려운 일이다. 오히려 일종의 '감(感)'에 의존한 매매를 하게 됨으로써 섬세함이 떨어짐은 물론, 만에 하나 시장이 예상 외의 사건이나 이벤트로 급변하게 되면 경직된 예측과 낙관에 의해 돌이킬 수 없는 지경에 빠질 가능성이 매우 크다. 더불어 아무리 충분한 여유 자금이 있다 한들 심리적 위축으로 인해 손실 회복에 많은 시간과 노력이 걸릴 것은 자명하다.

캔들 매매법은 철저히 과거 차트에 의한 기술적 분석 방법이다. 이는 개인 트레이더는 절대 시장을 움직이거나 예측할 수 없다는 것과 경제 뉴스, 이벤트와 같은 펀더멘털을 포함한 시장의 모든 의도는 이미 차트, 즉 캔들에 반영되어 있다는 전제하에 출발한다. 그런 다음 비록 정형화하거나 공식화할 수 있는 절대 법칙은 없지만 '매매에 유리한 구간'은 높은 확률로 존재한다는 것을 캔들로 이루어진 과거 차트를 통해 확인하고 실시간에서 증명해나가는 방식이다.

따라서 캔들 매매법을 공부하는 이는 펀더멘털을 분석하고 신경 쓸 하등의 이유가 없다. 심지어 주요 경제지표 발표 시간조차 체크할 필요가 없다. 단지 (만약 당신이 FOREX 거래자라면) 변동성이 큰 몇몇 중요한 이벤트, 예를 들어 미국 '비농업부문고용자수 변동(Non-Farm Employment Change)'이나 '미연방준비제도이사회(Federal Reserve Board, FRB) 의장 연설'과 같은 발표 시간만 피해가라. 그런 변동성이 큰 장이 아니더라도 수익을 낼 기회는 충분하므로 굳이 위험을 무릅쓸 이유가 없다.

물론 이러한 나의 견해는 단순히 개인적 경험에 의한 생각을 밝힌 것으로 때에 따라 기술적 분석과 펀더멘털을 상호 참조하여 매매하는 것이 효과적인 경우도 분명 있을 것이다. 하지만 외형만 그럴듯한 펀더멘털 분석의 늪에 빠져 시장의 기본 속성을 망각해서는 안 된다는 것을 분명히 전달하고 싶다. 펀더멘털을 분석하고 방향을 저울질할 그 시간에 한 줄이라도 더 과거 차트를 분석하는 것이 낫다는 것을 강조하고 싶다.

만약 당신이 펀더멘털 분석이나 뉴스 트레이딩 위주의 트레이더라면 리스크 감내 능력(Risk Tolerance)을 먼저 따져보고 항상 이렇게 자문해야 할 것이다.

"얼마나 많이 잃어도, 손실 중이어도 버틸 수 있을 것인가?"

23 실전 매매에 앞서

손실 보는 트레이더의 공통점 중 하나는 바로 '조급함'이다. 빨리 수익을 내겠다는 조급함, 빨리 손실을 만회하겠다는 조급함은 매매에 결코 도움이 되지 않는다. 공부도 마찬가지다. 아무리 느낌이 온다 한들 단시간 내 성급히 실전 매매에 뛰어들어서는 안 된다. '이해하는 것'과 '깨닫는 것'의 차이는 모의 매매와 실전 매매의 간극만큼이나 크다.

내가 말하는 '깨달음'은 시장과 차트에 대한 근본적인 깨달음이다. 시장은 개인 트레이더의 실패와 좌절을 즐기고 손실 위에서 움직인다. 이에 따라 수많은 트릭(Trick)과 거짓 정보를 양산하고 착각을 유도한다.

따라서 시장에는 분명 유리한 구간과 불리한 구간이 존재하며, 시장에서 살아남고 성공하기 위해서는 그 흔치 않은 '유리한 구간'까지 기다려야만 한다는 것 그리고 항상 '확률적 사고'와 '자유로운 관점의 전환'을 가져가야만 한다는 것을 절실히 깨달을 필요가 있다. 그래야만 효율적인 매매 로직(Logic)이 완성되고 심리적 여유가 뒤따라오게 되는 것이다.

그러한 깨달음의 과정(최소한 깨달음을 얻기 위한 일련의 노력의 과정)없이 실전 매매에 뛰어들게 되면 변화무쌍한 차트의 움직임에 휘둘리고 우왕좌왕하게 될 가능성이 크다. 그리고 불행히도 그런 깨달음은 이 책을 통한 공부만으로는 얻기 어렵다.

예를 들어 누군가가 당신에게 '기다림의 중요성'을 아무리 강조한들 느낌이 오겠는가? 일종의 "포지션병을 고쳐야만 한다", "손절 원칙을 지켜야만 한다" 등의 조언은 지겹도록 들어오지 않았는가? 분명 당신은 잘 알고 있고 또 이해하고 있을 것이다. 하지만 '이해한다는 것'과 '깨달아서 아는 것'은 엄청난 차이가 있다. 아직 완전히 깨닫지 못했기 때문에 지켜지지 않는 것이다. 그리고 그러한 깨달음은 누가 대신해주는 것이 아니다. 스스로의 공부와 경험 그리고 성찰을 통해서만 구할 수 있다.

물론 지레 겁먹을 필요는 없다. 이 책을 통해 어느 정도의 영감과 지식은 이미 얻었을 것으로 믿는다. 이제 남은 것은 '과거 차트 복기(Chart Review)'와 '모의거래 과정'뿐이다. 과거 차트를 통해 위에서 말한 '깨달음'을 스스로 구해야만 한다. 과거 차트 복기와 모의거래를 통해 거래는 단지 확률의 게임임을 두 눈으로 직접 확인하고, 캔들과 스스로에 대한 믿음을 공고히 하라. 단 지금까지 캔들 매매법을 통해 공부한 대로 그리고 꾸준히 해야만 한다.

과거 차트 복기

캔들 매매법에 대한 전반적인 공부를 마치더라도 이를 실전에 응용하고 꾸준한 수익을 내기 위해서는 매매법을 자기 것으로 만들 필요가 있다. "자기 것으로 만든다"는 의미에는 앞서 말한 "깨달음을 얻는다"의 과정이 포함되어 있다. 그리고 이 과정에서 가장 중요한 단계가 바로 '과거 차트 복기'이다. 꾸준한 과거 차트 복기를 통해 얻을 수 있는 효과는 다음과 같다.

기다림의 중요성
- 유리한 구간까지 끝까지 기다려야만 한다.
- 좋은 진입 포인트는 자주 나오지 않는다.
- 기대 수익을 얻기 위해서는 충분한 시간이 필요하다.

손절의 중요성
- 시장에는 어떠한 일도 벌어질 수 있다(따라서 손실 한도 설정이 불가피하다).
- 단 한 번의 방심이 큰 화를 부를 수 있다.
- 손절 후에도 좋은 기회는 계속 찾아온다.

확률적 사고의 필요성
- 거래 행위의 기반은 수학이나 과학이 아니라 일종의 '통계학'이자 '역사학'이다.
- 돈(Money) 자체가 아니라 확률(Probability)에 초점을 두어야 한다.

추세 예측의 무용성

- 추세는 예측할 수 없다(더 정확히는 예측할 필요가 없다).
- 추세를 예측하려 들면 들수록 자유로운 관점의 전환이 어렵다.

심리 극복

- 확률은 나의 편이며 흥분하지 않는 한 수익은 반드시 나게 되어 있다.
- 모든 심리적 불안과 스트레스는 결국 허상에 불과하다.

    과거 차트 복기를 통해서만 캔들 매매법의 모든 이론을 실전 노하우로 전환시키고 그에 따른 자신감을 얻을 수 있다. 복기를 하면 할수록 매매법의 오묘함과 함께 시장과 차트의 속성을 섬광처럼 깨닫게 되는 경우가 시차를 두고 발생하게 된다.

    시장의 무서움을 점점 깨닫게 되겠지만 역설적으로 그럼으로써 겸손해지고 조급함이 줄어들게 된다. 그리고 기다릴 줄 아는 '프로 트레이더' 다운 자세를 연마하게 될 것이다.

    과거 차트 복기는 하루 10~20분씩이라도 매일같이 해야만 한다. 처음에는 지루하고 답답하더라도 꾸준히 하다 보면 어느날 재미를 붙인 자신을 발견하게 될 것이다. 하지만 어학 공부와 비슷해서 어느날 실력이 늘었다가도 다시 원점으로 돌아온 느낌을 받을 수 있다.

    이때 중요한 것은 '꾸준함'이다. 과거 차트에서 흐름을 읽지 못하면 실시간 차트에서도 똑같음을 명심하라. 포기하지 않고 꾸준히 하다 보면 반드시 실력이 늘게 되어 있다.

과거 차트를 복기하는 방법
① 앞의 차트를 미리 보아서는 안 된다.
② 차트의 크기를 줄여 큰 추세를 확인한다.
③ 유효한 전 고점, 전 저점 및 필요에 따라 직전 고점과 직전 저점을 긋는다.
④ 차트의 크기를 키워 이전 캔들의 흐름(신호)을 읽어 내려간다.
⑤ 현재의 유효한 신호를 확인하고 다음 캔들을 하나씩 넘겨가며 가상 진입해본다.
⑥ 초기에는 승패나 수익을 기록하는 것이 무의미하며 개념을 잡는 것이 우선이다.
⑦ 하나의 종목, 시간 차트에 그치지 말고 다양한 종류를 시험해본다.
⑧ 꾸준히 반복한다.

모의거래

과거 차트 복기를 통해 어느 정도 깨달음과 매매법에 대한 자신감을 얻었다면 이제 모의거래를 통해 성과를 확인해볼 차례다. 모의거래 기간은 길수록 좋다. 거래 종목과 거래 기간 그리고 거래 자금에 따른 당신의 개인적 성향과 기질을 매매법에 맞추어 나가기 위해서는 충분한 시간과 경험이 필요하기 때문이다. 이때 매매법을 당신에게 맞추려 해서는 안 된다. 당신을 매매법에 맞추어야만 한다.

모의거래는 과거 차트 복기와 달리 진입 이유와 청산 이유를 보다 명확하게 할 필요가 있다. 그리고 모의거래이기 때문에 '테스트' 삼아 마구 진입하는 것은 차라리 안 하느니만 못하다. 반드시 모의거래를 실전처럼 생각하고 진입, 청산해야만 한다. 또 모의거래로 수익을 내고 자신감을 얻더라도 성급히 실전 매매에 뛰어들어서는 안 된다.

시장은 내일도 열리고 모레도 열리므로 스스로 완벽히 준비되었다고 느낄 때까지 가능한 미루어라. 시장은 덜 준비된 사람보다 더 준비된 사람에게 자기 몫을 빨리 내어놓는 법이다.

매매 스타일

자신에게 맞는 매매 스타일과 그에 따른 일관된 거래 절차(Trading Procedure)를 사전 정리해놓는 것은 매우 중요하다. 매매 스타일은 크게 나눠 '거래 성향', '거래 기간', '거래 자금'의 3가지로 분류될 수 있다. 한마디로 당신이 어떤 성격을 가졌는지, 어떤 방식을 선호하는지, 거래 자금이 얼마냐에 따라 매매 스타일이 달라질 수 있는 것이다.

손자병법에 이르기를 '적을 알고 나를 알면 백전백승'이라 했다. 거꾸로 '나'를 모르고 '나'의 위치를 자주 잊어버리는데 어찌 이길 수 있으랴? 다음 내용을 참고하여 나만의 매매 스타일을 정리하고 공고히 해보자.

공격적 매매 방식

- 약간은 애매한 신호일지라도 눈에 보이는 대로 모두 진입할 것인가?
- 약 조정 시 또는 과감히 시가에서 진입할 것인가?
- 하루 수익 목표액을 따로 설정하지 않을 것인가?

방어적 매매 방식

- 확실하고 명확한 신호에서만 진입할 것인가?
- 대부분의 경우 과도한 조정 시에만 진입할 것인가?
- 하루 수익 목표를 달성하면 매매를 중단할 것인가?

데이트레이딩 방식

- 모든 진입 건은 당일 청산을 목표로 할 것인가?
- 15분~1시간 같은 중·하위 차트 위주로 거래할 것인가?

스윙트레이딩 방식

- 수익 시 포지션을 오버나잇 또는 장기 보유할 것인가?
- 4시간~일간 같은 중·상위 차트를 위주로 거래할 것인가?

소규모 거래 자금

- 모든 진입 건은 일괄 청산할 것인가?
- 주거래 종목을 1~4개 이내로 제한할 것인가?

대규모 거래 자금

- 일정 수익 시 분할 청산하고 나머지는 오버나잇 또는 장기 보유할 것인가?
- 주거래 종목을 4~10개 이상까지로 할 것인가(KOSPI 선물이나 현물의 경우 계약 수 및 계약 금액 제한)?

매매 절대 원칙

어떤 종목을 막론하고 거래에 있어 가장 중요한 원칙 중 하나는 바로 리스크(Risk) 관리이다. 리스크 관리는 자금 관리와 위험 관리를 포함하며, 리스크 관리가 제대로 이루어지지 않는다면 그 어떠한 훌륭한 기법도 쓰나미(Tsunami) 앞의 모래성이 되고 만다.

시장은 내가 감당할 수 없는 선을 넘을 때 친구에서 적으로 돌변하는 법이다. 따라서 리스크 관리는 그 어떠한 기법과 원칙에 앞선다는 것을 명심하고 흔들리지 않는 절대 원칙으로 고수해야만 한다. 아래의 기본적인 내용을 참고하여 나만의 리스크 관리 목록을 작성하도록 하자.

자금 관리
- 사용 레버리지(Leverage)에 따라 총 가용 자금의 극히 일부분만 거래에 투입한다.

손실 한도 관리
- 진입과 동시에 손실 한도 설정을 한다.
- 15분 차트든 4시간 차트로 진입하든 손실 한도는 동일해야 한다(경우에 따라 일간 차트 이상은 상향 조정 가능).
- 연속 3번 손절 시 당일 매매를 마감한다(또는 최소 3시간 이상 휴식한다).

거래 횟수 관리
- 한 종목 기준으로 하루 10번 이상 진입 시 손익에 상관없이 당일 매매를 마감한다.

악성 기법 제한

- 손실 중 3차 이상의 추가 진입(Pyramiding) 및 마틴게일(Martingale, 손실 시에 레버리지를 늘려 앞선 손실 이상의 이익을 본 후 다시 레버리지를 줄이는 방법) 적용은 어떠한 경우에도 불가하다(단 현물 거래 시 2~3차 이내의 계획적인 분할 매수는 경우에 따라 가능하다).
- 동일 종목에서 헤지 진입은 원칙적으로 불가하다.

기타 매매 원칙의 예

- 어떠한 경우에도 완성봉을 확인한다.
- 실시간 캔들의 움직임은 무시한다.
- 4시간 차트로 진입 시 최소한 다음 4시간 완성봉을 확인한다.
- 한번 진입 포인트를 놓치면 추격하지 않는다.
- 보합 예상 구간은 대응하지 않는다.
- 일정 수익 이상 시 손실 한도를 진입가로 옮겨 설정한다.

● 캔들 매매법 적용 순서도

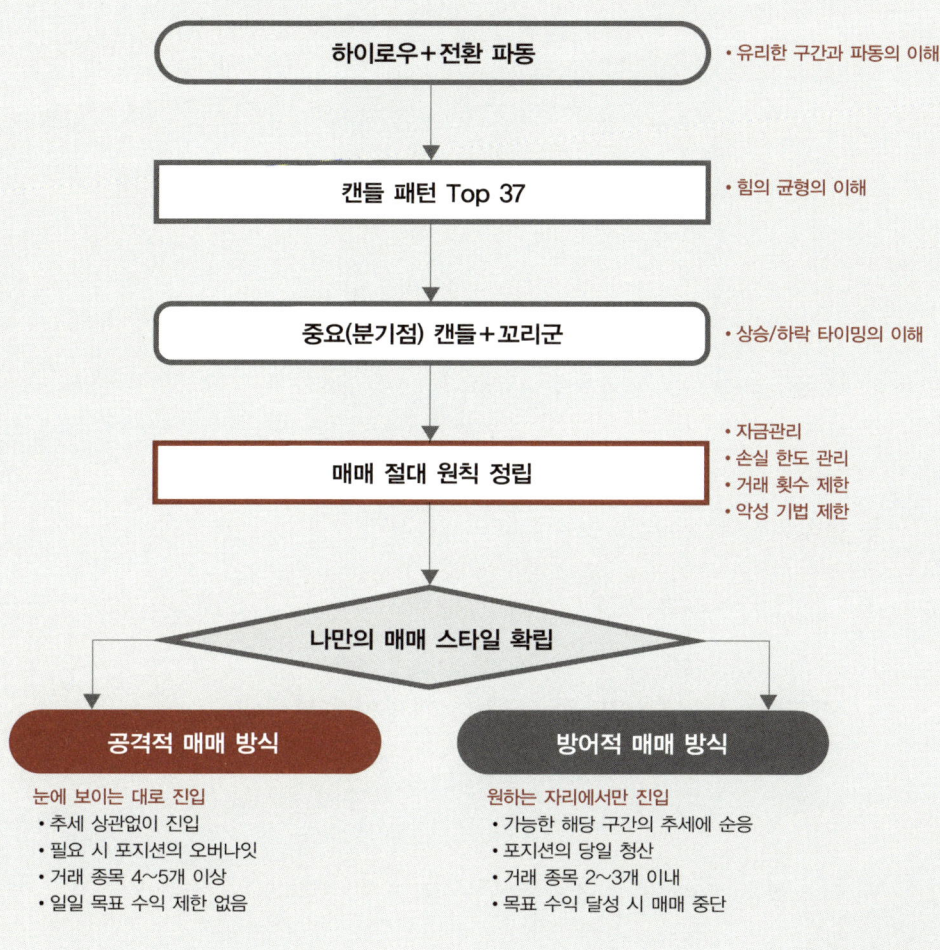

기타 사전 정리 사항
- 단기 거래(15분, 30분, 1시간 등의 하위 차트 사용)에 집중할 것인가, 중·장기 거래(4시간, 일간 등의 상위 차트 사용)에 집중할 것인가?
- 상위 차트로 거래 시 최대 손절폭은 어디까지 허용할 것인가? (예) 일간 차트로 거래 시 최대 50pips/ticks)

● 성공하는 트레이더의 필수 요소

1. 성공하는 트레이더의 기본 자질을 갖추고 있는가?

자기성찰 매매에 앞서 자신의 성향과 주변 환경을 미리 헤아린다.
인내심 • 원하는 진입 포인트까지 끝까지 기다린다.
　　　　• 진입 후에는 기대 수익을 취할 때까지 기다린다.
　　　　• 최악의 상황에서도 조급해하지 않고 다음 기회를 노린다.
책임감 결과에 대한 모든 책임은 나에게 있으므로 시장이나 제3자를 탓하지 않는다.
평상심 순진한 희망과 탐욕, 두려움 따위를 버린다.

2. 시장에 대해 올바른 인식을 하고 있는가?

겸허함 대박이나 도박의 개념으로 시장에 접근하지 않는다.
비즈니스 마인드 매매를 하나의 사업 행위로 보고 불가피한 손실을 받아들인다.

3. 리스크에 대한 올바른 인식을 하고 있는가?

절제 분수와 현실에 맞지 않는 무리한 투자를 하지 않는다.
손실 제한 늘 최악의 경우를 예상하고 미리 대비한다.

4. 진입과 청산에 대한 일정한 기준을 가지고 있는가?

명확성 이유 있는 자리, 후회 없는 자리에서만 진입하여 미련의 여지를 남기지 않는다.
습관화 사전 정의한 기준에 따라 흔들림 없는 진입과 청산을 한다.

5. 실력 향상과 유지를 위해 꾸준히 노력하고 있는가?

반성과 성찰 매일 거래 기록을 남겨 실수와 손실을 통해 배운다.
반복 학습 자신만의 확고한 기법과 습관화된 원칙을 위해 매일 공부한다.

6. 매매 행위와 일상적인 삶의 적절한 균형을 유지하고 있는가?

효율성 진입 횟수를 최소화하여 매매 그 자체에 중독되지 않는다.
자각 매매 행위는 삶의 질을 높이기 위함이지 스트레스를 받기 위함이 아님을 깨닫는다.
결단 자신의 환경과 성격, 경험으로 미루어 더 이상 지속할 수 없을 때에는 중단한다.

● 캔들 매매 전략 4계

| 오리무중(五里霧中) 수렵불가(狩獵不可) |
안개가 산에 자욱할 때에는 사냥을 하지 않는다.

실탄이 얼마 들어 있지도 않은 총을 가지고 안개 자욱한 산에 오릅니다. 여기서 부스럭, 저기서 부스럭하니 놀라고 조급한 마음으로 방아쇠에 손이 갑니다. 무엇을 잡아야 할지도 모른 채 쏘다 보니 이미 해는 저물고 총알은 떨어졌습니다. 아무렇게나 질러도 맞추는 신기(神奇)의 엽사(獵師)가 아닌 바에야 온 산에 자욱한 안개가 사그라질 때까지, 그래서 사냥감이 확실히 보일 때까지 그저 참고 기다리는 길뿐입니다.

| 백마비마(白馬非馬) 비등비락(非騰非落) |
올라도 오르는 것이 아니고 내려도 내리는 것이 아니다.

남이 백마라고 우겨도 그것은 말이 아닐지니, 남이 오름을 고집할 때 나는 내림을 생각하고 남이 내림을 자신할 때 나는 오름을 생각합니다. 전쟁터에 정도(正道)는 없음을 알기에 나는 눈에 보이고 귀로 듣는 것을 다 믿지 않습니다. 또한 지조가 있기에 군중심리에 휩쓸리지 않고 가벼이 따라가지도 않습니다. 기어코 남들이 다 떠난 후 가장 늦게 적의 배후로 돌아가 가장 좋은 전리품을 취하고 나옵니다.

| 흉유성죽(胸有成竹) 차차상대(次次相對) |
머릿속에 대나무 그림을 그리다.

대나무 그림을 잘 그리기 위해 창가에 수많은 대나무를 심고 매일 관찰해왔습니다. 한 대나무의 마디가 많아야 수십 여에 불과하니 눈을 감으면 마디가 보이고 마디가 흐트려져도 다시 곧은 걸 압니다. 이제 나아가기에 앞서 모든 전략이 다 흉중에 있으니 할 일은 단지 그에 맞는 대응뿐입니다.

| 토영삼굴(兎營三窟) 권토중래(捲土重來) |
묘자리를 봐두고 전장에 나아가다.

전쟁에서 이기고 지는 것은 늘 있는 법이니 지더라도 흙먼지를 날리며 다시 나아감을 생각하고, 꾀 많은 토끼가 굴을 세 개나 가지고 있듯 위난(危難)을 피하기 위해 항상 안전한 방책을 짜놓습니다. 이는 나아갈 때 다시 돌아올 길을 먼저 살피는 것과 죽어서 묻힐 곳을 미리 봐두는 선견지명과 같습니다.

6장
심리보다는 기법이 중요하다

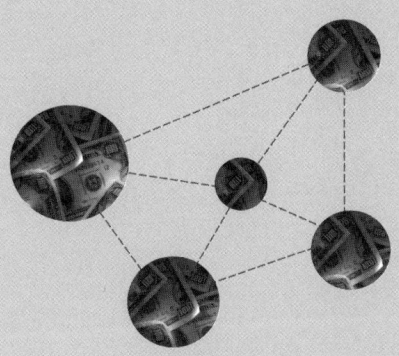

勿令妄動 靜重如山(물령망동 정중여산):
가볍게 움직이지 마라. 태산같이 침착하게 행동하라.
―충무공 이순신

심 리 보 다 는
기　　　법　　　　이
중　 요　 하　 다

● 혹자는 성공적인 매매를 위해서는 심리를 다스리는 것이 무엇보다 중요하다고 한다. 심리에서 이겨야 시장에서 이길 수 있다고 한다. 잘못된 말은 아니다. 하지만 어떤 면에서 나는 동의할 수 없다.

어떻게 해야 심리를 다스릴 수 있다는 것인지 명쾌한 해답이 전제되지 않은 이런 선전 문구는 한낱 공수표에 지나지 않기 때문이다. 오히려 곡해하거나 자신에게 유리한 쪽으로만 해석하게 되면 큰 손실이 나더라도 흔들리지 말고 끝까지 버텨야 한다거나 시장을 두려워하지 말라는 결론에 이를 수 있다. 만약 그렇게 되면 단 한 번의 실수나 자만이 당신을 끝없는 나락으로 떨어뜨릴 것이다.

심리를 극복하기 어려운 이유는 도처에 널렸다. 먼저 시장 자체가 우리를 평온하고 확신에 찬 심리 상태를 유지하게끔 내버려두지 않는다. 변화무쌍하고 예측 불가능한 움직임으로 우리를 늘 혼란에 빠지게끔 만든다. 그러면서도 가끔은 수익을 내는 어떤 정답이 있는 것처럼 작은 단서를 보여주며 우리를 유혹하곤 한다. 이는 마치 신기루를 좇는 것과 같다. 명확하게 보이지는 않지만 저 멀리 아른거리는 신기루처럼, 시장은 그렇게 우리에게 잘못된 환상을 심어주고 혼란스러워 하는 것을 즐기는 것이다.

시장의 수많은 트레이더는 이렇게 되뇌곤 한다. "어딘가에 분명 답이 있어", "그래, 조금만 더 하면 돼." 하지만 시장의 속성을 제대로 이해하지 못한 과도기의 트레이더는 손실이 누적되면 평상심을 잃고 자신도 모르는 사이 곧

잘 '모 아니면 도' 식의 도박성 매매에 빠지기 십상이며, 이러한 실수를 자가 당착적으로 반복하게 된다.

손실을 만회하기 위해 배팅 금액을 늘리고 더 큰 욕심을 부리는 것 또한 놀라운 일이 아니다. 대부분의 인간은 도박과 대박의 짜릿함을 좋아하지만 막다른 곳으로 몰리기 전까지 그 실체를 제대로 들여다보지 못하기 때문이다. 이는 당신의 탓이 아니다. 시장이 그렇고 인간의 본성이 원래 그런 것이다. 문제는 "심리를 다스리기 위한 확고한 사전 기준이 지금 있느냐, 없느냐?" 하는 것이다. 이 부분은 전적으로 당신에게 달려 있으며 당신의 책임이다.

따라서 '심리가 중요하다' 따위의 공허한 논의를 하기에 앞서 왜 90% 이상의 개미가 시장에서 손실을 보는지 그 이유, 즉 시장의 속성을 제대로 들여다보라. 그런 다음 자신만의 기법과 기준을 완성하라. (확률적 우위의) 기법에 대한 신뢰가 있으면 심리적 문제는 저절로 해소될 수 있다.

심리를 극복하는 과정
- 시장의 본질을 깨닫고 겸허한 자세로 대한다.
- 확률적 우위의 매매 기법을 익힌다.
- 자신에게 맞는 매매 스타일과 매매 원칙을 확고히 한다.
- 매순간 최선을 다해 그 기법과 원칙을 지켜낸다.
- 손익이 아니라 거래 행위 자체에만 집중한다.

사실 심리 극복은 그리 어려운 일이 아니다. 확률 높은 기법이 있고 지켜야 할 원칙이 있으면 최선을 다해 지켜내면 그만이다. 오늘 하루 손익에 일희일비할 게 아니라 거래 행위 자체에만 집중하면 되는 것이다. 따라서 "오늘 하루 얼마를 벌었다, 잃었다" 따위는 잊어버려라. 대신 진입할 자리에서 진입하고, 손절할 자리에서 손절하고, 청산할 자리에서 청산하라. 그리고 무한 반복하라.

기대할 것이 없으면 두려워할 것도 없어지는 법이다. 손실에 대한 포용은 물론, 수익에 대한 일말의 기대조차 없는 심리 상태에서 '금전'이 아니라 '행위' 자체만 중요시 하라. 기법과 원칙을 최선을 다해 지켜내는 자신을 대견해하고 격려해 나가다보면 어느날 심리적 해방감은 물론, 시장에서 몇 안 되는 성공적인 트레이더가 되어 있을 것이다.

숨이 차면 쉬어가라

우리는 주위에서 매매 중독, 일명 포지션병(病)에 걸린 트레이더를 흔히 접하게 된다. 잠시라도 모니터에서 한눈을 팔게 되면 큰일날 것처럼, 지금 진입하지 않으면 다시는 이 가격에 못 살 것처럼, 매매를 쉬거나 관망하는 것 자체가 게으름이고 나약함인 양 쉴새없이 사고파는 트레이더가 도처에 널렸다.

과도하게 반복되는 매매 행위는 매매 기법을 넘어 자신조차 알지 못하는 이상한 마인드에 의해 실수와 손실을 반복할 가능성이 커진다. 행위 자체에 매몰되어 도대체 무엇을 위해 이러는지 모호한 상태에 이르게 되면 결국은 도박과 다를 바 없어진다. 일종의 중독 증세에 가까워지는 것이다. '분석의 마비 상태'이자 '기법 미완성에 의한 심리적 미완 상태'이다. 어떤 류의 트레이더도 이러한 매매 중독으로 꾸준히 성공하기는 불가능에 가깝다. 만약 당신이 이런 증상을 가지고 있다면 시장에 참여할 준비가 덜 된 것이다. 따라서 매매를 중단하고 보다 효율적인 매매 기법으로 전환하기 위한 방법을 강구해야만 한다. 더불어 다음과 같은 증상의 경우에도 매매를 당장 중단하기를 추천한다.

- 진입하기도 전에 흥분된다.
- 손절, 손실에 대한 극심한 두려움을 느낀다.
- 손실 누적 시 화가 치밀어 오르고 큰 좌절감을 느낀다.
- 자신도 모르는 사이 의도하지 않은 충동 매매를 반복하고 있다.
- 차트를 잠시라도 보지 않으면 불안해서 참을 수 없다.
- 제3자의 의견이나 분석에 쉽게 동요된다.

시장은 공부를 해도 어려운 곳인데 공부를 하지 않으면 당연히 더 어렵다. 위에서 언급한 모든 증상은 결국 기법과 원칙이 여전히 부재이기 때문에 발생하는 현상이다. 확신이 없고 깨닫지 못하기 때문에 지켜지지 않는 것이지 당신 자신이 나약하기 때문에 그런 것이 아니다. 따라서 공부하지 않는 게으름을 탓할지언정 스스로에게 화를 내거나 질책할 필요는 없다. 시장은 내일도 열리고 모레도 열린다. 단지 필요한 것은 매매를 잠시 쉬고 다시 출발하기 위해 출발하는 것이다.

그동안 많은 손실을 입었더라도 마찬가지다. 빨리 손실을 복구해야 한다는 조급함은 모든 것을 망친다. 그런 생각을 한다는 자체가 이미 심리 게임에서 진 것이며, 매매를 하면 할수록 손실이 누적되게 되어 있다. 아마 당신은 다음과 같이 변명할지 모른다.

- 기법이 2% 부족했다.
- 자본금이 적어서 실패했다.
- 심리에서 졌다.
- 어쩌다 딱 한 번 실수했을 뿐이다.

그리고 똑같은 실수를 반복하지 않을 것을 다짐하며 오늘 또 시장에 뛰어들려고 할 것이다. 하지만 당신의 실패는 모두 기법과 원칙의 부재 그리고 시장에 대한 오해에서 비롯된 것임을 깨달아야만 한다.

아직 시장에서 생존할 준비가 덜 되었음을 인정해야 한다. 자존심과 탐욕을 억제하라. 더 이상 피 흘리지 말고 쉬어라. 오만함을 버리고 겸허한 자세로 저 멀리서 시장을 바라보라. 그리고 모든 준비가 끝났다고 느낄 때 다시 시장과 마주하라. 아직 늦지 않았다.

모든 것을 내려놓아라

어느날 매매가 꼬이고 지독히 안 될 때에는 박차고 일어서라. 쓸데없는 집착을 버리고 현실을 인정하라. 시장은 변덕쟁이이고 당신은 아직 다가갈 준비가 안 되었다. 모든 집착과 미련을 버릴 때 시장은 비로소 편하게 다가올 것이다. 시장은 통제할 수 없지만 나 자신은 통제할 수 있다. 시장은 당신에게 공포와 스트레스를 강요한 적이 없다.

모든 무거운 불안감과 압박감은 당신 스스로 짊어진 것이다. 벗어나고 싶다면 모두 버려라. 수익에 대한 기대, 손실에 대한 두려움, 빨리 손실을 복구해야 한다는 조급함을 지금 당장 버려라! 그것이 곧 실현 가능한 유일한 통제이자 심리를 극복하는 가장 빠르고 단순한 방법이다.

취미로 즐겨라

매매 행위를 단순한 취미 정도로 격하시켜라. 우리는 독서, 여행, 스포츠 활동 등의 각종 취미 생활에서 극심한 스트레스를 받거나 긴장하지 않는다. 그저 가벼운 마음으로 즐길 뿐이다.

매매 행위도 그래야만 한다. '돈' 따위 잊어버리고 '행위' 자체에만 집중하면 된다. 눈에 보이는 대로, 원칙대로 '뚝딱' 거리면 될 뿐이다. 오늘 잘 안 되면 내일 하면 되고, 오늘 잘 되면 내일도 잘하면 된다. 중요한 것은 정해진 룰대로 '최선'을 다하는 것이지 오늘 하루의 손익이 아니다.

만약 스트레스를 컨트롤할 수 없다면 차라리 즐겨라. 심장 박동이 빨라지는 것을 긍정적으로 여기고, 그 순간을 즐기도록 노력하라. 손실조차 어쩔 수 없는 하나의 과정으로 인정하고 즐겨라. 스트레스와 긴장감이 주는 또 다른 의미는 최소한 당신은 살아 있는 것이며 무미건조한 삶은 아니라는 것이다. 피할 수 없으면 즐기고, 즐길 수 없으면 피하라.

성공하는 트레이더를 위한 자기암시

성공을 간절히 원하는가? 그러면 성공할 수 있다고 믿어라. 매일 아침 일어나 거울을 보며 자기최면을 걸어라. "나는 할 수 있다", "나는 오늘도 기법과 원칙을 지키기 위해 최선을 다할 것이다", 심지어 "나는 올해 안에 1억 원을 수중에 넣을 것이다"라는 구체적 액수를 목표로 삼아도 좋다. 지금은 믿기 어렵더라도 그냥 믿어라. 대부분의 성공은 강한 믿음에서 출발하는 법이다.

매매를 통해 1억 원이라는 현금을 가졌을 때의 그 느낌을 상상해보라. 마음은 이미 즐거워지고 기운이 샘솟을 것이다. 그날이 현실적으로 다가올 것을 상상하면 지금 게으름을 피우기는 어렵다. 오늘 필요한 것은 그날의 성공을 위해 간절히 묻고 찾아나서는 것, 또 최선을 다하는 것뿐이다. 정해진 원칙대로 최선을 다하다 보면 분명 그날이 온다는 것을 강하게 믿고 끊임없이 자기최면을 걸어라.

처음에는 의구심이 들고 귀찮을 것이다. 하지만 포기하지 말고 매일같이 틈나는 대로 주문을 외고 상상하라. 어느날 정말 그렇게 될 것처럼 완전히 믿게 될 것이다. 그리고 그러한 믿음이 말로 설명할 수 없는 어떤 긍정적 에너지를 끌어오게 될 것이다. 반복된 자기최면을 통해 이미 가졌다고, 이루어졌다고 생각한 순간 그에 맞춰 생각하고 행동하게 될 것이다.

이때 온 우주의 에너지가 당신의 성공을 위해 집결하게 된다. 그리고 상상이 현실이 되어 정말 이루어지는 것이다. 지금 당장 종이에 당신의 소망을 구체적으로 적고 매일 같이 되뇌어라. 그리고 매순간 정해진 기준대로, 원칙대로 최선을 다하라.

오늘 하루 성공적인 매매를 위한 자기암시
- 나는 반드시 이유 있는, 후회 없는 진입과 청산만을 할 것이다.
- 나는 어떤 일이 있어도 손절 원칙과 자금 관리 원칙을 지킬 것이다.
- 나는 어떤 상황에서도 일희일비하지 않을 것이다.
- 나는 프로 트레이더다.
- 나는 할 수 있다.

● 캔들 용어 사전

교수형 잠자리형 도지와 개념과 형태가 유사하지만 도지가 아니라 몸통이 아주 작은 캔들로서 아래꼬리는 잠자리형 도지에 비해 약간 짧아도 상관없다. 상승세의 전 고점을 돌파한 위치에서는 음봉 망치형과 마찬가지로 하락 우세 신호가 되지만 하락세에서는 현저한 상승 패턴이나 양봉 직후 출현 시 상승 신호로 바뀐다.

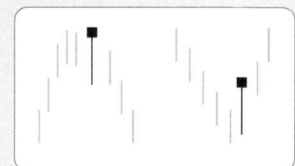

상승 깃발형 일단의 현저한 상승세 후에도 깃발이 펄럭이듯 작은 캔들로 횡보하는 경우 전 고점을 추가 돌파할 가능성이 크다. 따라서 직전 저점 부근에서 상승 신호를 찾아 매수 대응이 유리하다.

상승 다람쥐형 마지막 양봉의 몸통이 작고 아래꼬리가 길거나 혹은 위꼬리가 긴 것이 특징이다. 가운데 캔들은 1~3개의 도지 또는 몸통이 짧은 팽이형 캔들로서 팽이형은 대체로 음봉일 경우 확률이 높다. 전형적인 형태 외에도 다양한 유사 형태가 올 수 있으며, 현저한 상승 우세 구간에서 출현 시 유효한 상승 신호가 된다. 하지만 상승세나 하락세의 횡보 구간의 끝에서 출현하고 다음 캔들 2~3개 내에서 즉각 상승하지 못하는 경우 하락세가 깊어질 수 있다.

상승 돌격형 긴 위꼬리 도지 또는 팽이형 캔들과 그 위꼬리 절반 위에서 종가가 형성된 양봉으로 구성된다. 현저한 상승세의 전 고점을 앞둔 위치에서 출현 시 유효한 상승 신호지만 전 고점 위에서 출현할 경우 하락 조정이 뒤따라오는 경우가 많다. 어떤 위치에서든 단기 대응이 유리하며, 전 고점을 돌파한 위치에서는 다른 하락 신호와 조합하여 매도 관점으로 대응할 필요가 있다.

상승 돛단배형 상승세의 전 고점을 돌파한 위치에서 장대 양봉 또는 현저한 크기의 양봉 캔들 2~3개 직후 2개의 음봉 캔들이 연속 출현하게 되면 하락 조정받을 가능성이 크다. 두 번째 음봉은 반드시 현저한 크기여야 하며, 시가 부근까지 조정 시 매도 진입이 유리하다. 이때 1차 목표가는 장대 양봉 또는 첫 번째 현저한 양봉의 시가 아래가 될 수 있다. 2개의 음봉 캔들 모두 아래꼬리가 긴 음봉 망치형이나 교수형 형태일 경우에는 오히려 상승 우세 신호이므로 주의한다.

상승 맞대기형 크기가 엇비슷한 음봉과 양봉으로 구성되며 형태는 상승 자매형과 거의 동일하지만 두 번째 양봉의 아래꼬리가 없거나 극히 짧고 하락세의 최저점, 특히 전 저점을 몸통으로 돌파한 위치에서 출현한다는 차이점이 있다. 현저한 크기로서 유효한 위치에서 출현 시 강한 상승 전환 신호가 된다.

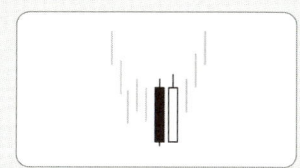

상승 반격형 아래꼬리가 길고 몸통이 짧은 3~4개 이상의 캔들이 단구간에서 밀집대형으로 구성되며, 전체적인 형태는 유성형 바닥과 닮았다. 상승세의 하락 조정 구간이나 현저한 하락세에서 출현 시 단기 상승을 이끌어내지만 곧 하락 전환되는 특성이 있다. 따라서 단기 매수 후 상승 반격형의 저가 아래를 목표로 매도 전환이 유리하다.

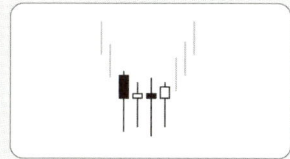

상승 브레이크형 도지나 몸통이 아주 작은 캔들로서 고가를 점점 높이는 긴 위꼬리 캔들이 3개 이상 연속으로 출현할 경우 매도세의 반발이 강하다는 암시로 볼 수 있다. 하락세의 고점에서 출현 시 유효한 하락 신호가 되며, 상승세에서는 전 고점을 돌파한 위치에서만 유효하다. 위꼬리는 현저히 길어야 하고 아래꼬리는 없거나 짧아야 한다.

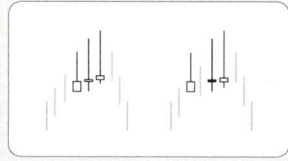

상승 살바형 아래꼬리가 없거나 극히 짧고 위꼬리 또한 매우 짧은 현저한 크기의 양봉 캔들이다. 상승세의 일직선상이나 현저한 상승 우세 구간에서 출현 시 유효한 상승 신호이며, 그 외 구간에서는 다른 신호와 조합하여 해석할 필요가 있다. 1시간 이상의 상위 차트에서 신뢰성이 높다.

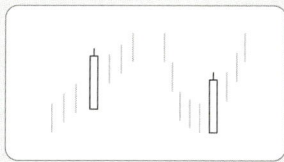

상승 스프링형 위꼬리가 없거나 짧은 민바닥 음봉으로 시가와 종가가 일정 폭 이상일 때 해석의 대상으로 본다. 상승 우세 구간에서는 매수가 유리하며, 하락세에서는 조정 시 매도 관점으로 바뀐다.

상승 양봉 몸통이 어느 정도 두껍고 위·아래꼬리가 모두 적당히 긴 캔들로서 현저한 상승 우세 구간에서 출현 시 유효한 상승 지속 신호가 된다. 그 외 구간에서는 대응의 대상은 아니지만 매수세와 매도세의 힘의 균형을 읽는 중요한 기준점이 될 수 있다. 출현 빈도가 높으므로 상승 우세 구간 외에는 상승 양봉 직후 캔들의 흐름을

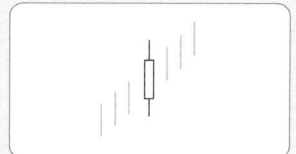

참고하고 조합하여 대응할 필요가 있다.

상승 인력거형 첫 번째 양봉의 몸통은 현저한 크기여야 하며 원칙적으로 직전 캔들도 양봉 또는 상승 우세 패턴이어야 한다. 상승세 초기나 중도에 출현 시 유효한 상승 신호가 된다. A 타입과 B 타입이 있으며 전 고점을 돌파한 위치에서 교수형이나 유성형 형태로 구성된 B 타입의 매수 대응은 조심할 필요가 있다. 또한 현저한 하락세나 급한 파동 구간에서 출현 시 다음 캔들이 음봉이면 강한 하락 신호가 되므로 관점의 전환이 필요하다. 1시간 이상의 상위 차트에서 대응해야 신뢰성이 높다.

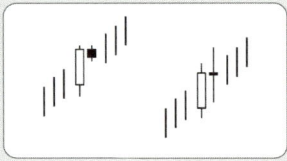

상승 자매형 크기가 엇비슷한 음봉과 양봉으로 상승세의 하락 조정 구간의 전 저점을 몸통으로 돌파한 위치에서 출현 시 유효한 상승 신호가 된다. 하락세의 일직선상에서는 신뢰성이 떨어지며 현저한 크기로서 전 저점을 돌파한 위치에서만 일부 유효하다.

상승 장악형 이전 음봉과 더불어 두 번째 양봉이 반드시 현저한 크기여야만 해석이 가능하다. 일반적으로 다른 상승 신호와 조합 시에만 의미가 있으며, 단독으로 유효해지기 위해서는 하락세나 상승세의 전 저점을 돌파한 직후 현저한 크기로 완성되거나 하락세의 저점에서 연속으로 출현해야만 한다.

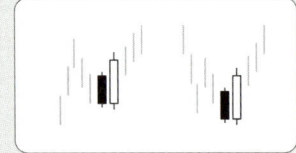

상승 펀치형 각각 긴 위꼬리와 아래꼬리를 가진, 몸통이 짧은 민바닥, 민머리 캔들이 교차되는 패턴이다. 상승세 초기나 일직선상에서 출현 시 유효한 상승 지속 신호이며, 상승세의 전 고점을 돌파한 위치에서는 신뢰성이 떨어진다. 음봉과 양봉으로도 구성될 수 있지만 연속된 음봉인 경우 유효하지 않은 것으로 본다.

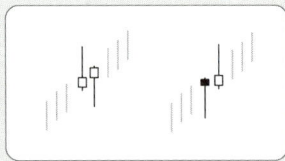

상승 편대형 현저한 크기의 양봉 직후 2~4개의 연속된 도지로 구성된다. 상승세의 일직선상에서 출현 시 유효한 상승 신호이다. 하지만 상승세일지라도 다음 캔들 1~2개 내에서 상승하지 못하고 현저한 음봉으로 완성될 경우 강한 하락 조정이 뒤따라올 수 있으므로 주의한다. 위꼬리 또는 아래꼬리만 긴 도지 캔들로만 구성될 때에는 유효하지 않은 것으로 본다.

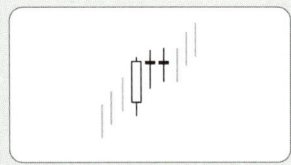

상승 푸쉬형 위꼬리가 없거나 짧고 아래꼬리가 매우 긴 3개의 연속된 캔들이 저가를 점점 높이는 패턴이다. 상승세나 하락세의 전 저점을 돌파한 위치나 상승세 초기 저점을 높이는 구간에서 출현 시 유효한 상승 신호이며, 어떤 경우이든 해당 구간에서 저가를 갱신한 위치여야 한다. 유효한 상승 푸쉬형의 아래꼬리는 이후 단기 지지선이 될 가능성이 크다.

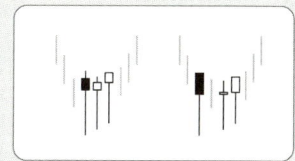

상승 피스톤형 양봉 망치형과 유사하지만 몸통에 비해 꼬리가 짧은 것이 특징이다. 현저한 상승세의 일직선상이나 상승세 초기 구간에서 출현 시 유효한 상승 신호이다. 하지만 상승세의 전 고점을 돌파한 위치에서는 하락 우세 신호로 바뀌므로 다른 하락 신호와 조합하여 매도 대응이 유리하다.

샛별형 현저한 음봉과 1~3개의 도지 또는 팽이형 캔들 그리고 첫 번째 음봉에 대한 상승 장악형 또는 관통형의 마지막 양봉으로 구성된다. 상승세의 하락 조정 구간의 전 저점을 돌파한 위치에서 출현 시 유효한 상승 신호이다. 하락세에서는 현저한 크기로서 가운데 도지 캔들의 꼬리가 길고 전 저점을 돌파한 위치나 직전에 단기 보합 구간이 있을 때에만 유효한 상승 신호가 된다.

양봉 망치형 하락세나 상승세의 전 저점을 돌파하고 저가를 갱신한 위치에서 출현 시 유효한 상승 신호이다. 하지만 전 저점에서 너무 깊이 하락한 위치나 현저한 하락세의 일직선상에서는 신뢰성이 떨어진다. 또한 상승세의 고점에서 멀지 않은 곳에서는 오히려 하락 우세 신호로 바뀌므로 주의한다. 아래꼬리는 적당히 길어야 하고 몸통은 두꺼워야 한다.

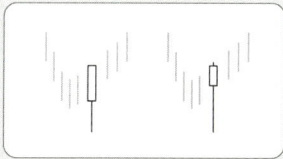

양봉 역망치형 현저한 상승세의 일직선상에서 출현 시 유효한 상승 지속 신호이다. 몸통이 적당히 두껍고 아래꼬리는 없거나 극히 짧아야 하며 위꼬리는 몸통 길이의 1~2배가 적당하다.

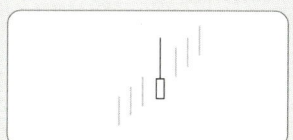

역브레이크형 고가를 점점 낮추는 3~5개의 연속된 긴 위꼬리 캔들군으로 구성된다. 몸통은 가능한 한 도지 또는 팽이형이어야 하지만 위꼬리가 긴 일반적인 역망치형 1~2개로 구성되어도 유효한 것으로 본다. 상승세 초기나 상승세의 전 고점을 앞둔 위치에서 출현 시 유효한 상승 신호이며, 전 고점을 돌파한 위치에서는 대응이 불가하다. 역브레이크형 직후 상승하지 못하고 현저한 음봉으로 완성되는 경우 강한 하락 조정이 뒤따라올 가능성이 크다.

음봉 망치형 꼬리 길이가 몸통의 1배 이상인 긴 아래꼬리 음봉 망치형만 유효한 하락 우세 신호로 본다. 상승세나 하락세의 전 고점을 돌파한 위치나 하락세의 전 저점을 앞둔 위치에서 출현 시 유효하다. 고점에서 출현 시 첫 번째나 두 번째 음봉이어야 확률이 높다. 단 음봉 망치형이 연속해서 출현할 경우에는 상승 우세 신호가 될 수 있으므로 주의한다. 하락세에서 현저한 상승 패턴이나 양봉 직후 출현할 경우에는 교수형과 마찬가지로 상승 신호로 바뀐다.

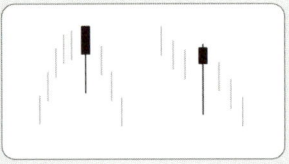

유성형 출현 위치에 따라 특성이 달라지는 비교적 까다로운 패턴이다. 하락세의 고점에서 출현 시 유효한 하락 신호이다. 현저한 상승세의 고점을 앞둔 위치에서는 상승 우세 신호이지만 긴 횡보 후 고점을 낮춘 위치에서는 하락 신호로 바뀐다. 이때의 긴 위꼬리는 단구간에서 저항 역할을 할 가능성이 크다.

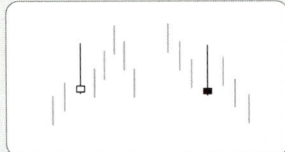

잠자리형 도지 위꼬리가 없거나 극히 짧고 아래꼬리가 매우 긴 도지 캔들이다. 상승세 초기 파동으로 저점을 높이는 위치나 상승세의 전 저점을 꼬리로 돌파한 위치에서 출현 시 유효한 상승 신호이다. 하락세의 일직선상에서는 유효하지 않은 것으로 본다.

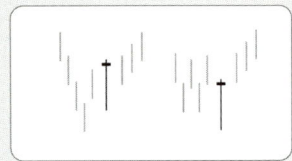

저녁별형 샛별형과 반대되는 패턴으로 하락세의 상승 조정 구간의 전 고점을 돌파한 위치에서 출현 시 유효한 하락 신호이다. 전 고점이나 특정 고점이 아닌 하락세의 일직선상에서 출현 시에도 하락 지속 신호가 된다. 상승세에서는 현저한 크기로써 가운데 도지 캔들의 꼬리가 길고 전 고점을 돌파한 위치나 직전에 단기 보합 구간이 있을 때에만 유효한 하락 신호가 된다.

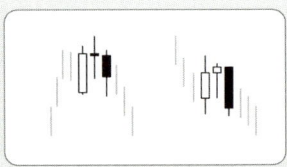

크랩형 하락세의 저점에서 옆으로 횡보하는 일단의 캔들군은 상승 전환 또는 조정을 이끌어낸다. 최소 5~6개 이상의 작은 캔들군이 수평에 가깝게 나열되는 형태여야 하며, 첫 번째 음봉 캔들의 아래꼬리에 갇혀 있을 경우 신뢰성이 높다.

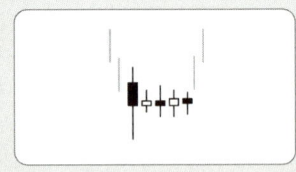

하락 다람쥐형 상승 다람쥐형과 반대되는 패턴으로 마지막 음봉이 종가를 낮추어야 하며, 위꼬리는 길수록 좋지만 아래꼬리가 너무 길어서는 안 된다. 가운데 캔들은 1~3개의 도지 또는 몸통이 짧은 캔들로서 다양한 유사 형태가 올 수 있다. 현저한 하락 우세 구간에서 출현 시 유효한 하락 지속 신호이다.

하락 돌격형 상승 돌격형과 반대되는 패턴이지만 출현 위치 및 직전 흐름에 따라 변수가 많다. 현저한 하락세에서 출현 시 유효한 하락 신호지만 상승세의 단순 조정 구간에서는 단기 하락 후 상승 전환되는 특성이 있다.

하락 맞대기형 상승 맞대기형과 반대되는 패턴으로 상승세의 최고점에서 전 고점을 몸통으로 돌파한 위치에서 출현 시 유효한 하락 신호이다.

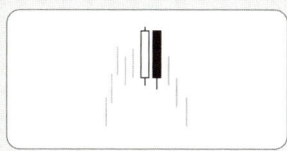

하락 브레이크형 상승 브레이크형과 반대되는 패턴으로 하락세나 상승세의 전 저점을 돌파한 직후 출현해야만 유효한 상승 신호이다. 전 저점을 앞두고 있거나 너무 깊이 하락한 위치에서는 신뢰성이 떨어지므로 주의한다. 15분, 30분과 같은 하위 차트에서 주로 목격된다.

하락 살바형 상승 살바형과 반대되는 패턴으로 하락세의 일직선상이나 현저한 하락 우세 구간에서 출현 시 유효한 하락 지속 신호이다. 상승세의 전 고점을 돌파한 위치에서 첫 번째나 두 번째 음봉일 때에도 하락 우세 신호가 될 수 있다.

하락 스프링형 상승 스프링형과 반대되는 패턴으로 아래꼬리가 없거나 극히 짧은 민머리 양봉이다. 현저한 상승세에서 출현 시 상승 우세 신호지만 하락세에서는 하락 신호로 바뀐다. 상승세의 전 고점을 돌파한 위치에서는 하락 우세 신호에 가깝다.

하락 음봉 상승 양봉과 반대되는 패턴으로 기본적으로 현저한 하락 우세 구간에서 출현해야만 유효한 하락 지속 신호이다. 상승 양봉과 마찬가지로 거의 모든 구간에서 매수세와 매도세의 힘의 균형

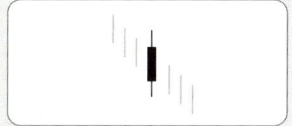

을 읽는 유용한 기준점이 될 수 있다.

하락 인력거형 현저한 하락 우세 구간에서 출현 시 유효한 하락 신호이다. 상승 인력거형과 반대되는 패턴이지만 형태는 좀 더 까다롭다. A, B 타입 모두 두 번째 캔들인 팽이형이나 도지의 아래꼬리가 너무 길어서는 안 된다.

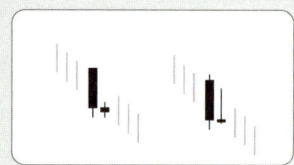

하락 자매형 상승 자매형과 반대되는 패턴으로 현저한 하락세의 전 고점을 돌파한 위치나 하락 후 횡보하는 중의 특정 고점에서 출현 시 유효한 하락 신호이다. 상승세에서는 해석과 대응이 매우 제한적이다.

하락 장악형 상승 장악형과 반대되는 패턴으로 조건은 동일하다. 현저한 하락세의 일직선상에서 출현 시에도 유효한 하락 지속 신호가 될 수 있다.

하락 펀치형 상승 펀치형과 반대되는 패턴으로 하락세 초기나 일직선상에서 출현 시 유효한 하락 지속 신호이다. 상승세의 전 저점을 앞둔 위치에서도 유효하지만 단기 대응이 유리하다.

하락 편대형 상승 편대형과 반대되는 패턴으로 현저한 하락세의 일직선상에서 출현 시 유효한 하락 지속 신호이다. 하락세에서 아래꼬리만 긴 도지의 연속일 경우에는 유효하지 않지만 위꼬리만 긴 도지의 연속일 경우에는 유효한 것으로 본다. 상위 차트보다는 하위 차트에서 주로 목격되며 출현 빈도가 낮다.

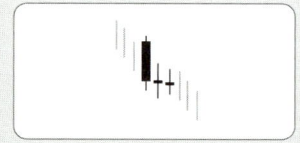

하락 피스톤형 긴 위꼬리를 가진 민바닥 음봉으로 하락세의 일직선상에서 출현 시 유효한 하락 우세 신호이다. 하지만 이미 전 저점을 돌파한 위치나 과도한 하락세에서 연속으로 출현할 경우에는 상승 전환 또는 조정이 뒤따라올 가능성이 크다. 위꼬리는 몸통 길이의 1~2배가 적당하다.

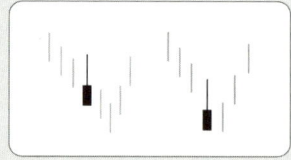

THIS IS CANDLE!